USA · DER NORDWESTEN
OREGON · WASHINGTON · SEATTLE

DUMONT **REISE-TASCHENBUCH**

> Vordere Umschlagklappe: Übersichtskarte von Washington

> Hintere Umschlagklappe: Stadtplan von Seattle (Downtown)

Michael H. Müller

USA · DER NORDWESTEN
OREGON · WASHINGTON · SEATTLE

DUMONT

Titelbild: Blick auf den schneebedeckten Mount Rainier
Umschlaginnenklappe vorne: Seattle bei Nacht
Umschlaginnenklappe hinten: Ruby Beach im Olympic National Park
Umschlagrückseite: Surfer auf dem Hood River (oben); Hauswand in
    Roslyn, Cascade Range (Mitte); beim Drachenfestival hat die Phantasie
    freien Flug (unten)
Vignette S. 1: Drachenfestival in Long Beach
Abb. S. 2/3: Bergszenerie am Louise Lake bei Paradise im Mount Rainier
    National Park

Über den Autor: Michael H. Müller, geboren 1953, studierte Germanistik
und Empirische Kulturwissenschaft. Nach Tätigkeit in einem Verlag ist er
heute freier Autor von Sach- und Reisebüchern. Im DuMont Buchverlag
erschien von ihm außerdem das Reisetaschenbuch »British Columbia«.

© DuMont Buchverlag Köln 2001
Alle Rechte vorbehalten
Umschlaggestaltung: Groschwitz, Hamburg
Satz und Druck: Rasch, Bramsche
Buchbinderische Verarbeitung: Bramscher Buchbinder Betriebe

Printed in Germany   ISBN 3-7701-5620-X

INHALT

LAND & LEUTE

Natur und Wirtschaft

Bevölkerung und Geschichte

UNTERWEGS
IN WASHINGTON & OREGON

Olympic Peninsula

Oregon

Portland

Columbia River Gorge

Weinland am Willamette

Die Pazifikküste von Oregon

TIPS & ADRESSEN

LAND & LEUTE

»Kennzeichnend für
San Piedro war ein
leuchtendes Grün
von besonderer
Schönheit, das die
Einwohner poetisch
stimmte. Eindrucks-
volle zedernbewach-
sene, sanftgrüne
Hügelketten, soweit
das Auge reichte.«

David Guterson

Natur und Wirtschaft

Zerklüftete Küste südlich von Newport

Die verschneite Spitze des Mount Baker in der North Cascades Range

Geographie

Der Pazifische Nordwesten der USA umfaßt die Bundesstaaten Washington und, südlich daran angrenzend, Oregon. Beide Bundesstaaten liegen am Pazifik. Gemeinsamer Nachbar im Osten ist der Bundesstaat Idaho, im Norden grenzt Washington entlang des 49. Breitengrads an die kanadische Provinz British Columbia, Oregon im Süden an Kalifornien. Washington ist mit 176 000 km² achtzehntgrößter Bundesstaat der USA, während Oregon mit 251 000 km² an neunter Stelle steht. Die Gesamtfläche der beiden Bundesstaaten entspricht somit etwa der kombinierten Fläche von Österreich und der Bundesrepublik Deutschland, ihre Bevölkerungszahl (etwa 7,7 Mio.) aber nur etwa derjenigen Niedersachsens bzw. etwa 3 % der gesamten US-Bevölkerung.

Die erstaunliche geographische Vielfalt des Gebiets wird von der in Nord-Süd-Richtung verlaufenden Cascade Range entscheidend geprägt. Vulkanischen Ursprungs, entstand die Gebirgskette vor etwa 4 Mio. Jahren und durchquert parallel zur Küste beide Bundesstaaten vollständig, das heißt auf einer Strecke von etwa 800 km. Dieses Paradies für Wanderer und Skifahrer ist im Schnitt zwischen 1500 m und 2400 m hoch, jedoch ragen einzelne, durch ihre regelmäßige Kegelform besonders auffallende Vulkangipfel weit über 3000 m auf.

›Steckbrief‹ Washington

- **Name:** Benannt nach dem ersten Präsidenten der USA; postalisches Kürzel: WA; Beiname: Evergreen State
- **Bevölkerung:** knapp 6 Mio.; 89 % Weiße (32 % davon englischer Abstammung), 3 % Schwarze, jeweils 4 % asiatischer und spanischer Herkunft
- **Fläche:** 174 500 km², achtzehntgrößter Bundesstaat der USA
- **Städte:** Seattle (550 000 Einw.), Spokane (180 000 Einw.), Tacoma (160 000 Einw.), Bellevue (90 000 Einw.), Everett (60 000 Einw.), Yakima (50 000 Einw.), Bellingham (45 000 Einw.), Vancouver (45 000 Einw.), Olympia (Hauptstadt; 30 000 Einw.)
- **Geographie:** Der Staat wird durch den Gebirgszug Cascades (höchster Berg Mount Rainier mit 4300 m) in zwei klimatisch sehr unterschiedliche Gebiete geteilt. Feuchte Meeresluft sorgt für die üppige Vegetation westlich der Berge, während der dünner besiedelte, zwei Drittel der Fläche einnehmende Ostteil ein kontinentales und semiarides Klima besitzt. Parallel zur Küste verläuft der Gebirgszug der Olympic Mountains. Im Norden von Washington liegt zwischen den beiden Gebirgen der Puget Sound, ein vom Meer überflutetes Becken. Die Südgrenze bildet der Columbia River, der die Cascades durchschneidet.
- **Geschichte:** George Vancouver widerlegt 1792 die Existenz der Nordwestpassage. Auf dieser Fahrt kartographiert er den Puget Sound und beansprucht das Land *New Georgia* für die englische Krone. Die Entdeckung der Mündung des Columbia River durch den Amerikaner Robert Gray und die Überlandexpedition von Meriwether Lewis und William Clark zum Pazifik festigen die Ansprüche der USA auf das Gebiet um den Columbia River. Nach dem britischen Rückzug wird das gesamte Areal nördlich von Kalifornien vom Kongreß zunächst zum Oregon Territory erklärt, davon wird 1853 das Gebiet nördlich des Columbia River als Washington Territory abgetrennt. Die endgültige Grenzziehung zu britischem Gebiet erfolgt erst 1872 durch den Entscheid des deutschen Kaisers Wilhelm I. Washington wird im Jahre 1889 der 42. Staat der USA. Der Goldrausch am Klondike in den Jahren 1897–98 bringt Seattle als wichtigstem Versorgungshafen der Goldgräber einen enormen wirtschaftlichen Aufschwung, ebenso die Intensivierung der Luftfahrtindustrie im Zweiten Weltkrieg. In Atomreaktoren am Columbia River wird das Material für die Bomben von Hiroshima und Nagasaki erzeugt.

- **Wirtschaft:** Die Wirtschaft von Washington basierte traditionell auf dem Waldreichtum, erst in den letzten Jahren verlor die Forstwirtschaft langsam an Bedeutung. Neben der Landwirtschaft im dank Bewässerung fruchtbaren östlichen Teil des Staates war der Flugzeugbau besonders im und nach dem Zweiten Weltkrieg der wichtigste Industriezweig. Dieser Rang wird heute von Software-Unternehmen streitig gemacht, in deren Gefolge vermehrt Firmen aus den Bereichen Hi-Tech und Bio-Tech entstehen.

Von Norden nach Süden gehören dazu Mount Baker, Glacier Peak, Mount Rainier, Mount Adams, Mount Hood, Mount Jefferson und Mount Bachelor. Mount Rainier ist mit 4300 m gar der zweithöchste Gipfel der kontinentalen USA und wird vom höchsten, dem Mount Whitney in Kalifornien, nur um wenige Meter überragt.

Diese Berge und noch weitere, kleinere Vulkane sind Teil des *Ring of Fire* am Pazifik. Vor wenigen Jahren gehörte auch Mount St. Helens zum exklusiven Kreis der Dreitausender. Die gewaltige Eruption des Vulkans im Mai 1980, bei der glücklicherweise nur wenige Menschen ums Leben kamen, zeigt ebenso wie relativ häufige, kleinere Erdbeben, daß die Erdkruste im Pazifischen Nordwesten noch nicht zur Ruhe gekommen ist. Ursache der seismischen Aktivitäten sind die Juan-de-Fuca-Platte und die Nordamerikanische Kontinentalplatte, die sich entlang der Pazifikküste übereinanderschieben.

Die Cascade Range teilt die beiden Bundesstaaten in zwei völlig unterschiedliche Gebiete. Nur wenige Paßstraßen durchqueren das Gebirge in West-Ost-Richtung, wobei Höhen von bis zu 1700 m zu überwinden sind. Im dünn besiedelten Osten des Gebirges liegt das flache, steppenartige Tafelland des Columbia-Plateaus in Washington bzw. des Zentralplateaus in Oregon. Nur eine dünne Erdschicht bedeckt dort den Basalt. Der Boden kann lediglich teilweise und mit künstlicher Bewässerung landwirtschaftlich genutzt werden, da sich das Gebiet im Regenschatten der Berge befindet. Vor allem im Süden von Oregon überwiegt die menschenleere, trockene *High Desert.*

Westlich der Cascades liegt das Tiefland der Großen Rinne, auch Willamette-Puget-Rinne genannt. Vom Meer trennt es ein niedrigeres Küstengebirge, das in Oregon Coast Range heißt; in Washington sind es die Olympic Mountains. Dort nimmt der Puget Sound die Große Rinne ein, in dem neben etwa 300 meist kleineren Inseln auch Whidbey Island liegt, die größte Insel der kontinentalen USA. Dieser Meeresarm reicht von der Strait of Juan de Fuca etwa

Viehfarm in der Hochwüste von
Oregon

150 km ins Land und besitzt durch
die hohe Anzahl an Buchten viele
natürliche Häfen sowie eine sehr
lange Küstenlinie. Durch die ver-
kehrsgünstige Lage entstanden die
Siedlungszentren am Ostufer des
Sunds. Heute lebt mehr als die
Hälfte der Bevölkerung von Washington am Puget Sound, nahezu
alle größeren Städte – Seattle, Tacoma und Olympia – liegen an seinen Ufern.

Im südlichen Teil der Großen
Rinne fließt der Willamette River,
dessen Tal wegen seiner Fruchtbarkeit und seines milden Klimas bereits früh von Pionieren besiedelt
wurde. Fast alle größeren Städte
von Oregon – Portland, Salem und
Eugene – liegen darin, über 60 %
der Bevölkerung lebt dort. Der Willamette mündet bei Portland in den
Columbia River.

Dieser Fluß bildet mit Ausnahme von etwa 150 km im Osten die
gesamte Grenze zwischen Washington und Oregon. Von Norden
aus Kanada kommend, schwingt der
Columbia River in weitem Bogen
westwärts und mündet bei Astoria
in den Pazifik. Dabei durchtrennt
der Fluß in einer bis zu 900 m tiefen, meist breiten Schlucht die Cascades und bildet dort die einzige
paßfreie Verbindung zwischen
dem westlichen Tiefland und dem
östlichen Columbia-Plateau. Durch
die üblicherweise herrschenden
Temperaturunterschiede der beiden Gebiete strömen große Luftmassen durch die Schlucht und er-

15

›Steckbrief‹ Oregon

- **Name:** Oregon Country hieß zunächst das riesige Gebiet westlich der Rocky Mountains, zwischem dem spanischen Kalifornien und dem russischen Alaska, das von Briten und Amerikanern beansprucht wurde; postalisches Kürzel: OR; Beiname: Beaver State
- **Bevölkerung:** 3,5 Mio.; 93 % Weiße (mit hauptsächlich englischer Abstammung), 1,5 % Schwarze, 4 % spanischer Herkunft, 1,5 % Indianer und Menschen asiatischer Abstammung
- **Fläche:** 251 400 km^2, neuntgrößter Bundesstaat der USA
- **Städte:** Portland (500 000 Einw.), Eugene/Springfield (170 000 Einw.), Salem (Hauptstadt; 125 000 Einw.), Medford (55 000 Einw.), Corvallis (50 000 Einw.)
- **Geographie:** Der Staat wird durch den Gebirgszug Cascades (höchster Berg Mount Hood mit 3427 m) in zwei klimatisch sehr unterschiedliche Gebiete geteilt. Relativ warme und feuchte Meeresluft ist für die üppige Vegetation westlich der Berge verantwortlich, während der auch heute nur sehr dünn besiedelte, zwei Drittel der Fläche einnehmende Ostteil ein kontinentales und semiarides Klima besitzt. Das Küstengebirge verläuft parallel zum Pazifik und verschmilzt im Süden mit den Cascades, das zwischen den Bergketten liegende Tal des Wil-

zeugen gleichmäßige, starke Winde. Besonders auf der steilen, in Oregon gelegenen Seite der Schlucht gibt es eine ganze Reihe von Wasserfällen, die Fallhöhen von annähernd 200 m erreichen. Im Osten von Washington wird der Columbia River in mehreren Dämmen zu gewaltigen Seen aufgestaut und sein Wasser zur Stromerzeugung und Bewässerung genutzt.

Die Olympic Mountains in Washington sind wesentlich niedriger als die Cascades, immerhin erreicht aber der höchste Gipfel, Mount Olympus, noch etwa 2400 m. Durch die isolierte Lage auf der Olympic Peninsula und deren Unzugänglichkeit – erst 1890 wurde die Halbinsel in einer mehrmonatigen regelrechten Expedition erstmals von den weißen Siedlern vollständig durchquert – konnten die Olympics ihren wilden Charakter lange bewahren. Heute wird die Gebirgslandschaft durch den Olympic National Park geschützt.

Die Coast Range in Oregon erreicht nur an wenigen Stellen eine Höhe von 1000 m oder mehr und wird von vielen kleineren Flüssen zerteilt. Entsprechend findet man in regelmäßigen Abständen Straßen, welche die Küste mit dem

lamette River, ist äußerst fruchtbar. Der Willamette River mündet im Norden in den Columbia River. Dieser durchschneidet die Cascades in der breiten Schlucht Columbia Gorge, die sich durch viele Wasserfälle auszeichnet.

- **Geschichte:** Auf der Suche nach der Nordwestpassage entdeckt Francis Drake 1579 als erster das heutige Oregon. Das Gebiet wird von Engländern und Amerikanern bis Mitte des 19. Jh. gemeinsam genutzt. Präsident Jefferson beauftragt 1804 Meriwether Lewis und William Clark mit einer Überlandexpedition zur Mündung des Columbia River, um den amerikanischen Gebietsanspruch zu festigen. Die englische Vorherrschaft, die hauptsächlich durch den Pelzhandel – daher auch der Beiname Beaver State – motiviert war, wird durch den verstärkten Zuzug amerikanischer Siedler auf dem Oregon Trail beendet. Im Jahre 1859 wird Oregon der 33. Staat der USA. Nach dem Zweiten Weltkrieg nimmt Oregon neben Kalifornien eine Vorreiterrolle im Umweltschutz ein.

- **Wirtschaft:** Die Wirtschaft von Oregon gründete traditionell auf dem Waldreichtum, erst in den letzten Jahren nahm der Stellenwert der Forstwirtschaft langsam ab. Landwirtschaft und Fischfang bilden die anderen Hauptstützen, wobei der Weinbau an Bedeutung gewinnt. In jüngster Zeit machten Firmen aus den Bereichen Hi-Tech, Bio-Tech und Software die Gegend um Portland zu einem neuen Silicon Valley.

Landesinneren verbinden. Manchmal reichen die Felsen des waldreichen Bergzugs sogar bis an die Küste und bilden dort Klippen und kapähnliche Landzungen. Nach Süden nimmt die durchschnittliche Höhe der Coast Range allmählich zu, bis das Gebirge schließlich mit den Cascades verschmilzt.

Touristisch interessant ist neben den Bergregionen vor allem die Pazifikküste. Während im nördlichen Washington der wilde, fast rauhe Charakter der Küste von felsigen kleinen Buchten und Flußmündungen sowie von abgelegenen, einsamen Stränden und vorgelagerten

Felsenriffs geprägt wird, findet man weiter südlich größere Buchten. Unmittelbar nördlich der kilometerbreiten, seeähnlichen Mündung des Columbia River gibt der etwa 40 km lange Sandstrand von Long Beach bereits eine Vorahnung auf die Küste von Oregon, die ein einziger langer Sandstrand zu sein scheint. Nur ab und zu unterbrechen natürliche Häfen und haffähnliche Flußmündungen – meist mit langen, unberührten Nehrungen – den regelmäßigen Küstenverlauf. Eine kleine Straße führt häufig in Sichtweite an der Küste entlang. Höhepunkt der Sandlandschaft bil-

Pazifikküste bei Fort Canby
(Olympic Peninsula)

det die Oregon Dunes National Recreation Area, wo man sich auf 120 km² in die Sahara versetzt glaubt, ehe vor der Grenze zu Kalifornien die Steilküste beginnt. Außer dem Dünengebiet sind in Oregon auch fast alle anderen Strände als State Parks vor Bebauung geschützt und stehen dem Erholungsuchenden zur Verfügung, in Washington gehören etwa 100 unberührte Küstenkilometer zum Olympic National Park.

Klima

Geographisch bedingt, unterscheidet sich das Klima östlich der Cascades deutlich von dem westlich der Berge, die beide Bundesstaaten in eine ›trockene‹ und eine ›feuchte‹ Hälfte teilen.

In der westlichen Region werden extreme Temperaturunterschiede durch die Meeresnähe gemildert. So erreicht die Quecksilbersäule im Sommer selten Bereiche über 30° Celsius, während im Winter die Temperaturen so gut wie nie den Gefrierpunkt unterschreiten. Zumindest gilt dies für die Gegend um Seattle. Bei Portland bewirken die durch die Schlucht des Columbia River einströmenden Luftmassen aus dem Landesinneren eine spürbare Absenkung bzw. Anhebung der Temperaturen. Dadurch gibt es zwar im Winter ein paar Frosttage mehr als in Seattle, dafür sind die Sommerabende in Portland aber auch ein bißchen lauer – die Straßencafés beweisen es.

Die Niederschlagsmenge ist im Gebiet westlich der Cascades, vor

allem in dessen nördlichen Teil, durch den Abregen am Gebirge recht hoch, in den extrem feuchten Gebieten auf der Olympic Peninsula werden etwa 250 cm im Jahr gemessen. Kein Wunder, daß sich viele Unwissende den Pazifischen Nordwesten als feuchte Hölle vorstellen, in dem nur Moose und Amphibien überleben können. Dabei ist die Niederschlagsmenge in den beiden größten Städten durchaus vergleichbar mit derjenigen in München oder Chemnitz, die beide von Zürich oder gar Salzburg weit übertroffen werden. Es gibt im Pazifischen Nordwesten auch im Sommer so gut wie nie gewitterähnliche Wolkenbrüche. Typisch, vor allem in den Wintermonaten, ist ganz leichter Nieselregen, bei dem Büsche und Straßen feucht glänzen, ein Spaziergänger aber kaum naß wird – Einheimische besitzen oft nicht einmal einen Regenschirm.

Pflanzen scheinen dieses Klima zu lieben, man kann sich auch im Dezember in einem der zahllosen Parks an knospenden Bäumen erfreuen, und wer den in den Bergen reichlich vorhandenen Schnee nicht vermißt, kann den Herbst direkt in den Frühling übergehen sehen. Allerdings hat der feine Dauerregen eine Eigenschaft, die ihn für andere nur schwer erträglich macht – der tagelang permanent graue Himmel schlägt mancher Frohnatur aufs Gemüt. So ist es nicht erstaunlich, daß das Krankheitsbild der *Seasonal Affective Disorder (SAD)*, jahreszeitlich bedingter Depression, im Pazifischen Nordwesten entdeckt wurde. Davon Befallene wollen am liebsten einen Winterschlaf halten, nehmen an Gewicht zu und sind arbeitsunlustig. Es soll sie auch in Europa geben. Beste Therapie dafür sind regelmäßige Lichtduschen.

Ganz anders ist das Klima im Osten der Cascades. Die Berge halten die feuchte Meeresluft und den Niederschlag nachhaltig ab. Das Gebiet jenseits der Berge besteht aus Wüste. Dort herrscht Kontinentalklima, wobei die Temperaturen im Sommer normalerweise 40° Celsius erreichen, während sie im Winter auf unter −20° Celsius sinken können.

Flora und Fauna

Der Reichtum an Pelztieren brachte die ersten Weißen schon im 18. Jh. in den Pazifischen Nordwesten, Biber und Otter wurden in den Jahrzehnten danach fast bis zur völligen Ausrottung gejagt. Später waren es die Lachse und die unerschöpflich scheinenden Wälder, die dem unstillbaren Hunger der Siedler zum Opfer fielen. So hat sich die Natur in den knapp 200 Jahren seit der ersten Siedlungsgründung stark verändert.

Die von den Cascade Mountains diktierte geographische Teilung setzt sich auch in der Tier- und Pflanzenwelt fort. Sowohl in der trockenen, östlich der Cascades liegenden Region als auch in der westlichen, feuchten Region entwickelte sich jeweils eine entsprechende Vegetation und die daran angepaßte Tierpopulation.

Die Berghänge im Westen, die zu Beginn des 20. Jh. abgeholzt wurden, sind heute großenteils wieder bewaldet. Neben Eichen und Ahorn gedeihen hauptsächlich Douglasie und andere Nadelbäume. Im Süden von Oregon trifft man auch häufig auf den Madronabaum, leicht erkennbar an der roten, abblätternden Rinde. Noch weiter südlich, im sogenannten Nebelgürtel an der Grenze zu Kalifornien, beginnt die Heimat der Redwoods, die zu den höchsten Bäumen der Welt gehören. Die größten noch erhaltenen Gruppen dieser über 100 m hoch wachsenden Riesen sind in Nordkalifornien zu finden. Jedoch befindet sich dort nur noch ein kleiner Rest der einstigen Bestände, der von den Äxten und Sägen der Holzfäller verschont blieb. Wesentlich unspektakulärer, aber dafür überall zu finden ist der Ginster, der im Mai die Straßenränder in ein goldenes Band verwandelt. Im Spätsommer und Herbst kann man sich an wildwachsenden Brombeeren sattessen.

Die fruchtbaren, leicht zugänglichen Täler wurden als erste abgeholzt, gerodet und in Farm- und Weideland umgewandelt. Seit einigen Jahren werden sie mit dem stetigen Wachsen der Siedlungszentren mehr und mehr zielstrebig zu Suburbs, Industrial Parks und Shopping Malls umgenutzt. Die dadurch zunehmende Wasserverschmutzung, besonders aber die Dämme am Columbia River bilden eine große Bedrohung für den Lachsbestand. Das einstige Anglerparadies ist heute gefährdet.

Fast jeder der zahlreichen Flüsse, die vom Westhang der Cascades in den Pazifik fließen oder in den Columbia River münden, besitzt eine eigenständige Lachspopulation, die zum Laichen immer an ihren jeweiligen Geburtsort aufsteigt. Dämme stellen dabei ein großes Hindernis dar, ebenso auf dem Weg zurück in den Pazifik, wo die Lachse ihr Erwachsenenleben verbringen und von Seelöwen, Killerwalen und Fischern dezimiert werden. Über 100 ehemalige

Lachsflüsse im Columbia-Becken führen heute keine Lachse mehr. Natürlich wird durch Fangbeschränkungen, Zucht und andere Maßnahmen versucht, dem Problem Herr zu werden. Allerdings sind die Gelder knapp, und es ist ungewiß, ob die Flüsse bald wieder im Spätsommer rot vor ziehenden Lachsen sein werden.

Erfreulicherweise haben sich die Bestände eines anderen, vor nicht allzu langer Zeit bedrohten Meerestiers, des Grauwals, anscheinend wieder erholt. Man kann an der Küste, am ehesten im November oder März, die gewaltigen Tiere bei ihrem Zug nach Süden bzw. Norden beobachten. Fast garantiert sieht man, vor allem an felsigen Vorsprüngen, Seehunde und Seelöwen. Wer im Puget Sound mit der Fähre oder einem Aussichtsboot unterwegs ist, stößt nahezu immer auf die dort rund ums Jahr lebenden Killerwale. Häufig sind auch Weißkopfadler am Wasser zu sehen.

Die größte Besonderheit auf der ›feuchten Seite‹ der Berge ist zweifellos der gemäßigte, nichttropische Regenwald, wie er im westlichen, dem Ozean zugewandten Teil der Olympic Peninsula in Washington gedeiht. Ähnliches ist nur noch in Südchile oder auf Neuseeland zu finden. Der Grund dafür ist das Klima: Ein solcher Wald benötigt feuchte, milde Winter ohne Frost und relativ trockene Sommer, die aber nicht zu heiß sein dürfen – selten klettert in der warmen Jah-

Lachs

Wie lange noch?

Die Zeiten, in denen man Hausangestellten vertraglich zusichern mußte, nicht öfter als dreimal die Woche Lachs zu reichen, sind in Europa schon lange vorbei. Lachs ist zur Delikatesse geworden, auch wenn der Fisch hierzulande meist aus Aufzuchtanlagen in Norwegen oder Schottland stammt und das Fleisch entsprechend fade schmeckt. Solche Lachsfarmen, in denen schlaffe Fische mit Kraftfutter in großen Gehegen schlachtreif gepäppelt werden, gibt es inzwischen auch an der Westküste der USA. Gezüchtet wird auch dort ausschließlich Atlantik-Lachs.

Für die Indianer dort im Nordwesten war der Lachs nicht nur die Hauptnahrungsquelle, sondern auch hochverehrter Bestandteil ihrer Religion und Mythologie. Das ganze Leben drehte sich um diesen Fisch, richtete sich an dessen faszinierendem Lebenszyklus aus. Die Ankunft der Lachse, die ganze Flüsse durch ihre schiere Zahl rot färbten, wurde mit festlichen Zeremonien gefeiert. Man verzehrte gemeinsam den ersten gefangenen Lachs und gab das Skelett rituell wieder dem Wasser zurück, um die immerwährende Rückkehr der Fische zu sichern.

Die Indianer räucherten den Lachs fangfrisch oder brieten ganze Fischhälften auf ein Brett genagelt senkrecht neben dem Feuer. Anfang des 19. Jh. bemerkten die Forscher Meriwether Lewis und William Clark (s. S. 137) staunend die riesigen Trockengestelle am Ufer des Columbia, notierten in den Expeditionsberichten tonnenschwere Stapel getrockneter Lachse. So überreichlich wurde die Expedition von den Indianern mit Lachs beschenkt, daß manche Teilnehmer um Erlaubnis baten, statt dessen die Dorfhunde der Indianer essen zu dürfen. Trotz der offensichtlich starken Befischung gefährdeten die Indianer dabei über Jahrtausende hinweg niemals die Bestände.

Heute sind die Bestände durch Dammbauten und andere menschliche Eingriffe in das sensible Ökosystem stark dezimiert. Damit die Fische überhaupt überleben können, wird an den meisten Flüssen *Ranching* betrieben – die erste *Hatchery* wurde in Oregon bereits 1877 am Clackamas River errichtet. Die Lachse laichen in den Becken dieser Fischzuchtanstalten, von denen die meisten für Besucher geöffnet sind. Man kann je nach Jahreszeit verschiedene Arten beim Laichen beobachten oder bei einer Fütterung zusehen. Die Jungfische werden aufgezogen und nach einiger Zeit ins Meer entlassen. Ein bis fünf Jahre bleiben die erwachsenen Tiere im Meer, ehe sie wieder in ›ihren‹ Fluß zurückkehren – falls sie nicht vorher sterben oder gefangen werden.

Das größte Hindernis auf dem Weg ins Meer sind die Dämme. Entweder schwimmen die Junglachse über den Spillway, den Überlaufkanal – wenn er geöffnet ist –, oder sie müssen durch die Turbinen. Falls die Lachse dies überleben, werden die verwirrten Tiere auf der Talseite leichte Beute der schon wartenden Möwen und Raubfische. Etwa 15 % der Fische sterben durchschnittlich bei jeder Dammüberquerung – und am Columbia River gibt es 13 Dämme! Das Abfangen von Jungfischen an den Dämmen und ihr Weitertransport per Schiff oder Lastwagen rettet etwa 5 % der Tiere. Es bleibt jedoch fraglich, wie lange die Lachspopulation überhaupt am Leben erhalten werden kann. Die Situation ist ernst; z. B. zählt man statt der etwa 500 000 *Chum Salmon,* die vor dem Zweiten Weltkrieg jährlich zum Columbia River zurückkehrten, nun weniger als 5000.

Trotzdem findet man auf den Fischmärkten immer noch folgende Hauptarten des Pazifiklachses (Gattung Oncorhynchus): *Chinook* oder *King Salmon,* der mit bis zu 60 kg größte Lachs, liefert die kleinste Fangmenge, ist also teuer. Den *Sockeye* oder *Red Salmon,* so genannt wegen des auffallend roten Fleisches, gibt es häufiger. *Coho* oder *Silver Salmon* liefert weniger als 5 % der Fangmenge, wiegt bis zu 15 kg und gilt als beste Sorte. Blasser als Coho und weniger ölig ist der *Chum* oder *Fall Salmon*. *Pink* oder *Humpback Salmon* bildet mit durchschnittlich 2 kg die kleinste Lachsart, die aber über 50 % der Gesamtfangmenge liefert. Das ein wenig feuchte Fleisch ist blaßrosa und weniger hochwertig. Zur Familie Oncorhynchus gehört außerdem auch die Regenbogenforelle.

Lachse werden außer fangfrisch auch in allen möglichen Variationen von *Lox* zu *Scotch,* von kaltgeräuchert bis hartgeräuchert, gepökelt oder getrocknet angeboten. *Coldsmoked* nennt man Lachs, der bei einer relativ niedrigen Temperatur geräuchert wurde, üblicherweise zwischen 25 und 40° Celsius. Der Fisch wird nicht so hart wie *kippered salmon,* bleibt feuchter und leicht durchscheinend. *Kippered* ist gesalzener Lachs, der bei höheren Temperaturen (bis 90° Celsius) geräuchert wurde; dadurch wird das Fleisch fest und gar, bleibt aber noch feucht. *Kippered* ist nicht mit *kippers* zu verwechseln, einem gesalzenen, getrockneten und geräucherten Fisch aus der Heringfamilie.

Die englische Schreibweise *Lox* des skandinavischen *laks* kann alles mögliche bezeichnen: gesalzenen, gepökelten oder geräucherten Lachs, den man in dünnen Scheiben serviert. *Lox* wird gerne mit Bagels, ringförmigen Brötchen, und Frischkäse angeboten.

Nova ist die Abkürzung für Lachs auf Nova-Scotia-Art. Während in dieser kanadischen Atlantik-Provinz ein mild geräucherter, wenig gesalzener Atlantik-Lachs (Gattung Salmo Salar) angeboten wird, dessen Fleisch weicher, blasser und etwas delikater schmeckt, ist *Nova* im Pazifischen Nordwesten typischerweise stärker als im Osten geräuchert. Außerdem wird *Nova* aus Pazifiklachs hergestellt, der fetthaltiger ist, und mit Erle geräuchert, schmeckt also anders als das Original.

Hard smoked nennt man Fisch, der so lange kaltgeräuchert wurde, bis er trocken ist. Man kann den Lachs aber auch zuerst trocknen und dann räuchern. Das feste, haltbare Fleisch wird oft in langen, flexiblen Streifen verkauft. Die Indianer nennen die harte Näscherei *squaw candy* oder *salmon jerky.*

Gravlax entspricht dem skandinavischen *gravad laks,* ist ungeräuchert und mit einer Lake aus Salz, Zucker, Dill und manchmal Pfeffer oder anderen Gewürzen behandelt. Das Fleisch ist weich und durchscheinend.

Nichttropischer Regenwald auf der Olympic Peninsula

reszeit das Quecksilber auf Werte über 25° Celsius. Der häufige Küstennebel spendet dann die notwendige Feuchtigkeit.

Die Bezeichnung ›Regenwald‹ kommt nicht von ungefähr – im Schnitt fallen an der Westseite der Olympic Mountains zwischen Oktober und März unvorstellbare 2,5 m Regen. In einem tropischen Regenwald verteilt sich dagegen der Niederschlag in Form heftiger, aber kurzer Regengüsse gleichmäßiger über das ganze Jahr, und die Durchschnittstemperaturen sind höher.

Der nichttropische Regenwald sieht auch anders aus als der tropische Dschungel mit seinen breit-blättrigen Palmen, Lianen und Kletterpflanzen. Typisch sind die Nadelbäume, besonders die Sitka-Tanne, die in einem schmalen Bereich entlang der Küste von Südalaska bis nach Südoregon wächst, sowie Hemlock-Tanne, Rote Zeder und Douglasie. Auffallend sind die Flechten und Moose, die oft fast wie ein Vorhang von den Ästen herabhängen. Im Unterholz und in der dicken Laubschicht der verschiedenen Ahornarten wuchern Farne und Rhododendron. Während der letzten Jahre wurde damit begonnen, die reichlich vorhandenen Pilze systematisch zu ernten. In dem feuchten, milden Klima wuchert die Vegetation aufs üppigste.

Wird der Wuchs nicht durch menschliche Eingriffe gestört, erreichen die Bäume mit der Zeit enorme Höhen. Douglasfichten, die sonst vielleicht 50 m hoch werden, erreichen eine Höhe von 80 m und mehr. Ein solcher von Menschen unberührter Urwald wird *Old Growth Forest* genannt. Im mehrgeschossigen Aufbau stehen hier verschiedene Arten von Bäumen, die mindestens 200 Jahre alt sind. Außerdem gibt es stehende tote Bäume *(Snags)* und am Boden rottende Stämme *(Nurse Logs),* aus denen, wie natürliche Alleen in Reih und Glied geordnet, neue Bäume herauswachsen, sogenannte *Colonnades.* Andere Bäume stehen auf stelzenähnlichen Wurzeln etwa 0,5 m über dem Boden. Sie wuchsen aus einem umgefallenen Stamm, der inzwischen verrottet und nicht mehr vorhanden ist. Diese rottenden Baumstämme spielen eine wichtige Rolle, verhindern sie doch die Bodenerosion, absorbieren Wasser und geben Nährstoffe ab. Manche der liegenden Stämme sind so groß, daß es mehr als 400 Jahre dauert, bis sie verrottet sind.

Die in Jahrhunderten herangewachsenen Baumriesen – teilweise erreichen sie ein Alter von 1000 Jahren – haben allerdings nur an wenigen Stellen überlebt. Nicht einmal 3 % des geschätzten ursprünglichen Bestandes existieren noch, das meiste davon befindet sich innerhalb des Olympic National Parks in Sicherheit. Holzfäller machten die Bäume schon zu Beginn des 20. Jh. gerade wegen ihrer Größe bevorzugt nieder. Auch heute noch werden kurzfristige wirtschaftliche Gewinne von der Holzindustrie höher bewertet als der Erhalt intakter Ökosysteme, die in dieser Form nicht wiederhergestellt werden können. Zwar wächst auch heute noch nichttropischer Regenwald nach, das Klima hat sich ja nicht geändert. Den unbeschreiblichen Zauber des *Old Growth* besitzt der junge Regenwald jedoch nicht.

Außer den genannten Pflanzen ist im nichttropischen Regenwald eine Vielfalt von Säugetieren heimisch, zum Beispiel der Roosevelt- und Schwarzwedel-Hirsch, Puma, Schwarzbär, Otter, Waschbär, Eichhörnchen und diverse kleine Nager. Die ehemals heimischen Wölfe wurden bereits zu Beginn des 20. Jh. ausgerottet. Anders als im tropischen Dschungel leben die Tiere hauptsächlich auf dem Boden. Auf den Bäumen findet man keine Affen, dafür verschiedene Arten von Drosseln, Rotkehlchen, Spechten, Zaunkönigen, Hähern und Raben. Meist herrscht, wie in einem Heiligtum, eine ehrwürdige Stille.

Für den Wanderer noch eine gute Nachricht: Giftige Schlangen gibt es nicht, überhaupt bietet der nichttropische Regenwald ein sehr sanftes, freundliches Ambiente für den Menschen. Wegen seines Regenwaldes wurde der Olympic National Park zum Biosphären-Reservat und zur *World Heritage Site*

Seeotter

erklärt, obwohl er Ende der 1930er Jahre eigentlich zum Schutz des Roosevelt-Hirsches geschaffen worden war.

In den Cascades finden sich subalpine und alpine Zonen, der Bewuchs entspricht von der Zusammensetzung in etwa dem Regenwald der Küste, ohne freilich dessen Höhe oder Üppigkeit zu erreichen. Sommers ist dort auf den sonnigen Bergwiesen eine überwältigende Blütenpracht anzutreffen. In abgelegenen Teilen der nördlichen Cascades sind sogar wieder vereinzelt Spuren von Grizzly und Wolf gefunden worden, die man dort nicht mehr heimisch glaubte. Der Wanderer wird diese scheuen Tiere freilich nicht zu Gesicht bekommen, eher sieht man Hirsche oder Wildschafe, mit Sicherheit jedoch Murmeltiere, welche die Sonne genießen.

Jenseits der Berge ändern sich Landschaft und Tierwelt völlig. Die welligen und trockenen Hügel im Osten sind wüstenähnlich, nur dank künstlicher Bewässerung gedeiht auf gewaltigen Feldern vor allem Weizen. In dieser Halbwüste trifft man typische Steppenbewohner wie Antilopen und Koyoten an, sogar Klapperschlangen sind relativ häufig. Die Wälder bestehen vor allem aus Pinien, im Grasland wächst auch Sierrawacholder. Über den offenen Flächen kreisen Falken, aber auch Weißkopfadler und Seeadler.

Wirtschaft

Die natürlichen Ressourcen des Gebietes, insbesondere die Wälder und der Fischreichtum, waren einst neben der Fruchtbarkeit des Willamette-Tals der Grund für die Besiedlung des Pazifischen Nordwestens und blieben bis heute in beiden Bundesstaaten die Lebens- grundlage der Bevölkerung. Jedoch verliert seit einigen Jahren die Forstwirtschaft langsam an Gewicht, seit der alte Baumbestand zur Neige geht oder Fällbeschränkungen für bestimmte Gebiete bestehen, um in ihrer Existenz gefährdeten Tierarten eine Überlebenschance zu gewähren. Der selten gewordene Fleckenkauz *(Spotted Owl),* der nur in wertvollstem *Old*

Holzhafen von Astoria

Growth nistet, wurde zum Schlagwort im Kampf der Naturschützer gegen die Holzwirtschaft.

Anders als in Europa herrscht in den USA beim Holzschlag noch immer die Praxis des *Clearcutting*, das heißt, eine bestimmte, oft sehr große Parzelle wird radikal und komplett abgeholzt. Das mühselige und kostspielige Roden und Wiederaufforsten der verwüsteter Flä-

chen konnte man sich in der ›guten alten Zeit‹ um 1900 noch sparen, als die Natur unerschöpflich schien. Bodenerosion und Rückgang des Wildbestands waren die Folgen. Heute geht man behutsamer mit der Natur um, aufgeforstet wird jedoch oft mit schnellwüchsigen Monokulturen.

Auch der Fischfang hat, nach jahrelang gleichem Ertrag bei gleichzeitigem Rückgang des Bestandes, nicht mehr die frühere Bedeutung. So treten andere Wirtschaftszweige aus dem Schatten dieser einstigen ökonomischen Eckpfeiler. Wie in allen Industrienationen findet auch im Pazifischen Nordwesten allmählich ein Strukturwandel statt, der einen Beschäftigungsrückgang in den traditionellen Industrien und eine gleichzeitige Hinwendung zu Handel und Dienstleistung bedeutet.

Noch immer ist in Oregon das Willamette-Tal, das schon um die Mitte des 19. Jh. Siedler anlockte, ein Zentrum der Landwirtschaft, dank des milden Klimas kann dort jede beliebige Feldfrucht angebaut werden. Seit einigen Jahren hat der Weinbau nach Jahrzehnten der Abstinenz wieder einen großen Aufschwung erfahren, in Oregon gekelterte Burgunderweine genießen heute weltweit einen vorzüglichen Ruf. Weitere Spezialitäten, bei deren Produktion Oregon von kei-

Wolkenkratzer in Seattle (Downtown)

verarbeitende Industrie, die Gemüse-, Obst- und Fleischkonserven herstellt.

Nach Forst- und Landwirtschaft nimmt der Tourismus den dritten Rang in der Wirtschaft von Oregon ein, besonders bei internationalen Besuchern erhofft man sich einen starken Zuwachs. Starkes Wachstum wird auch bei der Herstellung von Computer-Hardware erwartet, Computerchip-Produzenten wie Intel haben die Gegend um Portland zum Silicon Forest gemacht. Darüber hinaus wird billige Energie von den Dämmen des Columbia River und anderer Flüsse zur Metallerzeugung genutzt.

Die wirtschaftliche Situation in Washington ist sehr ähnlich, etwa 40 % der Fläche dieses Bundesstaates werden agrarisch genutzt. Die in Landwirtschaft und Lebensmittelproduktion erzielten Umsätze liegen derzeit noch knapp hinter denen der Holzwirtschaft. Washington ist nicht nur größter Apfelproduzent, sondern besitzt nach Kalifornien auch die zweitgrößte Rebfläche der USA. Zusätzlich werden neben vielen Obstsorten vor allem Weizen, Hopfen und Linsen angebaut. Die reiche Ernte im trockenen Osten wird durch Wasser aus dem Columbia River ermöglicht. Milchwirtschaft findet sich auf der westlichen, Schlachtviehwirtschaft auf der östlichen Seite der Cascades.

Ein großer Wirtschaftszweig in Washington ist die Luftfahrtindustrie, deren Umsätze höher sind als

nem anderen Bundesstaat übertroffen wird, sind Weihnachtsbäume, Grassamen, Pfefferminze, Brombeeren und Haselnüsse. Auch der Löwenanteil der in Deutschland verkauften Nüsse stammt von dort. Im Hood River Valley wird Obst angebaut, auf dem östlichen Zentralplateau dagegen vor allem Weizen. Portland ist deshalb einer der Hauptumschlagplätze für Getreide. Außer der landwirtschaftlichen Produktion, die auch eine nennenswerte Milch- und Käseerzeugung umfaßt, gibt es schließlich noch eine entsprechende weiter-

Only in America

Der Aufstieg von Microsoft

Dies ist eine Geschichte, wie s e nur in Amerika geschehen kann: der Aufstieg vom Tellerwäscher zum Millionär. Ganz so war es im Fall von Bill Gates und Paul Allen zwar nicht. Bill Gates kommt aus begütertem Haus, und Geschirr mußte er wahrscheinlich nie in seinem Leben spülen. Dafür ist er heute vermutlich der reichste Mann der Welt, und Paul, der aus etwas einfacheren Verhältnissen stammt, immerhin der viertreichste der USA. Die Firma, welche die beiden im Oktober 1975 gründeten, ist inzwischen so einflußreich, daß sich die amerikanischen Justiz- und Kartellbehörden bereits mehrfach mit ihr beschäftigt haben: Microsoft.

Fast jeder, der schon einmal einen PC benutzt hat, kennt den Namen dieses Software-Herstellers oder hat zumindest unwissentlich ein Produkt von Microsoft benutzt. Die Firmengeschichte ist märchenhaft. Im Jahre 1975 schreiben Gates und Allen, damals 20 bzw. 22 Jahre alt, eine Version der Programmiersprache BASIC und verkaufen sie an einen kleinen Computerhersteller. Beide brechen ihr Studium ab – Gates war bei der Renomm eruniversität Harvard eingeschrieben – und widmen sich ausschließlich ihrem Geschäft. Die nächste Version der Programmiersprache im Jahr darauf kann an General Electric verkauft werden, 1978 gehen Lizenzen an die große Elektronik-Kette Radio Shack und an Apple Computer.

Mitte 1981 gelingt Gates und Allen dann der Geniestreich, dessen Folgen sie damals wahrscheinlich selbst noch nicht ahnten. Die beiden verkaufen an den Branchenriesen IBM das Betriebssystem für den neuen IBM Personal Computer, ein Produkt, das sie gar nicht besitzen, aber billig beschaffen können. Für gerade 50 000 Dollar kaufen sie einer kleinen Firma in Seattle deren Betriebssystem 86-DOS ab, taufen es um in MS-DOS und lizenzieren die Nutzungsrechte an IBM. Der Siegeszug des PCs macht die Firma groß. Im Frühjahr 1986 geht Microsoft an die Börse, 1987 ist das Unternehmen bereits der größte Software-Hersteller, Anfang 1993 wird Microsoft, gemessen am Aktienwert, endlich weltweit zur größten Firma der Computerindustrie. Inzwischen beläuft sich der Umsatz auf 8 Mrd. Dollar.

Bill Gates ist der Motor hinter Microsoft. Sein Privatvermögen – längst im zweistelligen Milliardenbereich – macht Gates zum jüngsten

›Selfmade-Milliardär‹ in der Geschichte der USA. Unbestritten ist sein sicheres Gespür für Produkte, die sich auf dem Markt durchsetzen werden. Was er nicht selbst herstellen kann, kauft er auf. Marketing, nicht unbedingt immer Innovation, machte Microsoft groß. Gates stilisiert sich gern zum technischen Visionär, was ihm viele jedoch nicht zugestehen. Seine Feinde behaupten gar von ihm, er strebe nach der Weltherrschaft.

Paul Allen, der ehemalige Vizepräsident, erkrankte 1983, im Alter von 30 Jahren, an Hodgkin's Desease und trat damals von seinem Posten zurück. Noch immer gehören ihm über 10 % Anteile an Microsoft, außerdem gründete Allen zahlreiche weitere Firmen. Auch sein Privatvermögen liegt im zweistelligen Milliardenbereich. Nach langwieriger Strahlentherapie dem Tod entronnen, hat er sein Leben völlig umgekrempelt. Allen besitzt ein eigenes Profi-Basketballteam, eine Villa in Südfrankreich und hat gleich vier wohltätige Stiftungen ins Leben gerufen, die unter anderem medizinische Forschung, Kunst und Musik fördern. Eines seiner Projekte war die Errichtung eines Musikmuseums in Seattle. Bill Gates hingegen hatte anfänglich mehr durch seinen langjährigen Hausbau – geschätzte Kosten über 50 Mio. Dollar – als durch philanthropische Taten von sich reden gemacht. Inzwischen haben er und seine Frau Melinda Stiftungen mit mehreren Hundert Mio. Dollar eingerichtet, und nach und nach will Gates 90 % seines Vermögens verschenken.

Aber nicht nur die beiden Chefs wurden reich. Es heißt, daß nahezu 10 000 Angestellte zu *Microsoft Millionaires* wurden. Dies erreichten sie nicht durch das vergleichsweise niedrige Gehalt. Das Zauberwort, das die etwa 18 000 Angestellten mit einem Durchschnittsalter von 30 Jahren zu Workaholics macht, heißt *Stock Options.* Denn sogar die niederen Chargen erhalten das Recht, nach einer gewissen Zeit eine bestimmte Anzahl von Aktien zum bei der Vergabe der Option herrschenden Marktpreis zu kaufen. Je nach Arbeitsvertrag erhält man in regelmäßigen Abständen neue Optionen. Verkaufen darf man die Aktien erst nach einem festgesetzten Zeitraum. Je höher die Aktien steigen, desto verlockender ist das Angebot, den Leistungsdruck zu ertragen. Die Arbeitszeit bei Microsoft wird zynisch mit »halbtags« bezeichnet – gemeint ist von 8 Uhr morgens bis 8 Uhr abends. Es lohnte sich, bei Microsoft zu bleiben. Die Kurse stiegen in den ersten zehn Jahren um sagenhafte 9000 %! Allerdings stürzten die Aktien im Jahr 2000 um über 50 % ihres Wertes, und der Himmel scheint nun nicht mehr voller Geigen zu hängen.

jene von Forst- und Landwirtschaft zusammen. Marktführer sind die Boeing-Werke, eine der größten Exportfirmen der USA, die schon während des Ersten Weltkriegs in Seattle gegründet wurde. Der Flugzeugbau nahm während des Zweiten Weltkriegs und danach einen gewaltigen Aufschwung, nicht zuletzt ermöglicht durch billige und reichlich vorhandene Energie, die von den kurz vor dem Krieg gebauten Staudämmen am Columbia River stammt. Als zu Beginn der 1970er Jahre die Flugzeugindustrie eine Krise durchlitt und Boeing 60 % der Belegschaft entlassen mußte, gingen am Puget Sound beinahe alle Lichter aus, denn jeder zehnte Berufstätige des Bundesstaates arbeitete damals für Boeing. Heute scheint die Zukunft gesichert, denn die weltweit notwendige Erneuerung bejahrter oder unwirtschaftlicher Verkehrsmaschinen verspricht ein volles Auftragsbuch.

Zudem ist die Gegend um Seattle heute ein Zentrum der Software-Industrie, der Erfolg des Marktbeherrschers Microsoft hat viele ehemalige *Microserfs* eigene Firmen gründen lassen. Auch der japanische Computerspiele-Hersteller Nintendo hat seinen US-Hauptsitz bei Seattle. Die Wachstumsraten auf dem Software-Sektor sind immer noch enorm, die Aktienkurse von Microsoft stiegen in den ersten neun Jahren seit dem Börsengang 1986 um satte 9000 %, ein Ende des Booms ist

nicht in Sicht. Ein weiterer Wachstumsmarkt liegt in der Biotechnologie, nicht nur im medizinischen Sektor, sondern auch in der Abfallwirtschaft und beim Recycling. Washington besitzt die höchste Gesamt-Recyclingrate der USA.

Vom Umsatz her an nächster Stelle in der Wirtschaft von Washington steht heute bereits der Tourismus. Auch hier wird ein weiteres stetiges Wachstum erwartet, der Schönheit und Vielfalt der faszinierenden Region angemessen.

Durch die Nähe zu Asien – Seattle liegt wesentlich näher bei Japan als etwa Los Angeles – und die wirtschaftliche Stärke der asiatischen Pazifik-Staaten gehören die Handelshäfen von Seattle und Portland zu den größten an der Westküste. Die Häfen sind nicht nur für den Import von Konsumgütern wie Elektronikprodukten und Automobilen sehr wichtig, sondern auch für den Export. So werden mehr als 80 % aller landwirtschaftlichen Exporte nach Asien verschifft. Die 1993 in Seattle stattgefundene Asia Pacific Economic Conference, an der Präsident Clinton und Spitzenpolitiker der Pazifik-Anrainerstaaten teilnahmen, unterstreicht die Bedeutung des Asienhandels für die Region. Nach Einschätzung der Regierung Clinton gehen Wachstumsimpulse in erster Linie von den ost- und südostasiatischen Märkten aus, während man im Handel mit Europa und der übrigen Welt nur wenig Entwicklungschancen sieht.

UDSU

DEAN
BAKER

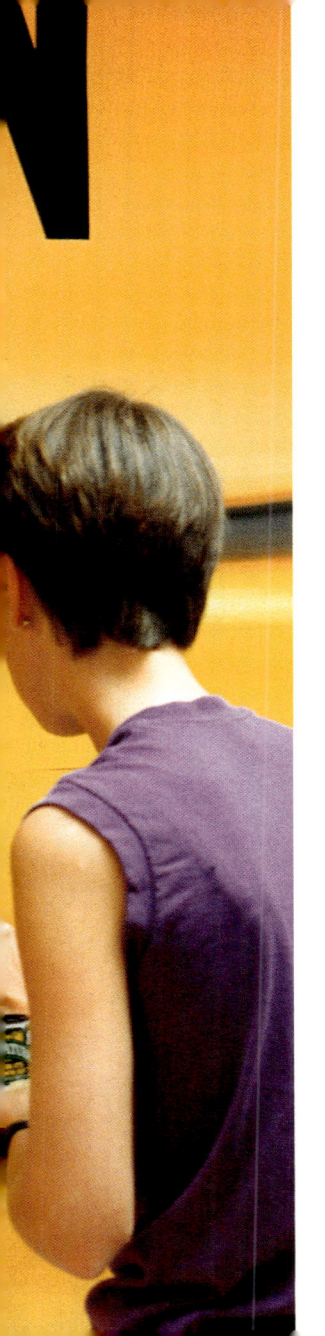

Bevölkerung, Kultur und Geschichte

Bevölkerung und Kultur

Daten zur Geschichte

Plakatmalerin

Bevölkerung

Die Bevölkerung des Pazifischen Nordwestens ist überwiegend weiß. Diesen Eindruck, den der Reisende gewinnt, bestätigen auch die dürren Zahlen der aktuellen Bevölkerungsstatistik.

In Oregon leben danach 3 Mio. Einwohner, davon besitzen 93 % weiße Hautfarbe. Schwarz sind gerade 1,5 %, die größte Minderheit bilden die spanischsprachigen Einwanderer mit 4 %. Die restliche Bevölkerung setzt sich aus den Bürgern asiatischer Herkunft und den Ureinwohnern, den Indianern, zusammen.

In Washington sieht es ähnlich aus. Dort leben 5 Mio. Einwohner, davon sind etwa 89 % weiß. Der Anteil der Schwarzen beträgt 3 %. Die Menschen spanischer und asiatischer Abstammung bilden mit je 4 % die größten Minderheiten.

Auffallend daran ist, daß die Urbevölkerung, die Indianer oder *Native Americans,* als eigene Bevölkerungsgruppe gar nicht in der Statistik auftauchen. Bisweilen wird ihre Zahl mit etwas über 100 000 Menschen in Washington und Oregon angegeben. Tatsächlich spielen die Ureinwohner heute nur noch eine unbedeutende Rolle, Indianerkultur lernt der Reisende nur in den Museen kennen.

Bereits 1855, nach dem Vertrag von Point Elliott, wurden die Indianer ohne ernsthaften Widerstand von den weißen Siedlern in circa

20 Reservate verbannt. Zur Entschädigung erhielt jeder für die folgenden 20 Jahre den Gegenwert von 1,80 Dollar jährlich, der freilich nicht bar, sondern in *useful articles* ausgezahlt wurde. Die Größe der Reservate reicht von wenigen hundert Hektar bis zu mehreren tausend Quadratkilometern im trok-

kenen östlichen Landesteil. Dort leben die Indianer meist zurückgezogen, viele Reservate sind für Nicht-Indianer ohne Erlaubnis nicht zugänglich, darunter auch große Teile des Yakama-Reservats, des mit über 6500 km^2 größten Reservats in Washington. Für den Reisenden am augenfälligsten ist das Privileg der Indianer, öffentliche, aber stammeseigene Spielkasinos auf Reservatsland zu betreiben. Manchem puritanischen Weißen ist dieses Mittel der Ureinwohner, zu Geld zu kommen, ein Dorn im Auge.

Auch heute haben die einzelnen Stämme kaum politischen Einfluß.

Aufsehen und in manchen Kreisen Empörung erregte daher die Ankündigung der bei Neah Bay im äußersten Nordwesten der Olympic Peninsula lebenden Makah, ihr vertraglich zugesichertes Recht wahrzunehmen und wieder Wale zu fangen – auf traditionelle Art mit Kanu und Harpune. Mit der Jagdzeremonie soll den jungen Leuten des Stammes, die von Arbeitslosigkeit und Alkoholismus nicht verschont geblieben sind, ihre eigene, fast vergessene Kultur und Tradition nahegebracht werden. Der erste Wal nach über 70 Jahren wurde im Mai 1999 erlegt. Denn bereits 1937 wurde in den USA Walfang verboten.

Obwohl der Pazifische Nordwesten heute den Ruf der Toleranz und Liberalität genießt, stand es in der Vergangenheit damit nicht immer zum besten. Die erste Verfassung von Oregon aus dem Jahre 1859 zum Beispiel verbot allen Schwarzen, sich dort niederzulassen. Auch den chinesischen Arbeitern, die in der zweiten Hälfte des 19. Jh. in großer Zahl ins Land kamen, um Knochenarbeit beim Goldsuchen und dem Bau der Eisenbahnen zu leisten, erging es nicht besser. Mit Gewalt wurden sie in den 1880er Jahren aus dem Nordwesten vertrieben, viele blieben auf dem Weg nach Hause mittellos in San Francisco. In Portland gibt es inzwischen wieder ein wenngleich sehr kleines chinesisches Viertel, in Seattle hat sich ein ungleich größeres asiatisches Viertel etabliert, der *International District,* in dem – sehr ungewöhnlich in den USA – Einwanderer verschiedenster asiatischer Herkunft zusammenleben.

Einen weiteren Höhepunkt der Diskriminierung asiatischer Einwanderer, die vor dem Ersten Weltkrieg begann und ihnen sowohl Grundbesitz verbot als auch ihre Einbürgerung erschwerte, bildete die Einrichtung von sogenannten *Detention Camps* bzw. *Relocation Centers* wenige Monate nach dem japanischen Überfall auf Pearl Harbour (Dezember 1941). Bereits im März 1942 schuf Präsident Roosevelt die *War Relocation Authority (WRA),* die dafür zuständig war, Personen japanischer Herkunft von den zu militärischen Gebieten erklärten Staaten Washington, Oregon und Kalifornien zu entfernen. Diese Internierungslager wurden fern der Küste im Landesinneren der USA eingerichtet. Über 100 000 Menschen, darunter viele amerikanische Staatsbürger, wurden bis nach Kriegsende zwangseingewiesen, ihr Besitz konfisziert. Inzwischen hat sich die Situation grundlegend geändert, im Bundesstaat Washington trat 1997 der erste Gouverneur asiatischer Abstammung in der Geschichte der kontinentalen USA sein Amt an.

Die in den USA am schnellsten wachsende Gruppe der Einwanderer stammt aus verschiedenen spanischsprachigen Ländern, etwa Mexiko, Puerto Rico oder Kuba. Im Pazifischen Nordwesten findet man

allerdings nur eine zahlenmäßig kleine Gruppe, die vor allem im ländlichen Osten verstreut lebt und dort überwiegend in der Landwirtschaft beschäftigt ist. Anders als etwa in Los Angeles gibt es in den Städten des Nordwestens keine *Barrios,* spanischsprechende Stadtteile. Dafür sind die Zahlen zu gering – allein in der Bundeshauptstadt Washington, D. C. leben mehr Lateinamerikaner als im gesamten Staat Washington.

Die weiße Mehrheit lebt in beiden Bundesstaaten in den Ballungszentren westlich der Cascades. Wenigstens in Washington läßt sich eine relativ feste Meinung über den Bevölkerungsteil auf der jeweils anderen Seite der Berge feststellen. Während die überwiegend städtische Bevölkerung des Westens die Leute im Osten für vornehmlich konservative Hinterwäldler hält, welche die wenig schmeichlerische Bezeichnung *Rednecks* verdienen, blicken die Menschen im dünn besiedelten, ländlichen Osten mit einem gewissen Mißtrauen auf den dicht besiedelten Westen, der für sie die Quelle wenn nicht allen, so doch des meisten Übels darstellt.

Wohl allen Bewohnern gemeinsam ist aber die Liebe zur Natur, zu den *Outdoors.* Wer einen historischen Grund dafür sucht, kann auf die Besiedlung über den Oregon Trail zurückgreifen oder auf den Goldrausch am Klondike, bei dem die Ausrüstungslieferanten in Seattle mehr verdienten als die Goldgräber selbst. Tatsache ist jedenfalls, daß der Pazifische Nordwesten einen spezifischen Menschenschlag angezogen hat: ›Outdoor-Typen‹, die sich in Goretex und Bergstiefeln am wohlsten fühlen, denen es nichts ausmacht, wenn sie, wie es der Spott behauptet, durch den ewigen Nieselregen allmählich Moos statt Haare auf dem Kopf haben. Es fällt auf, wie wenige prestigeträchtige Nobelkarossen zu sehen sind, auch wenn die Software-Kids gerne im BMW-Cabrio zur Arbeit fahren. Immer noch erblickt man jede Menge betagter VW-Käfer, Saabs und Volvos, denn für viele ist das Auto kein Statussymbol, sondern ein Mittel, um am schnellsten in die Berge zu kommen.

Berge, Meer, Wald und Wüste sind leicht erreichbar und bieten mit beinahe unbeschränkten Möglichkeiten für jeden etwas. Es ist nicht verwunderlich, daß gerade der relativ dünn besiedelte Nordwesten die Heimat des Sportartikelriesen Nike ist oder von REI, dem größten Ausrüstungsladen der USA mit zahllosen Filialen und weltweitem Versand. Zahlreiche, in einschlägigen Kreisen weltbekannte nützliche Erfindungen stammen von dort: das Universalwerkzeug Leatherman ebenso wie die selbstaufblasende Campingmatratze Thermarest oder der leichtlaufende, großrädrige Kinderwagen für Jogger. Unternehmungslustige, wohlausgebildete Fachkräfte – die erwähnte Campingmatratze wurde von zwei ehemaligen Boeing-Ingenieuren entwickelt – können dort ihre innovativen Ideen schnell in Produkte umsetzen, die bei der freizeitbegeisterten und gesundheitsbewußten Bevölkerung leicht vermarktbar sind.

Auch der Umweltschutz nimmt einen hohen Stellenwert ein – nirgendwo in den USA wird eine so penible Abfalltrennung vorgenommen, nirgendwo mit solch religiösem Eifer versucht, die Natur zu bewahren. Auch die Rettung der vom Abbruch bedrohten alten

Angeln ist nur eine der beliebten Outdoor-Aktivitäten im Pazifischen Nordwesten

Stadtzentren von Portland und Seattle ist diesem Bewußtsein zu verdanken.

Zudem muß man im Nordwesten herkömmliche Vorurteile über Bord werfen: »Amerikanischer Kaffee oder Bier sind scheußlich. Das Essen ist entweder fettig und billig oder, wenn es genießbar ist, überteuert.« In Washington und Oregon trifft dies gewiß nicht zu. Die Küche, die stark von den nach Ende des Vietnamkrieges ins Land gekommen südostasiatischen Einwanderern geprägt ist und wunderbare Variationen klassischer Gerichte enthält, ist ausgezeichnet und überdies erschwinglich. Und sowohl bei Kaffee und Bier als auch bei Wein ist der Nordwesten richtungweisend in der Qualität, ein Trendsetter der gesamten USA.

Kultur im klassischen Sinn ist dabei vielleicht ein wenig auf der Strecke geblieben oder konnte sich, besser gesagt, noch nicht vollständig entwickeln. Wie jung das Land ist, wird an der Tatsache deutlich, daß es in Seattle vor der Weltausstellung 1962 weder eine Oper noch ein Theater oder gar ein Ballett gab, sondern gerade ein Teilzeitorchester, einige Kunstgalerien und eine Handvoll Museen. Heute ist die Situation natürlich anders. Zahlreiche Veranstaltungen locken rund ums Jahr überall große Besuchermengen an, sei es nun das Mount Hood Jazz Festival bei Portland, das Bach-Festival in Eugene oder das altehrwürdige Shakespeare-Festival, das jährlich von Februar bis Oktober im kleinen Ort Ashland stattfindet, ganz zu schweigen von unzähligen Folk-Festen. In Seattle wird regelmäßig der Wagnersche »Ring des Nibelungen« in voller Wucht und Länge aufgeführt – die örtliche Presse redet dann, in Anlehnung an eine Fernsehserie, respektlos von »Valhalla 98210« und bezeichnet den Ring als »messy moral soap opera«.

Wegen der geringeren Produktionskosten werden inzwischen nicht nur vermehrt Fernsehserien – in Europa bekannt wurde etwa »Twin Peaks«, »Ausgerechnet Alaska« oder »Frasier« – im Nordwesten produziert, sondern auch Kinofilme wie etwa »Sleepless in Seattle« oder »Singles«. Der Regisseur der Filme »Drugstore Cowboy« und »My own private Idaho«, Gus van Sant, stammt aus Portland, das ebenso wie Seattle als Kinostadt einen ausgezeichneten Ruf besitzt.

Beide Städte sind auch berühmt für ihre Buchläden, die zu den bestsortierten und größten der Nation zählen. Große Schriftsteller hat der Pazifische Nordwesten dagegen nur wenige hervorgebracht. Bezeichnend ist die Anekdote, die von dem Lyriker Theodore Roethke erzählt wird. Als er 1947 seine Stelle an der University of Washington antrat, wurde er vom Lehrstuhlinhaber mit den Worten empfangen: »Ted, wir wissen nicht so recht, was wir mit Ihnen anfangen sollen – Sie sind der einzig ernstzunehmende Dichter im Umkreis von 1500 Meilen.«

Viele Autoren schreiben jedoch über den Nordwesten, etwa John Steinbeck in »Travels with Charly«. Kultstatus genießt Jack Kerouac, dessen »Dharma Bums« eigene Erlebnisse als Waldbrandwache in den Cascades verarbeitet. Von Ken Kesey, bekannt durch »One Flew Over the Cuckoo's Nest«, stammt »Sometimes a Great Notion«, das den Überlebenskampf einer Holzfällerfamilie schildert. Der Lyriker David Wagoner beklagt in vielen seiner Werke die Zerstörung der Natur durch die Menschen. Craig Lesley aus Portland brachte mit seinen Novellen und einer Sammlung von Short Stories das Leben von zeitgenössischen Ureinwohnern in die Literatur.

Tom Robbins, der wohl berühmteste Schriftsteller aus dem Nordwesten, lebt in La Conner. Am bekanntesten ist sein Buch »Even Cowgirls Get the Blues«. Auf einer Insel im Puget Sound lebt David Guterson, dessen inzwischen verfilmtes Buch »Schnee, der auf Zedern fällt« wochenlang auf den Spitzenplätzen der Bestsellerlisten in den USA, Großbritannien, Australien und im deutschen Sprachraum rangierte. In seinem Erstlingsroman erzählt Guterson von einem mysteriösen Mordfall, der sich im rauhen Milieu der Lachsfischer ereignet, und bietet dabei gelungene Charakterzeichnungen und poetische Naturbeschreibungen. Ebenfalls einem breiten Publikum bekannt sind zwei aus dem Nordwesten stammende Cartoonisten:

Gary Larson, dessen beißende Strips auch in deutschen Zeitschriften veröffentlicht wurden, und Matt Groening, der Schöpfer der Simpson-Familie. Ihr schräger Humor läßt sich an einem regnerischen Wintertag am besten mit einigen Flaschen Microbrew verstehen.

Bekannt wurde der Pazifische Nordwesten nicht zuletzt auch wegen seiner Musikszene, besonders Seattle, wo in der Nachfolge des Punk die Grunge-Musik geboren wurde. Der Höhepunkt dieser Musikrichtung ist aber spätestens seit dem Selbstmord von Curt Kobain, dem Leadsänger der Gruppe Nirvana, überschritten.

Der besondere Reiz des Nordwestens liegt in seiner soziokulturellen Vielfalt. Überall erlebt man die unbegrenzten Möglichkeiten einer Gesellschaft, in der – wenigstens vom Prinzip her – alles machbar ist und in der sich jeder Einzelne ohne Rücksicht auf hemmende Traditionen ausleben kann. Da Europäer diesem Vorbild in vielen Bereichen nacheifern, erhascht man gerade bei einer Reise in den technologieverliebten Nordwesten gewissermaßen Impressionen einer möglichen Zukunft.

Ein wirkungsvoller Kontrast dazu ist die Landschaft, deren Weite den Menschen in ihr größer werden läßt. Die dünn besiedelte, dem Reisenden fast unberührt erscheinende Natur des Pazifischen Nordwestens lenkt so den Blick gleichzeitig auf eine in Europa längst entschwundene Vergangenheit.

Daten zur Geschichte

Die Zeit vor der Ankunft weißer Siedler an der Westküste des amerikanischen Kontinents bleibt im dunkeln, denn die Indianer, die dort lebten, entwickelten keine Schrift und hinterließen nur wenige materielle Zeugnisse – Muschelhaufen, Felszeichnungen, Schnitzereien. Die ursprünglichen Bewohner des Pazifischen Nordwestens waren seßhaft, ohne Ackerbau zu betreiben. Das milde Klima, die fruchtbare Natur und das fischreiche Meer boten Nahrung im Überfluß. Erst das Vorrücken der Europäer im 19. Jh. machte dieser Lebensweise ein Ende, die Indianer wurden mit Gewalt verdrängt oder, öfter noch, durch eingeschleppte Krankheiten getötet.

Hingegen ist die Geschichte der weißen Siedler im wesentlichen eine Geschichte der Landnahme, des Durchsetzens von Gebietsansprüchen der europäischen Großmächte Spanien, Rußland, Frankreich und England. Dabei gewannen in der Mitte des 19. Jh. die Amerikaner die Oberhand – eher ein historischer Zufall, bei dem so weit entfernte Ereignisse wie die Französische Revolution eine Rolle spielten. Der Nordwesten, ja die gesamte Westküste könnte heute auch spanisch oder sogar russisch sein.

1494	Papst Alexander VI. teilt im Vertrag von Tordesillas die Welt entlang einer Linie 370 Meilen westlich der Kapverdischen Inseln. Die Gebiete westlich dieser Linie werden den Spaniern zugesprochen, die östlich von ihr den Portugiesen.
1542	Juan Rodriguez Cabrillo erforscht die pazifische Küste.
1543	Bartolome Ferello segelt an der Küste von Oregon entlang.
1579	Francis Drake befährt als erster Brite die Gewässer vor der Küste von Oregon.
1592	Apostolos Valerianos alias Juan de Fuca, ein Grieche in spanischen Diensten, segelt die Pazifikküste entlang nach Norden und erzählt nach seiner Rückkehr, beim 47. Breitengrad nicht nur eine Insel reich an Gold, Silber und Perlen, sondern auch eine Passage zum Atlantik entdeckt zu haben. Obwohl schon damals Zweifel an seiner Aussage bestehen, wird diese Nordwestpassage noch zweihundert Jahre lang gesucht.

1670	Charles II. von England gibt der Hudson's Bay Company die alleinige Kontrolle über den Pelzhandel im Norden des Kontinents.
1741	Vitus Bering, ein Däne im Dienste des russischen Zaren, erreicht Alaska. Rußland erhebt Anspruch auf den gesamten Pazifischen Nordwesten.
1774	Juan Perez erforscht die nördliche Küste, entdeckt den Nootka Sound und beansprucht das Gebiet für die spanische Krone.
1775	Die ersten Europäer, die Spanier Bruno Heceta und Juan Francisco de la Bodega y Quadra, legen an der Nordwestküste an.
1776	Franziskanermönche gründen San Francisco. An der Ostküste Nordamerikas erklären die britischen Kolonien ihre Unabhängigkeit vom Mutterland.
1778	James Cook segelt auf der Suche nach der Nordwestpassage die Küste entlang, ankert in Nootka und macht den spanischen Gebietsanspruch streitig. Auf seiner Fahrt benennt er verschiedene Kaps im heutigen Oregon.
1787	Der Engländer Charles Barkley findet die Passage zwischen Washington und Vancouver Island und nennt sie nach dem vermutlichen Entdecker Strait of Juan de Fuca.
1792	Der Amerikaner Robert Gray entdeckt und befährt die Mündung des Columbia River, benennt den Fluß nach seinem Schiff. Dadurch melden die Amerikaner Ansprüche auf das gesamte Columbia-Becken an.
1792	Kapitän George Vancouver kartographiert den Puget Sound und beansprucht *New Georgia* für die britische Krone.
1803	Von Napoleon kaufen die Amerikaner das Gebiet westlich des Mississippi *(Louisiana Purchase)* zum Preis von 15 Mio. Dollar. Damit verstärken die Amerikaner ihren Anspruch auf die Pazifikküste.
1804–06	Präsident Jefferson finanziert die Expedition von Meriwether Lewis und William Clark zum Pazifik. Die Gruppe erreicht den Pazifischen Ozean bei der Mündung des Columbia River und festigt den amerikanischen Gebietsanspruch im Westen.
1811	John Jacob Astor gründet an der Mündung des Columbia River die erste amerikanische Siedlung westlich der Rocky Mountains, Astoria, die wenig später von den Briten übernommen wird.

Ein Fehler mit Folgen

George Vancouver und die Entdeckung des Columbia River

Im ausgehenden 18. Jh. wollten die Engländer, besorgt wegen der Präsenz der Russen und Spanier im nördlichen Pazifik, endlich Klarheit über die Lage der Nordwestpassage. Kapitän James Cook hatte zuvor in den 70er Jahren die Existenz dieser angeblich von Juan de Fuca entdeckten, nördlichen Verbindung zwischen den Ozeanen bezweifelt. Es dauerte aber noch Jahre, ehe man endlich George Vancouver mit den Schiffen »Discovery« und »Chatham« losschickte. Der Kapitän, der bereits unter Cook gedient hatte, erhielt den Auftrag, Genaueres über die Ausdehnung und Beschaffenheit einer Verbindung zwischen den Ozeanen herauszufinden. Besonders war ihm die Strait of Juan de Fuca ans Herz gelegt.

Am 1. 4. 1791 brach die Expedition auf, segelte über Afrika, Indien, Australien und Neuseeland nach Hawaii und erreichte schließlich nach über einem Jahr die amerikanische Küste auf Höhe des heutigen Staates Oregon. Das Wetter war schlecht, die Sicht stark behindert. Am 17. 4. 1792 trug Vancouver in sein Logbuch ein: »Bald nach Mittag passierten wir beträchtliche Mengen Treibholz, Gras und Seetang. Viele Wasservögel waren zu sehen, und die Farbe des Wassers deutete auf Land in geringer Entfernung, obwohl wir durch das Wetter, das sehr schwer und regnerisch geworden war, gehindert waren, irgendeinen Gegenstand weiter als drei oder vier Meilen entfernt zu sehen.«

Verdrossen segelte Vancouver nach der beschwerlichen Anreise Richtung Norden. Dabei unterlief ihm ein historischer Fehler, der wahrscheinlich die Geschichte des Nordwestens prägte – Vancouver fuhr am 27. 4. an der Mündung des Columbia River vorbei: »Die See änderte ihr normales Aussehen, das Wasser hatte Flußfarbe angenommen, die wahrscheinliche Folge irgendwelcher Bäche, die in die Bucht münden … In der Meinung, die Bucht verdiene keine weitere Beachtung, setzte ich unsere Fahrt nach Nordwesten fort, da ich die Vorteile des herrschenden Windes und des angenehmen Wetters zu nutzen suchte, das momentan unsere Erforschung der Küste so begünstigt.«

Wenig später traf Vancouver auf den Amerikaner Robert Gray und dessen Schiff »Columbia«. Der Händler kam von den Queen Charlotte Islands aus dem Norden zurück. Die Kapitäne wechselten einige freundliche Worte und tauschten Informationen über den Küstenverlauf aus. Vancouver segelte weiter nach Norden. Wenig später fand und befuhr er die heutige Strait of Juan de Fuca, kartographierte in mühevoller Kleinarbeit drei Monate lang jeden Winkel des Puget Sound, den er ebenso wie Mount Rainier benannte. Am 4.6., dem Geburtstag seines Königs George III., nahm er das Land, das er New Georgia taufte, formell für die Krone in Besitz.

Robert Gray dagegen segelte weiter nach Süden. Am 11. 5., gerade zwei Wochen, nachdem Vancouver jene Bucht als nicht der Mühe wert bezeichnete, trug Gray in sein Logbuch ein: »Sah um 4 Uhr den Zugang zu unserem gesuchten Hafen Kurs Ost-Süd-Ost, Entfernung sechs Seemeilen … Waren um acht Uhr etwas luvwärts des Hafeneingangs, segelten los und liefen Ost-Nord-Ost zwischen den Brechern ein, hatten zwischen fünf und sieben Faden Wassertiefe. Als wir über die Barre waren, stellten wir fest, daß es ein großer Süßwasserfluß war, den wir befuhren …« Gray taufte den Strom nach seinem Schiff Columbia River. Diese damals eher beiläufige Entdeckung diente wenige Jahre später dazu, den Anspruch der Amerikaner auf das Land am Pazifik zu begründen.

1812	Fort Ross wird gegründet, ein russischer Stützpunkt 60 Meilen nördlich von San Francisco. Zwischen USA und England herrscht Kriegszustand.
1814	Der Ewige Friede von Gent regelt die gemeinsame Nutzung und Verwaltung von Oregon Country, des Gebietes nördlich von Kalifornien, durch Briten und Amerikaner, ohne die Besitzfrage zu klären.
1824	Am Nordufer des Columbia wird Fort Vancouver gegründet, das Astoria als britische Handelszentrale ersetzt.
1841	John Sutter kauft die Reste der russischen Siedlung Fort Ross.
1843	Der Oregon Trail wird die wichtigste Zugangsmöglichkeit für die Besiedlung des Westens.
1846	Vertragliche Festsetzung der Grenze zwischen britischem und amerikanischem Gebiet im Nordwesten auf den 49. Breitengrad. Damit endet die gemeinsame Verwaltung von Oregon Country. Im heutigen Portland wird die erste Siedlung gegründet.

1845–48	Krieg zwischen Mexiko und USA.
1848	Mit dem Frieden von Guadalupe Hidalgo werden Kalifornien, Nevada, Arizona, New Mexico und Colorado von den USA annektiert, Mexiko erhält 15 Mio. Dollar.
1848	Das Gebiet nördlich von Kalifornien wird vom Kongreß zum Oregon Territory erklärt; es umfaßt alles Land westlich der Rocky Mountains zwischen dem 42. und 49. Breitengrad, also das Gebiet der heutigen Staaten Washington, Oregon und Idaho sowie Teile von Montana und Wyoming.
1848–49	Goldrausch an Sutter's Mill im Sacramento-Tal, Portland etabliert sich als wichtigster Versorgungshafen für die Goldgräber.
1849	Vancouver Island wird britische Kronkolonie.
1850	Kalifornien wird 31. Staat der USA.
1851	Erste Ansiedlung bei Seattle.
1853	Das Gebiet nördlich des Columbia wird vom Kongreß zum Washington Territory erklärt.
1855	Die Entdeckung von Gold im nordöstlichen Washington und die ständig anwachsende Bevölkerung führen zu Indianerkriegen, die bis 1877 dauern.

Planwagen, wie er auf dem Oregon Trail benutzt wurde

1858	Das Festland von British Columbia wird britische Kronkolonie.
1859	Oregon wird 33. Staat der USA.
1861	Das Washington Territory sowie Oregon und Kalifornien erwägen vor Ausbruch des amerikanischen Bürgerkriegs die gemeinsame Gründung einer unabhängigen Pazifischen Republik – der Plan wird jedoch nie ausgeführt.
1863	Das Idaho Territory wird geschaffen, die Ostgrenze des Washington Territory wird dadurch festgelegt.
1867	Die USA erwerben Alaska vom russischen Zaren für 7,2 Mio. Dollar.
1869	Die erste Eisenbahnlinie verbindet Kalifornien mit dem Osten der USA.
1872	Kaiser Wilhelm I. spricht die Inselgruppe San Juans den USA zu und legt damit die amerikanischen Grenzkonflikte mit England bei.
1877	Die Kapitulation von Chief Joseph von den Nez Perce bedeutet das Ende der Indianerkriege im Nordwesten.
1883	Die Northern Pacific Railroad erreicht Portland.
1889	Washington wird 42. Staat der USA.
1893	Die Eisenbahn erreicht Seattle.
1897–98	Klondike-Goldrausch, Seattle wird wichtigster Versorgungshafen der Goldgräber.
1919	Mehrtägiger, jedoch folgenloser Generalstreik in Seattle.
1933	Präsident Roosevelt erläßt als Teil seiner Politik des New Deal den National Industrial Reclamation Act, der Holzfällern ein Mitspracherecht bei Produktionsmengen und Preisen einräumt.
1941	Vollendung des Grand Coulee Dam.
1955	Erster Testflug der Boeing 707 in Seattle.
1967	Die Regierung von Oregon erläßt erste Umweltschutzgesetze, um den Willamette River zu säubern.
1980	Der Vulkan Mount St. Helens in Washington bricht aus und fordert 57 Todesopfer.
1994	Oregon legalisiert ärztlich unterstützten Selbstmord.
1999	Die gescheiterte WTO-Konferenz in Seattle löst eine der größten Demonstrationen seit den 1960er Jahren aus.
2000	Der Staat Washington bestätigt Gary Locke als ersten Gouverneur asiatischer Abstammung in seinem Amt.
2001	Bei Olympia (WA) tritt das schwerste Erdbeben seit mehreren Jahrzehnten auf. Es ist von San Francisco bis Vancouver zu spüren, richtet aber relativ wenig Schaden an.

UNTERWEGS
IN WASHINGTON & OREGON

»Es ist nicht zu spät hier im Nordwesten. Wir können immer noch nach einer Stunde Autofahrt und einem kleinen Fußmarsch an einem Ort sein, wo es absolut keine menschliche Spur gibt, wo die Erde, so wie sie vor uns Menschen war, bewahrt geblieben ist.«

David Wagoner

Washington

Blick vom West Highland Drive auf Seattle und
die Space Needle

Seattle

Nach einem kurzen Blick in die Stadtgeschichte führt ein Spaziergang durch Downtown, beginnend am bunten Pike Place Market, in die faszinierende Vielfalt des International District und – nach einer Hafenrundfahrt und einer Stippvisite auf den nahegelegenen Inseln – in das Szeneviertel Capitol Hill, zu den Schleusen von Ballard sowie in das Universitätsviertel und auf den Campus der University of Washington; sodann Ausflüge in die Umgebung der größten Stadt am Puget Sound, zu Weingütern, Brauereien und heißen Quellen.

Wenige Städte liegen schöner als Seattle. Langgestreckt auf sieben Hügeln zwischen Puget Sound und Lake Washington, trennt es nur eine Autostunde vom Gebirgszug der Cascades im Osten. Fast überall im Stadtgebiet, in dem viele Parks und Seen liegen, bietet sich ein großartiger Weitblick auf die Berge.

Auch im Westen sind hinter dem Sound die Olympics, das Gebirge auf der Olympic Peninsula, sichtbar, und wenn an einem schönen Tag die Sonne sich im ruhigen Wasser des Sunds spiegelt, wenn der Blick mit den weißen Fähren zu den Inseln und weiter zum schneebedeckten Gipfel des Mount Olympus gleitet, fühlt man sich in der Nähe des Göttersitzes.

Es ist nicht weiter verwunderlich, daß ein Großteil der 500 000 Einwohner und der 3 Mio. Menschen, die im Ballungsgebiet am Ostufer des Puget Sound leben, die Freizeit in den *Outdoors* zubringt. Davon hält sie auch der Nieselregen nicht ab, der vor allem im Spätherbst und Winter oft tagelang über der Stadt und dem Umland hängt. Böse Zungen nennen Seattle deshalb *Home of the Moss People*. Wer im Sommer die Stadt besucht, bemerkt davon meist gar nichts, denn August und September sind ausgesprochen trockene Monate.

Stadtgeschichte

Gegründet wurde die Siedlung 1852 in der geschützten Elliott Bay, wo sich heute Downtown befindet. Zwei konträre Hauptfiguren prägten die frühen Jahre: Arthur Denny und Doc David Maynard. Denny war Antialkoholiker, Unternehmer und Republikaner, Maynard dagegen Demokrat, Philanthrop und ein Säufer. Während der tüchtige Denny seinen Geschäften nachging, baute der sozial eingestellte Maynard das erste Krankenhaus und ein Postamt. Er war es auch, der die Siedlung nach dem Häuptling Seattle nannte. Daß Denny und Maynard sich nicht immer vertragen haben, ist heute noch im Stadtzentrum deutlich sichtbar – bei der offiziellen Gründung 1869 legten die

Seattle und Umgebung

Blick auf die Skyline von Seattle

beiden die Straßen in ihren Land-claims vorsätzlich etwas versetzt an. Gleichwohl wuchs die Stadt schnell, wozu auch Henry Yesler beitrug. Seine Sägemühle stellte das Bauholz für Seattle und sogar San Francisco her und bot damit viele Arbeitsplätze. Auf dem steilen Yesler Way wurden damals die Baumstämme zum Sägewerk trans-portiert.

Im Jahre 1889 lebten bereits 40 000 Menschen in Seattle, als die große Katastrophe geschah: Durch einen vergessenen Topf Leim, der sich auf einem Ofen ent-zündete, brach ein Feuer aus, das innerhalb weniger Stunden die aus Holzbaracken bestehende Stadt völlig zerstörte.

Die Brandkatastrophe war ein schwerer Schlag für die junge Sied-lung, aber der Anschluß an die transkontinentale Eisenbahn 1893 und besonders der Goldrausch im Yukon 1897 führten zum Auf-schwung. Seattle wurde der Aus-gangspunkt zu den Goldfeldern am Klondike und verdiente am Verkauf von Proviant und Ausrüstung mehr als die Goldgräber selbst. Die neue Stadt wurde nun aus Stein aufge-baut. Die Rüstungsaufträge wäh-rend des Zweiten Weltkriegs brachten dann noch einmal einen kurzen wirtschaftlichen Schub, be-vor Seattle zunehmend in eine pro-vinzielle Randposition geriet. Doch vor nicht einmal zwei Jahr-zehnten wurde die Stadt wiederentdeckt, als Jobs bei Boeing und Microsoft Tausende von Amerikanern in den Nordwesten lockten. Seattle galt danach in den USA lange Zeit als die Stadt mit der höchsten Lebensqualität. Natürlich brachte das Wachstum auch Probleme wie steigende Grundstückspreise oder eine größere Verkehrsdichte mit sich. Aber Seattle hat sich inzwischen einen Namen gemacht, nicht nur als Wirtschaftsmetropole, sondern auch als Trendsetter, entstanden doch hier die ersten *Microbreweries*, der Kaffeekult und – nicht zuletzt – der Grunge-Rock.

Ein Spaziergang durch Downtown

Der Spaziergang (s. Stadtplan in der hinteren Umschlagklappe) beginnt am westlichen Ende der Pike Street, am **Pike Place Market**. Dieser europäisch anmutende Fisch- und Gemüsemarkt existierte schon Jahrzehnte, bevor er zu einer touristischen Attraktion wurde. Immer noch erhält man hier wie zu Anfang des 20. Jh. preiswerte, frische Ware von Fischern und Farmern aus dem Umland. Die alten Hallen wurden renoviert und mit Dutzenden von Boutiquen und Restaurants belebt; Künstler und Kunsthandwerker bieten ihre Produkte an. Geheimtips kann man jedoch nicht erwarten. Wer dort ißt, bezahlt immer ein wenig für den Blick mit, der es allerdings auch wert ist.

Vom Markt führen ein Aufzug und eine Treppe *(Hillclimb)* zum ehemaligen Hafen. Die Piers der alten Waterfront werden heute für Läden und Restaurants genutzt (der moderne Hafen liegt weiter südlich). Wer noch nicht gleich zum Wasser will, wendet sich auf der First Avenue nach Süden und spaziert, vorbei an gepflegten Läden, einigen Strip-Clubs und Galerien zum **Seattle Art Museum**. Das Gebäude ist weithin an der kinetischen Plastik von Jonathan Borofsky erkennbar (ein weiterer ›Hammermann‹ befindet sich in Frankfurt). Entworfen wurde das Gebäu-

Kinetische Plastik von Jonathan Borofsky vor dem Seattle Art Museum

de von dem Stararchitekten Robert Venturi. Die neuen Harbor Steps verbinden dort die First Avenue mit der Waterfront.

Einige Blocks weiter südlich erreicht man **Pioneer Square**. Die meisten Gebäude in diesem ältesten Teil der Stadt wurden nach dem großen Feuer von 1889 im typischen, feuersicheren Terrakotta-Stil erbaut. Als sich das geschäftliche Zentrum langsam nach Norden verlagerte, verkam Pioneer Square allmählich. Das vernachlässigte Areal wurde in den 1960er Jahren beinahe abgerissen und in Parkplätze verwandelt; eine Bürgerinitiative konnte dies jedoch gerade noch verhindern. Nach und nach restauriert, reihen sich dort heute Restaurants, Bars und Kunstgalerien aneinander.

Am Pioneer Place steht heute eine Eisen-Glas-Pergola an der Stelle, an welcher sich einst die Sägemühle von Henry Yesler befand. Der Totempfahl daneben ist nur Ersatz für einen Pfahl, der, aus einem Indianerdorf im Norden stammend, 1938 von einem Brandstifter angezündet wurde. Nebenan, im Doc Maynard's (610 First Ave.), einer renovierten Kneipe aus der Gründerzeit, startet die Underground Tour (✆ 206-682-4646, Eintritt) – eine Stadtführung durch Reste von Häuserfronten, die durch die Erhöhung des Straßenniveaus nach dem großen Brand von 1889 zu Kellern und Schächten wurden.

Blickt man nach Osten, fällt das kleine, mit Terrakotta verkleidete Hochhaus auf, das der Schreibmaschinen- und Waffenhersteller L.C. Smith 1914 bauen ließ. Jahrzehntelang blieb der **Smith Tower** mit 42 Stockwerken das höchste Gebäude westlich des Mississippi. Die alten Fahrstühle werden immer noch von Liftboys bedient (Aussichtsterrasse tägl. 9–22 Uhr, Gebühr).

Nach Süden schließt sich zwischen Washington Street und Main Street der kleine **Occidental Park** mit einigen Bänken zum Ausruhen an. Im Gebäude der **Occidental Mall** findet man Läden und ein Café. Etwas weiter, an der Ecke von First Avenue und Main Street, liegt der **Elliott Bay Bookstore**, ein Buchladen, wie er sein sollte, in dessen Verkaufsraum und Café sich bei schlechtem Wetter herrlich schmökern läßt. Der **Klondike Gold Rush National Historic Park** (117 S. Main St., tägl. 9–17 Uhr, Eintritt frei) nebenan erinnert an den Goldrausch vor 100 Jahren.

Nur wenige Blocks südöstlich des Pioneer Square, zwischen Second und Twelfth Avenue bzw. Lane und Washington Street, liegt das Viertel Chinatown. In Seattle nennt man das Viertel treffender **International District**. Ein steter Zustrom von Einwanderern aus Thailand, Korea, Malaysia, Vietnam und anderen südostasiatischen Ländern mischt sich seit einigen Jahren mit den alteingesessenen Chinesen und Japanern. Der *I. D.* bietet zwar eine große Vielfalt an Eß- und Einkaufsmöglichkeiten, jedoch keine der üblichen Touristen-

Espresso Love

Kaffee als Kult

Wer immer noch glaubt, amerikanischer Kaffee sei ungenießbar und, wie Marianne Sägebrecht im Film »Out of Rosenheim« feststellt, nur »brown water«, wird im Pazifischen Nordwesten eines Besseren belehrt. In Seattle nahm die Kaffeewelle ihren Ausgang, inzwischen ist sie bis in das kleinste Dorf geschwappt. Die erst 1971 gegründete Firma Starbucks war einer der Marktbereiter. Das Unternehmen ist mittlerweile der größte Kaffee-

röster der USA, zur Aktiengesellschaft gewachsen und mit den Kaffeeläden auch an der Ostküste präsent. Im Frühjahr 2001 will der Kaffeegigant auch nach Europa expandieren und den ersten Laden in Zürich eröffnen.

Soziologen sehen den Verlust der ›Dritten Orte‹ als Ursache für das Phänomen der Kaffeewelle, also das Fehlen neutraler Plätze neben Haus und Büro. Bars konnten früher diese Funktion erfüllen, werden aber inzwischen aus gestiegenem Gesundheitsbewußtsein kaum mehr besucht, Alkohol ist definitiv *out*. Kaffee dagegen ist *in*. Persönliche Betreuung und Ansprache ist den Stammkunden sicher, denn der Kaffeebrauer, der stilecht *Barista* genannt wird, kennt seine Kunden beim Namen, macht ›persönlichen Kaffee‹. In Städten wie Seattle findet man an manchen umsatzträchtigen Orten gleich mehrere *Espresso Carts* nebeneinander. Ob die explosionsartige Vermehrung der Kaffeestände nun am wiedergefundenen Dritten Ort liegt oder am Gewinnstreben, sei hier offengelassen. Gerüchten zufolge bringt aber zumindest ein Stand in Seattle dem Betreiber ein sechsstelliges Einkommen im Jahr. Bei einer anfänglichen Investition von 15 000 Dollar ist dies kein schlechter Schnitt – und man ist obendrein sein eigener Chef.

Um Kaffee – und Kaffee heißt im Nordwesten *Latte* (gesprochen ohne Pause im T und mit langem E), also Espresso mit geschäumter Milch – ist inzwischen ein ganzer Kult entstanden. Klar, daß es in *Latteland* auch eine *Latte Lingo* gibt. Welcher Uneingeweihte weiß schon, was ein *Double Tall Skinny* ist? Im Lexikon findet man darauf keine Antwort.

Im Prinzip ist der Geheimcode aber schnell zu knacken. Die erste Angabe bezieht sich immer auf den Anteil an Espresso, der in 20–25 cm³ großen Portionen *(shots)* gemessen wird. Ein *Single* enthält die einfache Dosis, ein *Double* die doppelte, Koffeinsüchtige wählen *Triple* oder gar *Quadruple*. Die nächste Angabe bezieht sich auf die Größe des Kaffeebechers, hat also nichts mit der Kaffee-, sondern mit der Gesamtflüssigkeitsmenge zu tun. Die meisten Läden bieten drei Größen. Statt nun einfach »klein«, »mittel« und »groß« zu sagen, heißen die Becher *Short* (knapp 300 cm³), *Tall* (350 cm³) oder *Grande* (450 cm³). Nun bleibt noch, die Art der Milch genau zu spezifizieren: *Skinny* bedeutet Milch mit 1 % Milchfett, *Two* mit 2 % Milchfett, *Non* schließlich fettfreie Milch.

Latte, Milchkaffee, ist das Standardgetränk, und das nicht nur zum Frühstück. Selbstverständlich sind aber auch alle anderen Spielarten des italienischen Nationalgetränks erhältlich: von *Espresso* pur über den *Lungo,* den *Americano* (einen mit heißem Wasser auf Standardstärke verdünnten Espresso) zum *Cappuccino,* der mit den Zusätzen *Dry* (nur mit Milchschaum, ohne flüssige Milch) und erwartungsgemäß auch mit dem Gegenteil *Wet* (mit flüssiger Milch) versehen werden kann, und weiter zum *Amaretto,* der, den Schankgesetzen sei's gedankt, natürlich nur mit Mandelsyrup versetzt wird. Überhaupt endet hier die Parallele zu italienischem Kaffee, denn außer Mandelaroma kann man auch alle anderen Spielarten mehr oder weniger künstlicher Aromastoffe zusetzen lassen.

Da liegt auch der Gedanke an Biergeschmack nicht so weit weg – allerdings wurde der umgekehrte Weg beschritten. Seit kurzem gibt es nämlich von der Brauerei Redhook das *Double Black Stout,* ein Bier, das mit Kaffee gebraut wird und etwa ein Drittel der kaffeeüblichen Koffeinmenge enthält. Das *Espresso Stout* der Hart Brewing Co. wird dagegen ohne Kaffee gebraut, besitzt aber eine Spur Kaffeegeschmack.

attraktionen. Kein neonglitzerndes Mini-Hongkong lockt, kein pompöses Tor kennzeichnet den Zugang. Touristen besuchen eher selten die vielen kleinen Restaurants, in denen man vor allem mittags für wenig Geld sehr gut essen kann, oder die Tante-Emma-Läden, in denen von Kräutern bis zu Haustieren alles erhältlich ist.

Moderne Alltagskultur erlebt man bei **Uwajimaya** (519 Sixth Ave. S., ✆ 206-624-6248); den japanischen Supermarkt mit buntem Ziegeldach gibt es schon seit 1928. Das **Wing Luke Asian Museum** (407 Seventh Ave. S., ✆ 206-623-5124, Di–Fr 11–16.30, Sa–So 12–16 Uhr, Eintritt, Do frei), benannt nach dem ersten Mann asiatischer Abstammung, der in Seattle ein öffentliches Amt bekleidete, zeigt neben wechselnden Ausstellungen die nicht immer friedliche Geschichte der asiatischen Einwanderer an der Westküste.

Östlich der Autobahn wird die Gegend vornehmlich von Vietnamesen bewohnt, auch hier drängt sich Restaurant an Restaurant. Wem die Auswahl zu verwirrend erscheint, sollte das **Pho Bac** (1314 S. Jackson St., ✆ 206-323-4387) besuchen; dort wird ausnahmslos *Pho* angeboten, die vietnamesische Nudel-Rinderbrühe.

Von der Ecke Fifth Avenue/Jackson Street fährt alle 20 Minuten der **Waterfront Streetcar** ab, zwei australische Straßenbahnwagen von 1927. Für einen Dollar geht die holprige Fahrt zurück zur Elliott Bay und an den alten Piers entlang Richtung Pike Place Market. Das Ticket gilt 90 Minuten, man kann beliebig oft aus- und einsteigen.

Vom Pier 50 legen die **Fähren** (✆ 206-464-6400) nach Winslow auf Bainbridge Island und Bremerton ab: die billigste Möglichkeit für einen kleinen Ausflug übers Meer. Vom Pier 55 werden verschiedene **Hafenrundfahrten** und die Fahrt nach **Blake Island** veranstaltet (Argosy Cruises, ✆ 206-623-4252). Diese 2 km² große Insel einige Meilen vor Seattle beherbergt einen State Park, in dem man ein nachgebautes Indianerlanghaus besichtigen kann. Der Ausflug zur Insel wird von einem traditionell zubereiteten Lachsessen und indianischen Folkloredarbietungen mit Gesang und Tanz abgeschlossen.

Die übrigen Piers werden langsam in Läden, Boutiquen und Restaurants verwandelt. Beim Pier 57 bietet der **Waterfront Park** einen herrlichen Ausblick auf Fähren, Sound und Berge. Ein Besuch des **Aquariums** (✆ 206-386-4320, tägl. 10–20 Uhr, Eintritt) bei Pier 59 lohnt sich; die Ausstellung hat das Ökosystem des Puget Sound zum Thema. Nebenan, im **Omnidome** (✆ 206-622-1868, tägl. 10–17 Uhr, Eintritt), wird auf der um 270° gewölbten Leinwand eines Panoramakinos seit Jahren ein sehenswerter Film über den Ausbruch des Mount St. Helens (1980; vgl. S. 103) gezeigt. Das interaktive **Odyssey Maritime Discovery Center** an Pier 66 (✆ 206-374-4000, tägl.

10–17 Uhr, Eintritt) lohnt dagegen nur für Technikverliebte.

Mit dem Victoria Clipper (✆ 206-448-5000 oder 800-888-2535) kann man für eine Tagestour nach **Victoria** übersetzen, der Hauptstadt von British Columbia auf Vancouver Island, und in ›echt‹ britischer Atmosphäre *High Tea* neben Totempfählen zelebrieren.

Der Streetcar erreicht seine Endstation am Pier 70. Dort schließt sich der kleine **Myrtle Edwards Park** an. Vom Park kann man in wenigen Minuten über die Broad Street zum Seattle Center gehen. Zunächst aber führt ein kleiner Abstecher zur **Statue von Häuptling Seattle**, an Denny Way und Fifth Avenue. Vor dem Seattle Center erinnert die Architektur der 185 m hohen **Space Needle**, eines der Wahrzeichen der Stadt, an den ungetrübten Zukunftsglauben der frühen 1960er Jahre. In der Turmspitze befindet sich ein Drehrestaurant und darüber eine Aussichtsplattform (Gebühr, Lift tägl. 7–24 Uhr). Schlangestehen und Gebühr kann man umgehen, wenn man im Restaurant seinen Lunch einnimmt (ab 11 Uhr, Sa/So 9 Uhr), der preislich nur wenig über der Gebühr für die Aussichtsplattform liegt.

Auf dem Gelände des **Seattle Center,** des Schauplatzes der Weltausstellung von 1962, befinden

---

Space Needle, das Wahrzeichen von Seattle

sich unter anderem das **Seattle Center House** mit mehreren Restaurants und ein Vergnügungspark (Fun Forest, April–Sept. geöffnet). Das Pacific Science Center (200 Second Ave. N., ✆ 206-443-2001, tägl. 10–18 Uhr, Eintritt) bietet neben Exponaten zu Naturwissenschaften und Technik, die man anfassen kann und soll, ein Planetarium mit Lasershow und ein Filmtheater. In der KeyArena (✆ 206-684-8582), die für Basketball- und Eishockeyspiele errichtet wurde, finden auch Konzerte statt.

Unübersehbar neben der Space Needle liegt das von Stararchitekt Frank Gehry konzipierte **Experience Music Project,** ein lohnendes High-Tech Rock'n'Roll-Museum, das an Jimi Hendrix erinnert und von Milliardär Paul Allen für 250 Mio. Dollar gebaut wurde (325 Fifth Ave., im Sommer tägl. 9–23 Uhr, Eintritt). Durch das Gebäude fährt die **Monorail,** jenes futuristische Nahverkehrsmittel, das für die Weltausstellung gebaut wurde. Für einen Dollar kann man 90 Sekunden lang die Fahrt in die Zukunft genießen, die symbolträchtig zur **Westlake Mall** (1601 Fifth Ave.) führt, einer dreistöckigen Ansammlung von Edel-Boutiquen. Dort befindet man sich mitten im Einkaufsparadies der Warenhäuser Nordstrom und Bon Marche, im Osten ergänzt durch weitere Läden und Kinos im **Pacific Place** (6th Ave./Pine St.). Niketown, Planet Hollywood und Banana Republic dürfen da nicht fehlen.

Im Szeneviertel Broadway/ Capitol Hill

Im Szeneviertel Broadway und Capitol Hill leben und treffen sich Künstler, Punks, Schwule, ›Normale‹, Leute mit und ohne Geld. Der nördliche Teil des Broadway ist mit einer europäischen Flaniermeile zu vergleichen. Hier wechseln sich Cafés mit Boutiquen und Restaurants mit Friseurläden ab, die nebenher auch Tätowierungen oder Body Piercing anbieten.

Am einfachsten beginnt man den Broadway-Bummel bei der **Deluxe Bar and Grill** (625 Broadway E., ☎ 206-324-9697), einem beliebten Treffpunkt an der Roy Street, und geht von dort Richtung Süden. An der Häufung von japanischen und thailändischen Restaurants läßt sich unschwer die momentan herrschende Vorliebe für fernöstliche Küche ablesen. Bei der Republican Street liegt der **Broadway Market**, eine den ganzen Straßenblock einnehmende Ansammlung von Cafés, Buch- und Videoläden, Mode- und Schmuckgeschäften. Der Buchladen **Bailey & Coy** gegenüber hat sich hauptsächlich auf Frauen- bzw. Männerliteratur spezialisiert. Einen Espresso oder Latte kann man bei einem der zahlreichen Stände erstehen, oder man besucht das Online-Internet-Café im Obergeschoß der kleinen Mall **Broadway Alley**, wo man sich an eigens bereitgestellten Computerterminals auch in das Internet einloggen kann.

Etwas weiter südlich bietet **Steve's Broadway News**, ein mit internationaler Presse gut bestückter Zeitungsladen (204 Broadway E./Olive St.), reichlich Gelegenheit zum Schmökern. Gleich gegenüber stößt man auf **Dick's**, eine örtliche Institution; seit Jahrzehnten serviert dieses Drive-In unverändert Hamburger. Am besten nimmt man seinen Burger mit in den kleinen Park beim Wasserspeicher am Denny Way.

Geht man von der Roy Street in die andere Richtung, erreicht man bei Prospect und Galer Street den **Volunteer Park**, der zwischen Federal und Fifteenth Avenue liegt. Dort wird auch der Name Capitol Hill verständlich: Die Bezeichnung stammt aus der Zeit, als die Einwohner von Seattle hofften, ihre Stadt werde zur Hauptstadt des Bundesstaates Washington. Auf dem Berg über der Elliott Bay sollte der Regierungssitz erstehen, und wer auf sich hielt, baute dort eine Villa. Kaum irgendwo sonst sind so viele gepflegte Mansions zu sehen.

Im Park findet man leicht den alten Wasserturm, von dem man ein einzigartiges Rundpanorama über die Stadt zu den Olympics und den Cascades im Osten genießen kann. In der Nähe des Turms liegt das Asian Art Museum (1400 E. Prospect St., ☎ 206-654-3100, Di–So 10–17, Do 10–21 Uhr, Mo geschl., Eintritt), wo eine der bekanntesten Sammlungen asiatischer Kunst in Nordamerika gezeigt wird. Nebenan, im Volunteer Park Conservato-

Ballard Locks

ry (1400 E. Galer St., ☎ 206-684-4743, Eintritt frei), einem Gewächshaus aus dem Jahre 1910 mit Palmen, Kakteen und tropischen Pflanzen, werden mehr als 1500 Orchideenarten gezüchtet.

Ballard

Auch die Schleusen an der N.W. 54th Street im vorwiegend von Skandinaviern bewohnten Viertel Ballard lohnen einen Besuch. Die **Locks** stellen die Verbindung zwischen dem Meer und Lake Union her und überwinden dabei eine Höhendifferenz von 7 m. Im kleinen Park bei den Schleusen (tägl. 7–21 Uhr) läßt sich herrlich picknicken. Das Besucherzentrum (Mo–Fr 9–17 Uhr) bietet eine Fotoausstellung über den Bau der 1917 fertiggestellten Schleusen und die

Anfänge der damals selbständigen Siedlung Ballard. An einer Fischleiter auf der anderen Seite der Schleuse kann man von dem unterirdischen Beobachtungsraum zur Laichzeit (September) die ziehenden Lachse durch dicke Scheiben beobachten. Wenn die Fischleitern mit Lachsen gefüllt sind, tummeln sich meist auch hungrige Seehunde oder gar Seelöwen in den Schleusenbecken.

In Ballard liegt auch der Fischereihafen. Am **Fisherman's Terminal**, der in der Nickerson Street an dem Wald von Masten zu erkennen ist, kauft man am besten fangfrischen Lachs (Wild Salmon Seafood Market, tägl. 10–18, So 11–18 Uhr).

Wer Sehnsucht nach dem Meer hat, fährt noch etwas weiter Richtung Südwesten zum **Discovery Park**. Das große ehemalige Militärgelände auf einem sandigen Kliff eignet sich hervorragend zum Spazierengehen mit herrlichem Blick auf das Meer und die Inseln.

University District

Die 1861 gegründete University of Washington ist mit über 33 000 Studenten die größte Universität im Nordwesten. Auf dem schönen **Campus**, unmittelbar nördlich des Ship Canal an der Fifteenth Avenue N.E., stehen neben stilechten Loire-Schlössern nachgebaute gotische Hallen, die als Unterrichtsgebäude dienen und inmitten der parkähnlichen Anlage mit großen alten Bäumen eine erhabene Atmosphäre schaffen. (Zur Orientierung auf dem Gelände sollte man sich im

Besucherzentrum, 4014 University Way, ☎ 206-543-9198, einen kleinen Plan besorgen.)

Natürlich gibt es um die *U-Dub*, die University of Washington, ein Studentenviertel. Dort, im *U-District*, findet man preiswerte Kneipen, Plattenläden und Boutiquen.

Das Zentrum bildet der University Way, der nur **The Ave** genannt wird. Zwischen den Querstraßen 40th und 50th Street gibt es beson-

Seattle (Ballard und University District)

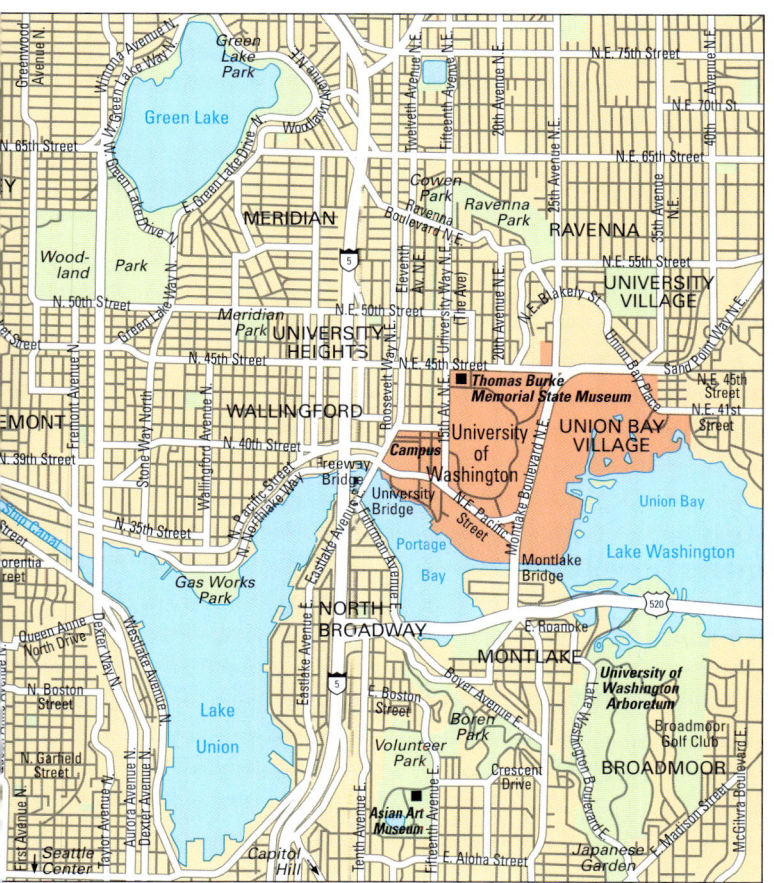

ders viele preisgünstige asiatische, mexikanische und indische Restaurants. Von den vielen Buchläden dort ist der University Book Store (4328 University Way N.E.) besonders gut sortiert.

An der Nordwestspitze des Campus liegt das **Thomas Burke Memorial State Museum** (N.E. 45th St./Seventeenth Ave. N.E., ✆ 206-543-5590, tägl. 10–17 Uhr, Eintritt), in dem eine naturgeschichtliche Ausstellung mit vielen indianischen Exponaten wie Totempfählen und Kanus zu sehen ist.

Südlich des Campus kann man am Montlake Cut den Kanal überqueren; an klaren Tagen ist der Blick von der **Montlake Bridge** auf die Berge im Osten und Westen schwer zu übertreffen. Etwas weiter östlich erreicht man das **Arboretum**, einen botanischen Garten der Universität, der an den Lake Washington grenzt.

Ausflüge in die Umgebung

Per Rad zu den Weingütern Château Ste. Michelle und Columbia Winery

Eine etwa 30 km lange Radtour führt auf die andere Seite des Lake Washington zu den Weingütern Château Ste. Michelle und Columbia Winery. Man folgt zunächst dem **Burke-Gilman Trail**. Dieser

Rad-/Fußweg verläuft auf einer relativ ebenen ehemaligen Bahntrasse, die im Jahre 1885 eingerichtet wurde, um Fracht und Passagiere um den See zu befördern. Die Tour führt an vier Stadtparks vorbei und bietet am Weg genügend Einkaufsmöglichkeiten.

Ein beliebter Startpunkt ist der **Gasworks Park** am Nordufer von Lake Union, der am Südende der Wallingford Avenue leicht zu finden ist. Auch dieser Park ist ein ausgezeichneter Picknickort, der einen guten Blick über den See auf die Skyline der Stadt eröffnet.

Der Trail führt nach Osten und kreuzt im University District das Südende der *Ave*, ehe er Richtung Norden abschwenkt. Man kommt durch den Burke Gilman Park und den Matthews Beach Park und fährt parallel zum Seeufer.

Am Nordende des Lake Washington geht der Weg in den **Sammamish River Trail**, zwischen Straße und Fluß, über. Man biegt, dem Sammamish folgend, nach Südosten ab und erreicht nach einigen Kilometern die Unterführung der N.E. 145th Street. Dort liegt 500 m westlich vom Fluß **Château Ste. Michelle** (N.E. 145th St., Woodinville, WA 98072, ✆ 425-488-1133, tägl. 10–17 Uhr), der größte Weinproduzent in Washington.

Der in einem täuschend echt wirkenden Nachbau eines französischen Château – sogar die Farbe des Verputzes stimmt – untergebrachte Kellereibetrieb wurde bereits 1934 gegründet und ist damit

Blick durch ehemalige Fabrikanlagen
im Gasworks Park

einer der ältesten im Staat. Im parkähnlichen Garten liegt das frühere
Sommerhaus des Holzbarons Frederick Stimson, das um 1900 gebaut wurde; das denkmalgeschütz-
te Gebäude dient heute als Fest-
saal.

Vor dem Eingang des Weingutes
stehen einige Reben, die nur eine
dekorative Funktion erfüllen. Die
eigentliche, mit 800 ha riesengroße
Anbaufläche liegt viele Kilometer
entfernt jenseits der Berge im östlichen Washington. Der Traubensaft
wird nach der Pressung in Tankwa-
gen zur Kellerei transportiert, wo
der Ausbau des Weins erfolgt. Man
kann die moderne Anlage besichtigen (tägl. alle 30 Min. von
10–16.30 Uhr, mit Weinprobe,
kein Eintritt), die Menge der teuren
Barrique-Fäßchen ist beeindruk-
kend. Wer will, kann vor Ort Wein

und Picknickzubehör – inklusive Käse – kaufen und gleich im Park, in dem Pfauen herumspazieren, verzehren.

Auch die **Columbia Winery** (14030 N.E. 145th, ✆ 425-488-2776, tägl. 10–17 Uhr) gleich gegenüber steht zur Besichtigung offen. Die Kellerei, die zu den großen Firmen des Staates gehört, produziert gute, trockene Weine. Allerdings erweckt das protzige, viktorianisch nachgebaute Gebäude mit Probierstube, Souvenirladen und Bankettsaal Erinnerungen an Disneyland.

In dem touristischen ›Trinkereck‹ hat sich auch die **Redhook Brewery** mit einem Brew-Pub angesiedelt. Im **Forecasters Public House** (14300 N.E. 145th, ✆ 425-483-3232) kann man auf der Terrasse ein frisch gebrautes Roggenbier zu sich nehmen (Mo–Do 10–22, Fr 10–24, Sa 11–24, So 12–19 Uhr, Essen tägl. 11.30–20.30 Uhr) oder im Gebäude die Brauerei besichtigen (tägl. mehrmals, Gebühr), wobei man das Probierglas als Souvenir behalten darf.

Wanderung zu den Kennedy Hot Springs

Ein weiteres lohnendes Ausflugsziel sind die Kennedy Hot Springs. Die einfache Wanderung führt etwas mehr als 8 km durch grünen Regenwald an den Westhängen der Cascades und den White Chuck River entlang. Nach etwa 2,5 Stunden erreicht man die Quellen, die vor Jahren von einer guten Seele gefaßt wurden, so daß man sich heute in dem kleinen, knapp 2 × 2 m großen Becken bequem im körperwarmen, aber trüben Wasser aalen kann. Vor allem an Wochenenden sind die Quellen, die in etwa 1000 m Höhe, auf der Anmarschroute zum 3200 m hohen Glacier Peak, liegen, Ziel zahlreicher Wanderer. Leider ist durch den Ansturm die Wasserqualität manchmal beeinträchtigt. Der Wanderweg ist allerdings so schön, daß man ihn auch ohne lockendes Bad als Ziel empfehlen kann. Da man von etwa 650 m Höhe startet, ist der Weg nicht sehr steil und auch für weniger trainierte Wanderer geeignet.

Den Ausgangspunkt der Wanderung erreicht man, indem man etwa 40 Meilen nördlich von Seattle auf dem Highway 530 gen Osten bis nach Darrington fährt. Von dort geht es auf der Forststraße FS 20 ungefähr 8 Meilen weiter nach Südosten bis zur Kreuzung mit der FS 23. Dort biegt man links ab und fährt bis zum Ende der Straße, wo man parken kann.

Am Parkplatz (Permit ist nötig) sollten sich alle Wanderer bei der Meldestation registrieren. Der Wanderweg, der zunächst noch recht breit ist, führt durch Farnwald in den White Chuck River Canyon und folgt immer dem Flußlauf. Dabei werden die kleinen Nebenflüsse Fire Creek, Pumice Creek und

Glacier Creek überquert, ehe man die Quellen und die Schutzhütte erreicht.

Direkt an der Quelle darf man nicht zelten, sondern einige hundert Meter entfernt. Wer in Form ist, kann weiterwandern; der Weg mündet auf den Pacific Crest Trail, der den Cascades durch den ganzen Staat von Norden nach Süden folgt. (Auskunft erhält man beim Outdoor Recreation Information Center in Seattle, Second Ave., ℰ 206-220-7450.)

Badevergnügen in den Kennedy Hot Springs

ℹ Information: *Seattle/King County Convention & Visitors Bureau,* 800 Convention Place (Eighth Ave./Pike St., über I-5), Seattle, WA 98101, ✆ 206-461-5840, Mo–Fr 8.30–17 Uhr, an Wochenenden und feiertags 10–16 Uhr; die kostenlosen Wochenzeitungen »The Weekly« und »The Stranger« liefern aktuelle Szene-Informationen und Veranstaltungshinweise

🛏 Unterkunft: *Seattle Hotel Hotline,* ✆ 800-535-7071, vermittelt nach Wunsch; *Seattle Bed and Breakfast Association,* ✆ 206-547-1020, vermittelt nach Wunsch; *Pioneer Square Hotel,* 77 Yesler Way, ✆ 206-340-1234 oder 800-800-5514, einziges Erste-Klasse-Hotel im Historic District, $$$; Ace Hotel, 2425 First Ave., ✆ 206-448-4721, kleines, modern gestyltes Hotel im Szeneviertel Belltown, $$-$$$; *The Claremont Hotel,* 2000 Fourth Ave., ✆ 206-448-8600 oder 800-448-8601, zentral, oft Rabatte, $$$; *Vagabond Inn,* 325 Aurora Ave. N., ✆ 206-441-0400, $$$; *College Inn Guesthouse Bed & Breakfast,* 4000 University Way N.E., ✆ 206-633-4441, in Uni-Nähe, $$; *University Inn,* 4140 Roosevelt Way, ✆ 206-632-5055 oder 800-733-3855, in Uni-Nähe, $$$; *Capitol Hill Inn,* 1713 Belmont Ave., ✆ 206-323-1955, Bed & Breakfast in schöner Villa nahe am Broadway, $$$; *American Backpacker's Hostel,* 126 Broadway E., ✆ 206-720-2965 oder 800-600-2965, im Herzen der Szene, $

✗ Restaurants: *Chinook's,* 1900 W. Nickerson St., ✆ 206-283-4665, preisgünstiger frischer Fisch, montags all-you-can-eat Fish and Chips, $–$$; *Dahlia Lounge,* 1904 Fourth Ave., ✆ 206-682-4142, Lunch Mo–Fr, Dinner tägl., beste Nortwest-Cuisine, $$-$$$; *Belltown Pub,* 2322 First Ave., ✆ 206-728-4311, beliebte Kneipe im Yuppieviertel Belltown, $$; *Bell Street Diner,* 2201 Alaskan Way, ✆ 206-448-6688,

bei Pier 66, gute Fischgerichte, $$; *Wild Ginger,* 1401 Third Ave., ✆ 206-623-4450, ausgezeichnet mit asiatischen Anklängen,$$; *Lampreia,* 2400 First Ave., ✆ 206-443-3301, $$$; *Elliott's Oyster House & Seafood Restaurant,* Pier 56, ✆ 206-623-4340, üppige Auswahl an Austern, $$-$$$; *House of Hong,* 409 Eighth Ave. S., ✆ 206-622-7997, Dim Sum, kantonesisch, $–$$

☕ Kneipen: *Big Time Brewery,* 4133 University Way N.E., ✆ 206-545-4509, gutes Bier und Pizza in Uni-Nähe, $; *Trolleyman Pub,* 3400 Phinney Ave. N., ✆ 206-548-8000, ausgezeichnetes Bier der Redhook Brewery, $; *Blue Moon,* 712 N.E. 45th St., schon Jack Kerouac trank hier sein Bier, $

🎭 Festivals: *Gay Pride Parade,* letzter So im Juni am Broadway auf Capitol Hill; *Bite of Seattle,* ✆ 206-232-2982, Mitte Juli im Seattle Center; *Seafair,* ✆ 206-728-0123, mehrwöchig, Juli–Aug., Paraden, Bootsrennen; *Bumbershoot,* ✆ 206-622-5123, im Sept., Kunst, Musik und Essen, im Seattle Center

🏛 Kultur und Unterhaltung: *Seattle Center Opera House,* 321 Mercer St., ✆ 206-389-7600, nicht zuletzt bekannt durch die kompletten Aufführungen von Wagners »Ring«; *Intiman Theater,* Playhouse im Seattle Center, ✆ 206-626-0782, modernes und klassisches Theater; *Repertory Theater* im Bagley Wright Theater des Seattle Center, ✆ 206-443-2222, das älteste Theater in Seattle; *Seattle Symphony,* Benaroya Hall, 200 University St., ✆ 206-215-4747, neue Konzerthalle mit hervorragender Akustik; *KeyArena,* im Seattle Center, ✆ 206-684-8582, Basketball und Eishockey, auch Konzerte; *Belltown Billiards,* 90 Blanchard St., ✆ 206-448-6779, im Szeneviertel Belltown; *Ballard Firehouse,* 5429 Russell Ave. N.W., ✆ 206-784-3516, Rock und

Blues; *Central Saloon,* 207 First Ave. S., ✆ 206-622-0209, Blues und Rock, gemischtes Publikum; *Doc Maynards,* 610 First Ave. S., ✆ 206-682-4649, Rock, Rhythm & Blues, immer gut besucht; *Jazz Alley,* 2033 Sixth Ave., ✆ 206-441-9729, einer der besten Clubs für Musik und Essen, Publikum jeglichen Alters; *New Orleans,* 114 First Ave. S., ✆ 205-622-2563, vor allem Jazz und Blues; *Old Timer's Café,* 620 First Ave. S., ✆ 206-623-9800, hauptsächlich Rhythm & Blues; *Crocodile Café,* 2200 Second Ave., ✆ 206-441-5611, Rock, mittelaltes Publikum; *Gallery Walk,* jeden ersten Do im Monat, 18–21 Uhr; die Kunstgalerien von Pioneer Square bis Pike Place Market haben länger geöffnet

Museen: *Seattle Art Museum,* 100 University St., ✆ 206-654-3100, Mo geschl., Mi–Di 10–17, So 12–17 Uhr, Eintritt, indianische Kunst aus dem Pazifischen Nordwesten; *Henry Art Gallery,* N.E. 41st St./Fifteenth Ave. N.E., ✆ 206-543-2280, Di–So 11–17 Uhr, Eintritt, ältestes Kunstmuseum im Staat, wechselnde Ausstellungen zeitgenössischer Kunst, Textilsammlung; *Frye Art Museum,* 704 Terry Ave., ✆ 206-622-9250, Mo–Sa 10–17, So 12–17 Uhr, Eintritt frei, ehemalige Privatsammlung von Künstlern des 19. und 20. Jh., wechselnde regionale Ausstellungen; *Thomas Burke Memorial State Museum,* N.E. 45th St./Seventeenth Ave. N.E., ✆ 206-543-5590, tägl. 10–17 Uhr, Eintritt, indianische Kulturgeschichte, Totempfähle, Kanus und Kunsthandwerk; *Museum of Flight,* 9404 East Marginal Way S., ✆ 206-764-5720, tägl. 10–17, Do bis 21 Uhr, Eintritt, Geschichte der Luftfahrt im alten Boeing-Gebäude; *Center for Wooden Boats,* 1010 Valley St., im Maritime Heritage Center, ✆ 206-382-2628, tägl. 12–18 Uhr, Eintritt frei, über 100 Exponate vom Einbaum bis zum Frachtsegler, veranstaltet Segelkurse und vermietet einen Teil der Ausstellungsstücke

🚌 **Busverbindungen:** Vor der Gepäckausgabe am Flughafen SEA-TAC südlich von Seattle fahren alle 20 Minuten Busse der Gray Line (✆ 206-626-6088) nach Downtown; eine Fahrt mit viel Gepäck läßt sich am bequemsten im Shuttle Express (✆ 206-622-1424) unternehmen; am billigsten ist der öffentliche Bus Nr. 174; Greyhound, Busbahnhof Steward St./Eighth Ave., ✆ 800-231-2222 oder 206-628-5526; die Alternativ-Busgesellschaft Green Tortoise fährt nach Los Angeles oder an die Ostküste, ✆ 800-227-4766 oder 206-324-7433; Stadtbusse können in der Innenstadt umsonst benutzt werden, ✆ 206-447-4800; Tagespässe schließen die Benutzung von Streetcar und Monorail ein; Amtrak, Bahnhof King Street Station, 303 S. Jackson St., ✆ 800-872-7245 oder 206-464-1930, nach Vancouver, Portland und Chicago

🚗 **Mietwagen:** am Flughafen befinden sich die Büros aller großen Firmen

🏃 **Aktivitäten:** *University of Washington Waterfront Activities Center,* am Stadion, ✆ 206-543-9433, verleiht Kanus und Ruderboote für Lake Washington; *Northwest Outdoor Center,* 2100 Westlake Ave. N., ✆ 206-281-9694, bietet Kajak-Touren, -Unterricht und -Vermietung am Lake Union

❗ **Touren:** *Underground Tour,* 610 First Ave., ✆ 206-682-4646, historische Stadtführung; *Tallship Lady Washington,* Pier 54, ✆ 206-682-4876, tägl. verschiedene Segeltörns

Rundflüge: *Kenmore Air,* 950 Westlake Ave N., ✆ 206-364-6990 oder 800-543-9595, bietet verschiedene Rundflüge, auch Stand-by je nach Platz; *Galvin Flying Service,* 9404 East Marginal Way, ✆ 206-763-9706, beim Museum of Flight, bietet Rundflüge im offenen Vorkriegs-Doppeldecker

Inselträume im Pazifik

Eine Fahrt mit der Fähre führt nach Whidbey Island, der längsten Insel der USA, vorbei an alten Forts zu den Meerjungfrauen am Deception Pass und weiter auf die San Juan Islands. Nach einer Radtour oder Wanderung kann man den unvergeßlichen Blick von Mount Constitution genießen, Wale im Pazifik beobachten und sich in heißen Quellen entspannen.

Nicht einmal 50 km von Seattle entfernt beginnt die Inselwelt des nördlichen Puget Sound. Dort befindet sich nicht nur Whidbey Island, die mit 70 km längste Insel der USA. Hier liegen auch – im Archipel der San Juan Islands – die wahrscheinlich kleinsten Inseln, schiere Felsbrocken, die keinen Namen haben und nur bei Ebbe aus dem Wasser ragen. Besonders auf den *San Juans,* wie sie von den Einheimischen genannt werden, vergißt man leicht, daß man sich am Meer befindet, so nah liegen die Inseln beieinander.

Trotz Stadtnähe haben die Inseln ihren ländlichen Charakter bewahrt. Noch vor dem Zweiten Weltkrieg waren von dort die Ballungsgebiete am Ufer des Puget Sound mit Agrarprodukten versorgt worden. Heute haben sich Künstler und Aussteiger auf den Inseln niedergelassen, Menschen, denen das Leben in der Stadt zu hektisch wurde.

Da das Gebiet im Windschatten von Vancouver Island liegt, fällt weniger Niederschlag als in Seattle. Die Übergangszone zwischen Festland und offenem Meer eignet sich deshalb wunderbar für Radtouren, Wanderungen oder Ausflüge im Seekajak. Eilige können auch bequem von Seattle aus organisierte Tagesausflüge unternehmen und so wenigstens einen kleinen Eindruck von diesem ›Paradies‹ mitnehmen. Als solches erkannten es zumindest die Lummi-Indianer, die früheren Bewohner, denn für sie lag auf den Inseln der Ursprung allen Lebens. Wer auf seinem Ausflug Killerwale *(Orcas),* die rund ums Jahr in diesen Gewässern leben, Tümmler oder Seeadler *(Bald Eagles)* beobachtet, wird den Glauben der Lummi leicht nachvollziehen können.

Im Inselreich der San Juan Islands

Whidbey Island

Nimmt man Seattle als Ausgangspunkt, erreicht man Whidbey Island mit der Fähre vom etwa 25 Meilen nördlich der Stadt gelegenen Mukilteo. In der Form einem schmalen, verbogenen Angelhaken gleich, schützt die Insel das Festland und Camano Island vor dem Aufprall des Meeres aus der Strait of Juan de Fuca. Den Namen erhielt sie von George Vancouver, der die Insel nach Joseph Whidbey taufte, dem Kapitän seines Schiffes »Discovery«.

Um zur ersten Station einer Besichtigungstour auf Whidbey Island zu gelangen, biegt man vom Highway 525 auf die Langley Road ab. Die höchsten Bauwerke in **Langley** sind die Masten der Segelschiffe im Hafen. Der kleine Ort an der Saratoga Passage, im Südosten der Insel gelegen, lebt mit seinen Galerien und Restaurants von seinem Ruf als Künstlerkolonie und von der Nähe zu Seattle. Einen Besuch lohnt insbesondere die Probierstube des Familienbetriebs Whidbey Island Vineyard & Winery (5237 S. Langley Rd., ☎ 360-221-4941, Fr–So 12–17 Uhr, mit Picknickmöglichkeit).

Von Keystone weiter im Norden überquert eine Fähre das Admiralty

Inlet und läuft Port Townsenc auf der Olympic Peninsula an. G eich neben der Anlegestelle auf Whidbey Island liegt **Fort Casev** im gleichnamigen State Park, das zu Beginn des 20. Jh. als Teil der Verteidigungsanlage am Puget Sound gebaut wurde. Es schützte zusammen mit den auf der anderer Seite des Inlet liegenden Forts Worden und Flagler die Einfahrt in den Sound. Im Admiralty Head Lighthouse aus dem Jahre 1861 befindet sich das Besucherzentrum (✆ 360-678-4519).

Nordöstlich von Fort Casey, an der Bucht Penn Cove, liegt **Coupeville.** Diese zweitälteste Siedlung des Bundesstaates Washington wurde 1852 gegründet; einige Gebäude aus dieser Zeit sind noch erhalten. Im Island County Historical Museum (908 N.W. Alexander St., ✆ 360-678-3310, tägl. 11–17 Uhr, Eintritt) werden Gegenstände aus der regionalen Geschichte sowie Körbe und Werkzeuge der Salish-Indianer ausgestellt. Die historisch gewachsene Gegend um Coupeville, Ebey's Landing, ist als *Historical Reserve* vor Veränderungen geschützt. Direkt am Nordufer der Penn Cove liegt die malerische Captain Whidbey Inn (2072 W. Capt. Whidbey Inn Rd., ✆ 800-366-4097); das kleine Restaurant ist in einem Blockhaus aus dem Jahre 1907 untergebracht und serviert Muscheln frisch aus der Bucht.

Hat man die größte Siedlung auf der Insel, den gesichtslosen Luftwaffenstützpunkt Oak Harbor, hinter sich gelassen, erreicht man an der Nordspitze von Whidbey Island **Deception Pass,** eine enge, von starker Meeresströmung beherrschte Durchfahrt zwischen Whidbey und Fidalgo Island. Wer genau hinschaut, soll in ihren Fluten das wogende Haar der Meerjungfrau Ko-Kwal-Alwoot erkennen können, die so schön war, daß sich der Geist der See in sie verliebte; die Jungfrau versorgt die Gegend überreichlich mit Meeresgetier. Auf beiden Seiten der von einer Brücke überspannten Meerenge liegt der schöne Deception Pass State Park mit Stränden, Wanderwegen und Picknickmöglichkeiten.

Fidalgo Island ist durch eine weitere Brücke im Osten mit dem Festland verbunden und besitzt kaum Inselcharakter, obwohl sie zum Archipel der San Juan Islands gehört. Die Stadt **Anacortes,** im Nordteil von Fidalgo Island gelegen, wird durch übelriechende Raffinerien in ihrer Umgebung, die Öl aus Alaska verarbeiten, etwas abgewertet. Die meisten Reisenden verweilen in Anacortes, weil sie auf die Fähre warten – ein schöner Ort dafür ist der Washington Park an der Burrows Bay, südwestlich der Anlegestelle. Von dort läuft die Fähre die San Juan Islands an; einmal täglich kann man auch nach Sidney auf Vancouver Island fahren.

San Juan Islands

Die *Magic Islands* liegen zwar nicht in der Südsee, sind aber genauso paradiesisch. Zur Inselgruppe gehören 174 Inseln, doch manche Betrachter zählen gar 768 Exemplare, kleine und kleinste Felsen miteinberechnend, die lediglich bei Ebbe aus dem Wasser schauen. Nur vier der Inseln – San Juan, Orcas, Shaw und Lopez – sind mit der Fähre zu erreichen. Diese liegen so dicht beieinander, daß man am besten mit einem Kajak unterwegs ist. Unverbesserliche Landratten können die vier Inseln aber auch per Fahrrad auf kurvigen, wenig befahrenen Straßen erkunden. Auf San Juan, Lopez und Orcas gibt es öffentliche Busse. Ohne Auto ist man auch bei der Fährenbenutzung wesentlich flexibler.

Sanfte Hügel inmitten einer idyllischen Landschaft machen **Lopez Island** zum idealen Ziel für Radler, doch ist die Übernachtungskapazität begrenzt. Als Tagesausflugsziel ist die Probierstube des Lopez Island Vineyard (724 Fisherman Bay Rd., ✆ 360-468-3644, Juni–Sept. Mi–So 12–17 Uhr) geeignet, die man von der Fährstation in Richtung Fisherman Bay erreicht.

Shaw Island ist die kleinste der Inseln mit etwa 100 Einwohnern. Franziskanerschwestern betreiben die Fährstation samt kleinem Laden. Es gibt außer einem sehr kleinen Campingplatz keine Übernachtungsmöglichkeit; am besten

Sanfte Riesen der Meere

Wale

Wer einmal einen freischwimmenden Wal im Meer beobachtet hat, wird dies nicht so leicht vergessen. Der Anblick der riesigen Meeressäuger erfüllt Betrachter mit einer schwer erklärbaren Mischung aus Bewunderung und Zuneigung. Die beste Gelegenheit, ›seinen‹ Wal zu sehen, bietet die Teilnahme an einer der in jedem Hafen in Washington und Oregon zahlreich angebotenen Whale-Watching-Touren.

Zur richtigen Jahreszeit kann man an der nordwestlichen Pazifikküste Grauwale sehen, die auf ihrer jährlichen Reise von der Spitze der mexikanischen Halbinsel Baja California in die Bering-See jeweils 4000 Meilen zurücklegen. Das sind mehr als 6000 km – die längste Zugroute aller Tiere. Die Wale ziehen in die kälteren, aber nahrungsreichen arktischen Gewässer, um sich satt zu fressen, während sie sich in den warmen, seichten Lagunen der südlichen Baja California paaren. Dort bringen die Weibchen alle zwei Jahre nach einer Tragzeit von 13 Monaten die Jungen zur Welt. Das Walbaby ist bei der Geburt etwa 4 m lang und wiegt schon 700 kg, etwa soviel wie ein VW Käfer. Dank der überaus nahrhaften Muttermilch – der Fettgehalt liegt bei 40 % – kann das Kleine pro Tag über 100 kg an Gewicht zulegen.

Grauwale schwimmen dicht an der Küste entlang, die Tiere bevorzugen relativ seichtes Wasser. Zwischen Februar und Mai befinden sie sich auf ihrem Weg nach Norden, im März ist üblicherweise die beste

Gelegenheit zu einer Sichtung. Zwischen Oktober und Januar sind die Meeressäuger auf dem Weg nach Süden, am häufigsten sieht man die Wale im November und Dezember.

Man erkennt Grauwale an der fleckigen, grauen Farbe und der fehlenden Rückenflosse. Oft sind die Tiere auch mit krustigen Muscheln bewachsen, so wie ein alter Baum mit Moos bedeckt ist. Ausgewachsene Tiere sind zwischen 12 und 15 m lang und wiegen bis zu 45 t, die Weibchen werden meist größer als die Männchen. Das Durchschnittsalter liegt bei 30 bis 40 Jahren, das Höchstalter bei etwa 70 Jahren.

Der Grauwal ist ein Bartenwal. Um sich zu ernähren, schwimmt der Meeresriese so dicht am Boden des Ozeans vorbei, daß kleinste Organismen aufgewirbelt werden, die der Wal zusammen mit Wasser in sein Maul aufnimmt. Mit der dicken Zunge filtert er dann das Wasser zwischen den Barten heraus. Der Grauwal ist die einzige Walart, deren Bestand sich in den letzten Jahren wieder erholt hat, man schätzt den heutigen Bestand auf über 21 000 Tiere. Deshalb konnte diese Spezies von der Liste der vom Aussterben bedrohten Tiere gestrichen werden.

Noch eher als den Grauwal, der ja leider in einer für die meisten Urlauber ungünstigen Zeit die Küste entlangzieht, kann man sogenannte Killerwale zu Gesicht bekommen. Man sieht meist zuerst die Rückenflosse, die wie bei einem Haifisch die Wasseroberfläche teilt. Der Kör-

macht man mit dem Rad einen Tagesausflug auf die Insel.

Orcas Island hingegen ist mit 150 km^2 die größte und am besten erschlossene Insel. Für geübtere Radfahrer sind ihre Hügel besonders reizvoll. Lohnend ist der Ausflug auf den 730 m hohen Mount Constitution im Moran State Park, den man zu Fuß oder mit dem Rad erklimmen kann. Die Aussicht vom Gipfel auf die Inseln und den die anderen Berge des Festlandes überragenden Mount Baker ist unbeschreiblich. Der Moran State Park nimmt den größten Teil der östlichen Inselhälfte ein und beherbergt

mehrere Seen und viele Wanderwege. Das Parkgelände gehörte einst dem Millionär Robert Moran, dessen 1904 erbaute Villa heute Kernstück des noblen Rosario Resort (1400 Rosario Rd., Eastsound, ✆ 360-376-2222 oder 800-562-8820) ist. Wesentlich billiger als diese Nobelunterkunft ist ein Besuch der von Aussteigern geführten Anlage in Doe Bay im äußersten Südosten der Insel; zu dem alternativen Hotel gehören heiße Quellen und eine Sauna am Strand, die man auch als Tagesgast benutzen kann.

San Juan Island ist die westlichste mit der Fähre erreichbare Insel.

per ist schwarz mit weißem Bauch und weißer Zeichnung an den Seiten sowie einem weißen Fleck hinter jedem Auge.

Eigentlich ist der Killerwal gar kein Wal. Der Orca, wie seine andere Bezeichnung lautet, ist vielmehr der größte Angehörige der Delphinfamilie. Orcas werden bis zu 9 m lang und bewegen sich mit einer Geschwindigkeit von bis zu 40 km/h durch das Wasser. Die Tiere bevorzugen kühles Wasser und ernähren sich unter anderem von Seehunden und Lachsen. Wahrscheinlich gelten die Orcas deswegen als Killer – für Menschen sind diese Wale jedenfalls nicht gefährlich.

Die Gewässer um die San Juan Islands bieten für Orcas hervorragende Bedingungen. Dort leben rund ums Jahr gleich drei Familiengruppen von jeweils etwa 30 Tieren, die seit über 20 Jahren laufend von Meeresbiologen überwacht werden. Das Whale Museum auf San Juan Island informiert über die Forschungsergebnisse, in einer Fotoausstellung werden auch die Erkennungsmerkmale der einzelnen Orcas dargestellt. Ein offizieller Walbeobachtungspark ist der am Westufer von San Juan Island an der Haro Strait gelegene Lime Kiln Point State Park.

Der Puget Sound ist eines der wenigen Gebiete auf der Welt, wo Orcas in solcher Nähe zu Menschen leben. Noch vor wenigen Jahrzehnten wurden einige der Tiere, die bis zu hundert Jahre alt werden können, gefangen und für Aquarienshows abgerichtet. Heute stehen die Orcas unter Artenschutz.

Neben dem Whale Museum (62 First St., 10–17 Uhr, Di geschl. Eintritt) im kleinen Ort Friday Harbor, mit 1800 Einwohnern der Verwaltungssitz der Inselgruppe, lohnt der Lime Kiln Point State Park an der Haro Strait im Westen der Insel einen Besuch. Weinfreunde besuchen die San Juan Vineyards (2000 Roche Harbour Rd., ☎ 360-378-9463, tägl. 12–18 Uhr) im alten Schulhaus außerhalb von Friday Harbour.

Wie ihre Nachbarinseln wurde auch San Juan Island noch nach der Grenzziehung im Jahre 1846 sowohl von den Briten wie auch den Amerikanern beansprucht. Beinahe wäre es 1859 nach einem Zwischenfall – ein Schwein, das einem Briten gehörte, wurde von einem Amerikaner erschossen – zu kriegerischen Auseinandersetzungen gekommen. Doch der als ›Schweinekrieg‹ bekannte Disput und die Grenzfrage wurden am Ende friedlich gelöst; nach zwölf Jahren gemeinsamer Besatzung entschied der Schlichter, der deutsche Kaiser Wilhelm I., zu Gunsten der USA. Die Befestigungen aus dieser Zeit, das English Camp im Nordwesten sowie das American Camp im Südwesten der Insel, sind restauriert worden und können besichtigt werden.

ℹ Information: *Anacortes Visitor Center,* 819 Commercial Ave., WA 98221, ☎ 360-293-3832; *Friday Harbor Tourist Information,* 125 Spring St., P.O. Box 98, San Juan Island, WA 98250, ☎ 360-378-5240; *San Juan Islands Visitor Information Services,* P.O. Box 65, Lopez, WA 98261, ☎ 360-468-3663

🛏 Unterkunft: *Captain Whidbey Inn,* 2072 W. Capt. Whidbey Inn Rd., Coupeville, ☎ 360-678-4097, schönes Blockhaus direkt am Wasser, $$$; *Majestic Hotel,* 419 Commercial Ave., Anacortes, ☎ 360-293-3355, gebaut 1889, $$$–$$$$; *Inn at Swifts Bay,* Rte. 2, Box 3402, Lopez, ☎ 360-468-3636, gemütlich, mit Hot Tub, ab $$$; *Orcas Hotel,* Box 369, Orcas, ☎ 360-376-3914, viktorianisches Haus oberhalb des Fährendocks, $$$; *Doe Bay,* S.R. 86, Olga, Orcas, ☎ 360-376-2291 oder 360-376-4755, von Aussteigern geführt, mit heißen Quellen und Sauna, $–$$$; *San Juan Inn,* 50 Spring St., Friday Harbor, ☎ 800-742-8210 oder 360-

Fowler Pond auf Orcas Island

 **Restaurants:** *Orcas Hotel,* ✆ 360-376-4300, direkt am Fähren-dock, $$; *Front St. Ale House,* 1 Front St., Friday Harbor, ✆ 360-378-2337, gutes Bier, englisch angehauchte Küche; *China Pearl,* 51 Spring St., Friday Harbor, ✆ 360-378-5254, asiatische Gerichte, $

Fährverbindungen: von Mukilteo nach Whidbey Island alle 30 Min., Überfahrt ca. 25 Min.; von Ana-cortes nach Lopez, Shaw, Orcas und San Juan alle 2 Std., ✆ 800-843-3779 oder 206-464-6400

Touren: *Victoria Clipper,* vom Pier 69 in Seattle, zweimal tägl., ✆ 800-888-2535 oder 206-448-5000; *San Juan Island Cruises,* zwölfstündige Tagesausflüge von Shilshole Marina in Seattle tägl. um 7.30 Uhr, ✆ 800-720-0012 oder 206-623-2735; *Kenmore Air* fliegt tägl. mehrfach zwischen Victoria, B.C., den San Juans und Seattle, ✆ 800-543-9595 oder 206-486-1257; *Shear-water Sea Kayak Tours,* P.O. Box 787, Eastsound, WA 98245, ✆ 360-376-4699, organisiert Seekajak-Touren auf Orcas; *Crystal Seas Kayaking,* P.O. Box 3135, Friday Harbor, WA 98250, ✆ 360-378-7899, organisiert Seekajak-Touren auf San Juan; *Whale Museum,* 62 First St., Friday Harbor, ✆ 360-378-4710, Walbeobachtungstouren

378-2070, im Jahre 1873 erbaut, in der Nähe der Anlegestelle, $$$; *Fridays,* 35 First St., Friday Harbor, ✆ 800-352-2632 oder 360-378-5848, histoirsches Haus bei der Anlegestelle, $$$

Camping: *Lopez Farm Cottages,* 555 Fisherman Bay Rd., ✆ 360-468-3555 oder 800-440-3556, beim Vi-neyard; *Deception Pass State Park,* 5175 N. S.R. 20, ✆ 360-675-2417, Re-servierung sinnvoll; *Moran State Park,* Orcas, ✆ 360-376-2326, Reservierung möglich; *San Juan County Park,* ✆ 360-378-2992, an Smallpox Bay

Aktivitäten: Fahrräder vermietet auf Orcas Island *Dolphin Bay Bi-cycles,* ✆ 360-376-4157, und *Orcas Bi-cycle Company,* ✆ 360-376-4517, bei-de beim Fährendock; auf San Juan Is-land *Zzoomer's Bike Rentals,* ✆ 360-378-8811; außerdem vermittelt *San Ju-an Central Reservations* Kajak-Touren, Flüge und Unterkünfte auf San Juan, ✆ 800-836-2176 oder 360-378-6675

Die North Cascades

Vom fruchtbaren Mündungsgebiet des Skagit River geht die Fahrt vorbei an Tulpenfeldern und alten Holzfäller-siedlungen im Skagit Valley zum North Cascades National Park mit ungezählten Wandermöglichkeiten in einsamer Natur. Hinter dem höchsten Paß im Bundesstaat erreicht man ein Dorf aus der Zeit des Wilden Westens, kann bei Stehekin auf Indianerpfaden wandern und auf dem Columbia-Plateau die Spuren der Spokane Flood betrachten.

Im nördlichen Teil von Washington zeigt sich die Cascade Range von ihrer wildesten und rauhesten Seite. Noch heute wird sie nur von einer einzigen Straße durchquert, dem **Highway 20.** Dieser North Cascades Highway wurde erst Ende der 60er Jahre provisorisch fertiggestellt und im Jahre 1972 geteert. Die Straße sollte das Gebiet nicht der Besiedlung, sondern der Nutzung der Wasserkraft erschließen; schon vor und nach dem Zweiten Weltkrieg waren mehrere Dämme gebaut und der Skagit River und seine Seitenflüsse zur Elektrizitätsgewinnung gestaut worden. Zwischen November und April ist ein 80 km langer Abschnitt des Highway wegen Schneefalls geschlossen; der 1700 m hohe Washington Pass ist dann unpassierbar.

Im Sommer bietet der Highway 20 Zugang zu einem Gebiet voll spektakulärer Schönheit, das schon John Muir, der Vater der amerikanischen Nationalparks, die »amerikanischen Alpen« nannte. In der Tat erinnern die von mehr als 300 Gletschern bedeckten Berge und die vielen Bergseen an ihr europäisches Gegenstück, obwohl sie eigentlich tropischen Ursprungs sind; denn Fossilienfunde legen nahe, daß einst ein urzeitlicher Minikontinent aus der Südsee an der nordamerikanischen Kontinentalplatte ›angelegt‹ hatte.

Im Jahre 1968 wurden auf beiden Seiten des Highway 20 rund 2000 km^2 zum **North Cascades National Park** erklärt. Heute erschließt ein annähernd 600 km langes Netz von Wanderwegen das Naturschutzgebiet, in dem auch die außerhalb von Alaska sehr selten gewordenen Grizzlybären leben.

Von der Pazifikküste zum North Cascades National Park

Wer die Fahrt an der Pazifikküste beginnt, kann nacheinander die verschiedenen geographischen und klimatischen Zonen des Staates Washington kennenlernen. Vom flachen, fruchtbaren Mündungsdelta des Skagit River geht es am immer reißender werdenden Fluß entlang und durch üppigen Wald so dicht an den schneebedeckten Gipfeln vorbei, daß man sie nicht mehr sehen, sondern nur noch ihre Nähe spüren kann. Hat man den gewaltigen Stausee Ross Lake hinter sich gelassen und Washington Pass überquert, ändert sich die Landschaft rasch; man erreicht das trockene Methow Valley mit dem ›Westerndorf‹ Winthrop und schließlich den Columbia River sowie Lake Chelan, einen der tiefsten Seen der USA. Wer Zeit hat, kann die Route Richtung Osten durch einen Abstecher zum Coulee Dam verlängern. Dann sollte man aber mindestens vier Tage für die gesamte Tour veranschlagen.

An der Skagit Bay, etwa 70 Meilen nördlich von Seattle, liegt **La Conner.** Nur der schmale, flußähnliche Swinomish-Kanal trennt den kleinen Ort von Fidalgo Island im Westen. La Conner nahm als Handelsposten seinen Anfang und wurde 1869 vom Gründer, John Conner, nach seiner Frau Louise Anne benannt. Einige schmucke Häuser aus der Zeit des ausgehenden 19. Jh., der Jachthafen, Galerien und Juwelierläden prägen das heutige Erscheinungsbild des Ortes, der den Ruf einer Künstlerkolonie besitzt. Überregional bekannt ist das Museum of Northwest Art (121 S. First St., ✆ 360-466-4146, Di–So 10–17 Uhr, Eintritt), das in wechselnden Ausstellungen Werke örtlicher Künstler zeigt. Das Skagit County Historical Museum (501 Fourth St., ✆ 360-466-3365, Di–So 11–17 Uhr, Eintritt) stellt außer Kochgeräten aus der Pionierzeit in einer nachgebauten Schmiede Werkzeuge aus; historische Fotos, ein alter General Store und indianisches Kunsthandwerk sind weitere Exponate. Auf den Freiterrassen der Restaurants und Cafés entlang dem Kanal kann man genußvoll einen Nachmittag in der Sonne verbringen.

Das trockengelegte Umland, das Mündungsdelta des Skagit River, ist äußerst fruchtbar und wird heute vor allem zur großflächigen Blumenzucht genutzt. Im Frühjahr, während der Blütezeit, findet in den ersten beiden April-Wochen das Tulpenfest (✆ 360-428-8547) statt.

Wer Zeit hat, kann noch ein wenig nach Norden an der Küste entlangfahren. An der Padilla Bay liegt das National Estuarine Research

North Cascades ▷

Reserve und **Breazeale Interpretive Center** (1043 Bayview-Edison Rd., Mount Vernon 98273, ☎ 360-428-1558, Mi–So 10–17 Uhr, Eintritt frei), das mit Salzwasseraquarien und Schautafeln über das Ökosystem der Flußmündung informiert. Der geteerte **Padilla Bay Shore Trail** führt etwa 6 Meilen entlang der Bucht durch das Marschland und eignet sich hervorragend zum Fahrradfahren. Paddelfreunde können im nahegelegenen **Bay View State Park** einsetzen.

Weiter nördlich erreicht man an der Samish Bay den **Chuckanut Drive.** Immer wieder bietet sich auf der Fahrt von dort ein herrlicher Blick auf die vorgelagerten San Juan Islands. Der Chuckanut Drive windet sich zwischen dem Abhang des Chuckanut Mountain und der Bucht malerisch am Wasser entlang und führt zum **Larrabee State Park,** der einen relativ unberührten Strand mit vielen Buchten besitzt.

Wer gleich in die Berge will, muß zunächst das flache Mündungsgebiet des Skagit durchqueren, das mit seinen Blumenfeldern und Weiden an Holland erinnert, nur der Blick auf die Cascades bricht die Illusion. Auf der anderen Seite des Freeway I-5 erreicht man **Sedro Woolley,** einen kleinen Ort mit stolzer Holzfällertradition. Dort kann man in einem kleinen Park an der Kreuzung des Highway 20 mit der Ferry Street, an der auch die Besucherinformation (☎ 360-855-0974) liegt, eine Lok der Puget Sound & Baker River Railway aus dem Jahre 1913 besichtigen. Noch interessanter aber ist nahebei eine gewaltige Baumscheibe, die von einer mehr als 800 Jahre alten, im Jahre 1948 gefällten Douglasfichte stammt. Wie alt so ein Baumriese wirklich ist, wird dort sehr anschaulich dargestellt: auf den Jahresringen sind historische Ereignisse markiert, unter anderem die Kreuzzüge, die Entdeckung Amerikas, der amerikanische Unabhängigkeitskrieg und das Eintreffen der ersten weißen Siedler im Jahre 1878. Nicht mehr allzu viele solcher Methusalem-Bäume haben überlebt.

Ein kleiner Spaziergang durch Sedro Woolley führt an alten Holzfällermaschinen und Malereien vorbei, die an den Häuserwänden der Hauptstraße Szenen aus dem Holzfällerleben abbilden. Im Juli wird stilgerecht ein Logger-Rodeo (☎ 360-855-1841) mit Wettbewerben im Holzspalten und Axtwerfen gefeiert. Wanderer erhalten bei der am Ortsrand liegenden Ranger Station des North Cascades National Park (2105 State Route Hwy 20, ☎ 360-856-5700) Tips und Informationen.

Einige Meilen weiter östlich zweigt kurz vor Concrete die ungeteerte Baker Lake Road nach Norden ab. Sie führt in einigem Abstand zunächst an der Westseite des **Lake Shannon,** dann am **Baker Lake** entlang. Die beiden jeweils 15 km langen Seen wurden durch den Bau mehrerer Dämme am Ba-

Altes Gehöft am North
Cascades Highway

ker River in den Jahren 1925 und
1959 aufgestaut. Während das
Ufer des südlicheren Lake Shannon
größtenteils in Privatbesitz ist, befinden sich am Baker Lake einige
Zeltplätze, beim Baker Lake Resort
(✆ 360-853-8325) kann man auch
Boote mieten.

Ganz in der Nähe des Resorts
liegen die Baker Hotsprings. In den
42° warmen Quellen, die nach einem kurzen Spaziergang erreicht
werden, kann man baden. Hinter
dem Baker Lake Resort und Park
Creek Campground biegt man
nach links auf die Forststraße 1144
ab. Nach etwa drei Meilen stößt
man auf einen auffallend großen

Parkplatz links und rechts der Kies-
straße. Am Nordende dieses Park-
platzes beginnt ein unmarkierter
Pfad, einige Holztreppen sind zu
sehen. Die Quelle liegt 600 m entfernt.

Wieder zurück auf dem Highway 20, erreicht man schon nach
kurzer Zeit **Concrete.** Die mittlerweile stillgelegte Zementfabrik,
nach welcher der Ort benannt wurde, ist von der Straße aus zu sehen.
Hinter Concrete beginnt das Tal en-
ger zu werden. Im kleinen **Rockport State Park,** etwa 6 Meilen weiter, gibt es einige kurze Naturlehrpfade zu teilweise mehrere hundert
Jahre alten Bäumen; der Zeltplatz
in diesem Park ist besonders schön.
Nur wenig entfernt bietet der kleine
**Howard Miller Steelhead County
Park** Picknickmöglichkeiten und
Zugang zum Skagit River.

Ein Abstecher nach Granite Falls

Bei Rockport bietet sich Gelegenheit für einen Abstecher Richtung Süden, der zunächst auf dem Highway 530 entlang dem Sauk River nach Darrington und weiter auf dem streckenweise nicht geteerten Mountain Loop Highway zum Barlow Pass führt. Von dort kann man Richtung Westen entlang dem Stillaguamish River nach Granite Falls fahren. Diese Strecke liegt in einem sehr dünn besiedelten Gebiet und bietet vielfältige Gelegenheiten für Tageswanderungen und längere Touren außerhalb des Nationalparks. Eine einfache Tageswanderung durch den Farnwald im White Chuck River Canyon führt zu den **Kennedy Hot Springs** (s. S. 68).

Eine weitere Wanderung folgt der alten Straße vom Barlow Pass nach **Monte Christo,** einer ehemaligen Goldgräbersiedlung. Vor Jahren wurde die Straße durch eine Überschwemmung zerstört; seither ist sie nur noch für Wanderer geeignet. Die leicht zu bewältigende Strecke, 7 km am Sauk River entlang, bietet viele Stellen zum Zelten. In Monte Christo findet man noch ein paar Minenschächte und Ruinen, die heute Privatbesitz sind. Trotzdem kann man auf dem Gelände des verlassenen Ortes picknicken.

Wer mehr Energie hat, sollte noch 2 km weiter Richtung Süden zum **Silver Lake** wandern, muß aber dabei 500 steile Höhenmeter überwinden. Am Poodle Dog Pass (1300 m) gabelt sich der Weg; rechts geht es zum Silver Lake, links zu den Twin Lakes an der Ostflanke des Columbia Peak. Wenn das Ufer nicht zu naß ist, kann man beim Silver Lake zelten, allerdings ist kein Feuer erlaubt. Der Weg zu den **Twin Lakes,** der selten vor August schneefrei ist, folgt dem Höhenzug und ist anstrengend.

Etwas weiter westlich führt eine einfache Wanderung, die hin und zurück etwa 5 Stunden dauert, zum **Mount Pilchuck Lookout.** Der aufgegebene, aber vor einigen Jahren restaurierte Feuerwachturm liegt in 1600 m Höhe. Von seiner Spitze hat man einen unvergleichlichen Blick über den Westhang der Cascades zum Meer und auf die Olympic Mountains. Man biegt dazu von der Mountain Loop Road östlich von Verlot auf die Mount Pilchuck Road 42 nach Süden ab und folgt dieser fast bis zu ihrem Ende. Der bequeme Weg führt durch alten Wald und an einem Kahlschlag aus den späten 1970er Jahren vorbei.

Wanderungen im Nationalpark

Wer den Highway 20 nicht verlassen will, erhält genügend Gelegenheit, im North Cascades National Park zu wandern. Eine steile, aber lohnende Tagestour endet nach 7 km auf dem Lookout Mountain, eine Variante davon erreicht nach

6 km Monogram Lake. Für beide Touren werden jeweils etwa neun Stunden benötigt, es gibt jedoch gute Zeltmöglichkeiten unterwegs (die Erlaubnis für eine Übernachtung erhält man beim Ranger des Nationalparks, ☎ 206-386-4495, in Newhalem).

Um zum **Lookout Mountain** zu gelangen, biegt man bei Marblemount auf die Cascade River Road ab und fährt etwa 6 Meilen Richtung Osten. Der Trailhead liegt vor dem Marble Creek Campground, zwischen Lookout Creek und Monogram Creek. Die anschließende Wanderroute verläuft auf dem Kamm zwischen den beiden Bächen steil nach Norden, man gewinnt auf den ersten 4,5 km bis zur Weggabelung 1000 Höhenmeter. Bei der Gabelung hält man sich links und folgt dem noch immer steilen Weg etwa 2 km bis zum 1740 m hohen Gipfel. Aber die Mühe lohnt sich: oben kann der Blick ungehindert über die Berg-

landschaft schweifen, etwa gen Osten zum 2700 m hohen Eldorado Peak. Bei gutem Wetter kann man etwas unterhalb des Lookout Mountain zelten; wenn man Glück hat, ist man im alten Feuerwachtturm alleine, kann dort übernachten und das Panorama genießen.

Hält man sich bei der erwähnten Weggabelung rechts, verläßt man bald den Wald und wandert mit freiem Blick über eine Kuppe (ca. 1600 m), um dann wieder etwa 150 m zum **Monogram Lake** abzusteigen. Am Seeufer läßt sich ein ideales Basislager für Streifzüge in die Umgebung – zum Beispiel für eine Wanderung auf den Little Devil Peak (2000 m) – einrichten; allerdings darf hier kein Feuer gemacht werden.

Den Spuren der Indianer und frühen Siedler folgt man bei einer einfachen Tageswanderung am Ende der Cascade River Road. Von dort führt ein alter Weg weiter zum **Cascade Pass** (11 km, etwa 5 Std.

Bigfoot alias Sasquatch

Rätselhafter Waldmensch der Cascades

In den weglosen Wäldern der Cascade Mountains haust ein unheimliches, selten erblicktes Wesen – Bigfoot, das nordamerikanische Gegenstück zum Yeti des Himalaya.

Eine Erfindung der weißen Einwanderer ist der Bigfoot nicht. Auch die Indianer kannten bereits den wilden Waldmenschen; in vielen ihrer Mythen tauchen riesige, behaarte, menschenähnliche Ungeheuer auf. Der ursprüngliche Name des rätselhaften Waldwesens stammt aus der Sprache der Salish-Indianer – *saskehavas* bedeutet Waldmensch. Die Amerikaner machten *Sasquatch* daraus, ein Wort, das man nur flüstert.

Der britische Forscher David Thompson fand bereits im Jahre 1811, lange vor Ankunft der weißen Siedler, am Athabasca River unerklärliche Fußspuren. Thompson rätselte über den Ursprung der 35 × 20 cm großen Fährten, schloß aber aus, daß die Fußabdrücke von einem Bären stammten. Auch die Pioniere, Trapper und Holzfäller nach ihm hatten merkwürdige Erlebnisse. Eisenbahnpioniere fanden am Fraser River eine Art Affenbaby – es gibt in Nordamerika keine wild lebenden Affen – an der Trasse. Das Affenwesen wurde gefangen und eine Zeitlang in einem Käfig zur Schau gestellt, ehe es unter ungeklärten Umständen ausbrechen und fliehen konnte. In den 1920er Jahren wurde angeblich ein kanadischer Fischer von einer Bigfoot-Familie entführt, konnte sich aber durch seinen Schnupftabak freikaufen. Um dieselbe Zeit erschossen Goldgräber im Skamania County einen Sasquatch und wurden daraufhin von einer ganzen Horde Ungeheuer angegriffen, welche die Leiche mit sich nahmen. Seit 1969 stellt eine Verordnung in diesem County die vorsätzliche Tötung von Affenwesen unter Strafe.

Im Oktober 1967 endlich gelang zwei Bigfoot-Forschern in Nord-Kalifornien eine Filmaufnahme – allerdings wurde der Kameramann von seinem scheuenden Pferd abgeworfen, so daß er nur noch die Flucht eines riesigen, affenähnlichen und behaarten Wesens aufnehmen konnte. Die Bilder sind teilweise verwackelt und unscharf. Obwohl sofort Zweifel an der Authentizität laut wurden, konnte bis heute eine Fälschung nicht nachgewiesen werden. Die Universal Studios bestätigten damals sogar, daß die professionelle Herstellung solcher Aufnahmen als Trickfilm nahezu unmöglich sei. Wie gelangten zwei Filmamateure also in den Besitz des Films? Neben zahllosen entdeckten Fußspuren, bei denen zum Teil sogar Hautfalten erkennbar sind, ist der Film immer noch der aussagekräftigste Beweis für die Existenz von Bigfoot.

Unmöglich ist die Existenz sowieso nicht. Der Anthropologe Grover Krantz von der Washington State University ordnet Bigfoot in die Primatenspezies Gigantopithecus ein, die durch Fossilienfunde aus dem Pliozän nachgewiesen wurde. Ist diese Einordnung korrekt, rückt die Existenz eines heutigen Sasquatch weiter in den Bereich des Möglichen, denn es gibt andere Beispiele für Fossilien, die in Nischen überleben konnten und erst spät entdeckt wurden. Biologisch ist es nicht unwahrscheinlich, daß ein aufrecht gehender Riesenaffe, der früher ein großes Verbreitungsgebiet besaß, heute nur noch als Restpopulation vorhanden ist.

Die Frage ist also nicht, ob Sasquatch überhaupt existieren kann, sondern warum er bisher noch nicht gesehen bzw. gefangen wurde. Von den Anhängern des Bigfoot kann dies leicht beantwortet werden – Sasquatch wurde oft genug gesehen, sagen sie, und er sieht nach vielen glaubwürdigen Beschreibungen folgendermaßen aus: Er ist zwischen 2 und 3 m groß, etwa 130 bis 230 kg schwer und geht aufrecht, wobei seine Arme im Gegensatz zu Menschenaffen nicht den Boden berühren. Die Füße mit fünf Zehen sind 33 bis 41 cm lang. Der Körper des Bigfoot ist bis auf das Gesicht sowie die Hand- und Fußsohlen rötlich-braun bis schwarz behaart. Auf dem kurzen Hals sitzt ein massiver Schädel mit ausgeprägten Augenwülsten und spitzer Schädeldecke, das Gesicht ähnelt eher einem Menschen als einem Tier. Besonders auffallend und stark ist der üble Geruch des Sasquatch.

Gefangen wurde Bigfoot angeblich deshalb noch nicht, weil ein intelligentes Lebewesen, das gejagt wird und überdies extrem anpassungsfähig ist, genügend Möglichkeiten findet, sich in den unwegsamen Wäldern des Pazifischen Nordwestens zu ernähren und zu verstecken. Skeptiker lassen sich dadurch nicht überzeugen. Auch das Argument, daß es in vielen Teilen der Welt, von Asien über Afrika bis Südamerika, Berichte über wilde Wesen gibt, nehmen beide Seiten als Beweis für ihre These in Anspruch. Für Zweifler zählt nur ein greifbarer Beweis, und sei es in Form eines ausgestopften Bigfoot im Museum.

hin und zurück). Diese Route führt vom Paß weiter zum Lake Chelan und bot früher die einzige Möglichkeit, die Gebirgskette zu durchqueren.

Zurück in Marblemount, sollte man die letzte Gelegenheit zum Volltanken nutzen, denn bis zum über 60 Meilen entfernten Mazama gibt es keine Tankstelle mehr. Auf dem nun langsam und gleichmäßig ansteigenden North Cascades Highway ist nach wenigen Meilen **Newhalem** erreicht. Dort befindet sich ein gewaltiges Wasserkraftwerk. In der *Company Town* wohnen fast ausschließlich Betriebsangehörige der Elektrizitätswerke von Seattle. Gleich am Ortseingang befindet sich das sehenswerte North Cascades National Park Visitor Center (✆ 206-386-4495), in dem Wanderer Permits, Karten und Tourentips erhalten können.

Hinter Newhalem verengt sich das Tal des Skagit River zur Schlucht. Immer wieder gibt es Parkbuchten an der Straße, von denen man auf tiefe Wasserstellen im Skagit River blicken kann. Leider ist das Baden verboten, da der Wasserstand durch das nahe Kraftwerk in unregelmäßigen Abständen reguliert wird.

Nach dem Passieren des Wasserfalls am Gorge Creek erreicht man Gorge Lake, an dem die Straße nach **Diablo** abbiegt. Auch dieser Ort ›gehört‹ den Elektrizitätswerken. Die Kraftwerksanlage dort ist im Rahmen einer Tour zu besichtigen (Reservierung ✆ 206-684-3030 oder 206-625-3030, dreimal tägl., Di und Mi keine Tour, Eintritt). Zum Besichtigungsprogramm gehören eine kurze Fahrt mit der alten Zahnradbahn am Sourdough Mountain, eine Bootsfahrt über den grünen Diablo Lake zum Kraftwerk am Ross Dam sowie ein Imbiß. Wer die Tour nicht mitmachen will, kann die Ausstellung im Kraftwerk von Diablo besuchen, die einen Überblick über die Geschichte und Entwicklung der Stromversorgung bietet.

Von Diablo führt auch ein beschwerlicher Wanderweg auf den 1800 m hohen Sourdough Mountain. Ein Teil der Strecke kann jedoch als Tageswanderung zu einer Satellitenantenne in 1500 m Höhe absolviert werden. Die Mühe lohnt, denn von dort eröffnet sich ein herrlicher Blick über die Stauseen und die Gebirgslandschaft bis nach Kanada. Der Weg hinauf ist ausgeschildert; man benötigt für die steile, 11 km lange Strecke hin und zurück 7 Stunden.

Die Fahrt auf dem Highway 20 folgt nun dem Uferverlauf des Diablo Lake. Das Gebiet gehört zur **Ross Lake National Recreation Area,** in der die drei durch Dämme voneinander getrennten Seen Ross Lake, Diablo Lake und Gorge Lake liegen. Die Campingplätze direkt am Highway sind besonders an Wochenenden von Wohnmobilen belegt. Glücklich ist zu schätzen, wer ein Boot mitgenommen hat – der idyllische, tiefblaue Ross Lake

Blick vom Washington Pass auf die North Cascades Range

ist 40 km lang und ragt sogar ein kleines Stück nach Kanada hinein; im Uferbereich gibt es viele weitere, nur mit einem Boot erreichbare Zeltplätze. Am Ross Lake endete in den 50er Jahren die frühere Straße. Der damals noch unbekannte Schriftsteller Jack Kerouac arbeitete 1956 als Waldbrandwache in dem Gebiet und verbrachte acht Wochen in völliger Abgeschiedenheit.

Vom Ross Lake steigt der Highway rasch an und führt durch einsame Berglandschaft zum Rainy Pass (1500 m). Dort kreuzt die Straße den **Pacific Crest Trail;** dieser Höhenwanderweg folgt dem Kamm der Cascades von der kanadischen Grenze 800 km nach Süden und ist ideal für Langstreckenwanderer. Noch etwas höher liegt der **Washington Pass** (1700 m), der höchste Punkt des North Cascades Highway; ein schön angelegter Park- und Picknickplatz bietet einen unvergleichlichen Blick auf den Liberty Bell Mountain (2350 m) und die Early Winter Spires (2400 m).

Vom Washington Pass zum Coulee Dam

Vom Washington Pass geht es in steilen Serpentinen die Bergflanke hinunter, bis man bei Mazama das **Methow Valley** erreicht. Passionierte Bergfahrer können von der

»Blacksmith Shop« im Westernstädt-chen Winthrop

anderen Seite des Flusses einen Abstecher in das nördliche Gebirge machen. Auf der schmalen, gegen Ende auch ungeteerten Lost River Road kommt man hinter dem Hart's Pass (1900 m) zum höchsten mit dem Auto erreichbaren Punkt im Bundesstaat, dem **Slate Peak** (2270 m), wo die Straße bei einem Feuerwachtturm endet. Nördlich davon liegt die unberührte Pasayten Wilderness.

Die Hauptroute auf dem Highway 20 folgt nun dem Methow River, dessen Tal bald weit und offen wird. Die Gegend könnte als Kulisse für einen Western dienen; an den grünen Hängen sieht man kleine Farmen und weidendes Vieh. So

ist man kaum überrascht, in **Winthrop** ein Westernstädtchen mit Postkutsche, falschen Häuserfronten, *Board Walks* und Saloons vorzufinden. Der Old-West-Charakter hat Tradition; bereits 1890 von Guy Waring gegründet, wurde der Ort nach dem Schriftsteller Theodore Winthrop benannt, der den Nordwesten 1853 bereist und darüber den Bericht »The Canoe and the Saddle« geschrieben hatte. Bei der Öffnung des North Cascades Highway 1972 haben sich die Bewohner auf das zugkräftige Westernmotiv besonnen und den Ort zum erfolgreichen *Theme Town* gemacht. Dem historischen Kern wurden die anderen Gebäude entsprechend angepaßt. Das Shafer Museum (Castle Ave./Bridge St., ✆ 509-996-2712, tägl. 10–17 Uhr, Spende erwünscht) mit Werkzeugen, Waffen und anderen Exponaten aus Pioniertagen ist in einer Blockhütte untergebracht, die vom Ortsgründer Waring selbst stammt.

Winthrop ist ein guter Ausgangspunkt für Wanderungen, Rafting-Trips auf dem Methow River oder Erkundungsfahrten mit dem Auto. Wer wenig Zeit hat, kann zur südwestlich vom Ort auf einer Kuppe liegenden Sun Mountain Lodge fahren und von dort einen herrlichen Rundblick genießen. Wasserfreunde können einen *lazy day* einlegen, vielleicht an der Tankstelle in Winthrop einen alten Autoschlauch organisieren und in der Sonne den Methow River hinuntertreiben.

In Twisp verläßt man den Highway 20 und folgt auf dem Highway 153 dem Methow River bis Pateros, also bis zu seiner Mündung in den Columbia River. An dessen Ufer führt der Highway 97 nach Chelan an dem gleichnamigen See. **Lake Chelan** könnte man für einen Stausee halten; denn er ist fast 90 km lang, aber nirgendwo mehr als 2 km breit. Noch erstaunlicher ist die Wassertiefe von 450 m. Tatsächlich aber handelt es sich um einen Natursee, dessen Bett von Gletschern geformt wurde. Der Damm, den man am Südufer sieht, wurde 1927 gebaut und hob den Wasserspiegel um 6 m. Lake Chelan ist der tiefste See im Staat Washington und einer der tiefsten in den USA; nur der Crater Lake (ca. 600 m; s. S. 182) in Oregon und der Lake Tahoe (ca. 500 m) in Kalifornien sind tiefer.

Das Südende des fjordähnlichen Sees bei Chelan liegt in einem Apfelanbaugebiet, das Nordende, die Lake Chelan National Recreation

Pioniermuseum in Winthrop

Area, grenzt an die Gletscherberge im North Cascades National Park. Chelan ist unser Zugangspunkt zum See, das Nordende kann nur zu Fuß oder mit dem Boot erreicht werden. Die »Lady of the Lake« benötigt für die Fahrt in die Berge vier Stunden, die »Lady Express« ist etwas kleiner und schneller (Reservierung ✆ 509-682-4584). Zunächst schippert man an Wochenend- und Ferienhäusern vorbei, bis dann die Zivilisation zurückbleibt. Nach einem kurzen Stopp in Lucerne, das aus einigen Hütten besteht, erreicht man den Ort **Stehekin.** Das indianische Wort *Stehekin* bedeutet ›Durchgangsweg‹. Für die Indianer und frühen Pioniere lag dort die einfachste Möglichkeit, die Cascades zu überqueren: vom Stehekin River zum Cascade Pass und weiter nach Westen zum heutigen Marblemount.

Wanderer können auch die ganze Strecke von Chelan aus am Nordufer des Sees zurücklegen. Am einfachsten ist es jedoch, sich von der »Lady of the Lake« am Moore's Point absetzen zu lassen; von dort sind es nur noch etwa 10 km nach Stehekin. Das Boot setzt das Gepäck am Landungssteg ab. Man bleibt für die Nacht und reist am nächsten Tag wieder mit der »Lady« zurück nach Chelan.

Die 75 Einwohner von Stehekin sind vom Rest der Welt nahezu abgeschlossen, der Ort hat den urigen Pioniercharakter bewahrt. Es gibt zwar Strom, aber nur ein Telefon und keine Autos. Von Stehekin

geht es auch heute noch nur zu Fuß weiter. Die Stehekin Lodge an der Anlegestelle (✆ 509-682-4494) verleiht Fahrräder oder Kanus.

Auf der alten Handelsroute kann man von Stehekin zum **Cascade Pass** wandern. Der Park Service unterhält einen Zubringerbus entlang dem Stehekin River bis zum Cottonwood Camp, dadurch erspart man sich fast 40 km Fußmarsch. Vom Camp sind es noch etwa 9 km zum Paß. Wer für eine Transportmöglichkeit sorgt, kann auf der anderen Seite des Passes 6 km weiter zur Cascade River Road wandern, die nach Marblemount führt.

Zurück in Chelan, bietet sich für Leute mit Zeit die Gelegenheit, den Columbia River zu überqueren und auf dem Highway 2 einen Abstecher Richtung Osten ins Columbia-Becken zu machen. In Urzeiten durch den gewaltigen Lavastrom eines nicht mehr existierenden Vulkanes geschaffen, sind heute große Teile des Gebietes mit fruchtbarem Löß bedeckt. Durch die geringe Niederschlagsmenge sind Farmer jedoch auf Wasser aus dem Columbia River angewiesen.

Die Landschaft in Eastern Washington hat ihren eigenen Reiz. Kein Baum ist zu sehen, flache *rolling hills* sind mit endlosen Feldern bedeckt. Wo nicht bewässert wird, ist Wüste. Die Hitze läßt die Steine knacken, doch dank des steten Windes ist die Temperatur auszuhalten. Erst spät nachmittags verändert sich das Licht, die Farben kommen wieder zum Vorschein, das hitzeflimmernde Einssein von Erde und Himmel läßt nach.

Auf teilweise kerzengerader Straße erreicht man **Dry Falls,** das vertrocknete Gerippe eines prähistorischen Wasserfalls, der die mächtigen Niagarafälle – die ja ›nur‹ 1.5 km breit und 50 m hoch sind – bei weitem überträfe. Auf 5 km Breite bricht dort das Terrain ab. Über die Abrißkante schoß vor 15 000 Jahren eine 100 m hohe Wasserwand und fiel über 130 m tief.

Dry Falls und die davor liegenden, tümpelgleichen **Sun Lakes** sind Spuren einer gigantischen Flutwelle, *Spokane Flood* genannt, die während der letzten Eiszeit vor 13 000 bis 18 000 Jahren das Land überrollte. Eisdämme stauten damals den gewaltigen, 8000 km^2 großen Lake Missoula auf. Vom Wasser angehoben, brachen diese Eisdämme unter dem ungeheuren Druck und ließen unvorstellbaren Wassermengen freien Lauf. So entstand die größte Überschwemmung, die geologisch nachgewiesen ist. Es wurden Spuren von über 40 solcher gewaltigen Überschwemmungen gefunden, die jeweils mehrere Wochen anhielten.

Man kann sich bei einer Wanderung entlang der Hänge anhand der Größe dieses Tales die Wassermassen der vorgeschichtlichen Flut gut vorstellen. Die Flutwelle breitete sich mit einer Geschwindigkeit von 100 km/h aus. Als sie den Lauf des Columbia River erreichte besaß die Spokane Flood eine Höhe

von 250 m, und weiter flußabwärts, wo heute Portland liegt, immer noch eine Höhe von 125 m. Die Wassermenge entsprach der zehnfachen Wassermenge aller heutigen Flüsse der Welt. Der Strom riß alles mit, was ihm im Weg stand. So stammt die fruchtbare Erde im Yakima Valley und sogar im Willamette-Tal in Oregon ursprünglich aus Eastern Washington. Dort wurden etwa 60 m Mutterboden bis auf den Fels abgeschwemmt; zurück blieben die typischen Flutkanäle, die *Coulees* genannt werden (frz. *couler,* fließen). In der Columbia Gorge, östlich von Portland, kann man heute feststellen, daß die Talwände bis in einer Höhe von 300 m fast senkrecht und aus blankem Fels sind – auch sie wurden von den Wassermassen der Flut blankgespült. Die dort einmündenden Nebenflüsse stürzen deshalb als Wasserfälle in die Schlucht. Ein guter Blick bietet sich vom Dry Falls Interpretive Center (Mi–So 10–18 Uhr, ☎ 509-632-5214) vier Meilen südlich von Coulee City am Highway 17.

Nördlich von Dry Falls liegt der **Coulee Dam,** der bei Grand Coulee den 250 km langen Lake Roosevelt aufstaut. Der Damm wurde in den 1930er Jahren gebaut und verschaffte Tausenden einen Job. Heute dient er zur Energiegewinnung und zur Bewässerung von 2000 km^2 Land in Eastern Washington. Allein schon die schiere Größe ist eindrucksvoll: Mit 1200 m Länge ist er der größte Staudamm der

USA. Dort befindet sich auch das größte Elektrizitätswerk mit einer Leistung von 6,5 Mio. Kilowatt. Im Besucherzentrum (tägl. 8.30–22.30 Uhr, ✆ 509-633-9265) wird der Superlativbau ausführlich dokumentiert und gefeiert.

ⓘ Information: Chamber of Commerce, 703 Second St., *La Conner,* WA 98257, ✆ 360-466-4778; Chamber of Commerce, *Winthrop,* WA 98833, Hwy 20, ✆ 509-996-2125; Chamber of Commerce, P. O. Box 216, Johnson/Columbia Sts, *Chelan,* WA 98816, ✆ 800-424-3526

🛏 Unterkunft: *Channel Lodge,* 205 N. First St., La Conner, 360-466-1500, direkt am Kanal, am Nordende des Ortes, $$$; *Benson Farmstead Bed & Breakfast,* 1009 Avon-Allen Rd., Bow, ✆ 360-466-3033, Farmhaus von 1914 nördl. von La Conner, $$$; *Samish Point by the Bay Bed & Breakfast,* 447 Samish Point Rd., Bow, ✆ 800-919-6161, Luxus mit gepflegter Gartenanlage und 1 km Privatstrand, $$$; *Kristy's Cottage Bed & Breakfast,* 302 Chuckanut Dr., ✆ 360-766-6191, herrliche Lage an der Samish Bay mit Blick auf die San Juans, $$$; *zentrale Zimmervermittlung für Winthrop oder Methow Valley,* ✆ 509-996-2148 oder 800-422-3048; *Sun Mountain Lodge,* P. O. Box 1000, Winthrop, ✆ 509-996-2211 oder 800-572-0493, schöne Lodge in herrlicher Lage, gutes Restaurant, $$$$; *Stehekin Lodge,* an der Anlegestelle in Stehekin, ✆ 509-682-4494, Zimmer und Hütten, $$$; *Silver Bay Lodging and Cabins,* an der Anlegestelle in Stehekin, ✆ 509-682-2212, modernes Haus am Wasser, $$$

🏕 Camping: *Bay View State Park,* Bayview-Edison Rd., nördl. von La Conner an der Padilla Bay, Strandzu-gang; *Larrabee State Park,* am Chuckanut Dr., relativ unberührter Strand mit vielen Buchten; *Pearrygin Lake State Park,* bei Winthrop an einem kleinen See; *Lake Chelan State Park,* am westlichen Seeufer, circa 14 km von Chelan; *Sun Lakes State Park,* am Hwy 17 zwischen Coulee City und Soap Lake

✗ Restaurants: *Calico Cupboard Bakery & Cafe,* 720 S. First St., La Conner, ✆ 360-466-4451, tägl. bis 17 Uhr, Terrasse am Kanal, $$; *Seafood & Prime Rib House,* 614 S. First St., La Conner, ✆ 360-466-4014, am Wasser, mit Terrasse, $$; *Oyster Creek Inn,* 190 Chuckanut Dr., ✆ 360-766-6179, an der Samish Bay, $$–$$$; *Log House Inn,* P. O. Box 36, Marblemount, ✆ 360-873-4311, Restaurant direkt am Hwy 20, Ende des 19. Jh. gebaut, $$; *The Duck Brand Hotel & Restaurant,* P. O. Box 238, ✆ 800-996-2191, schöne Terrasse mitten in Winthrop, auch Zimmer, $$; *Sun Mountain Lodge,* P. O. Box 1000, Winthrop, ✆ 509-996-2211 oder 800-572-0493, edle Lodge mit gutem Restaurant, $$$

🎭 Festivals: Rhythm & Blues Festival, ✆ 509-996-2111, Winthrop, drei Tage Ende Juli

❗ Touren: *Vagabond Balloons,* ✆ 360-466-1906 oder 800-488-0269, bieten Heißluftballonfahrten im Skagit Valley an; *Lake Whatcom Railway,* ✆ 360-595-2218, in Wickersham, nördl. von Sedro Woolley, Di und So zweistündige Fahrten mit einer historischen Bahn, Lokomotive von 1907, Wagen von 1926; *North Cascades River Expeditions,* ✆ 360-435-9548 oder 800-634-8433, bieten Rafting-Trips auf dem Methow River; *Lake Chelan Boat Company,* ✆ 509-682-4584, Schiffsverkehr mit »Lady of the Lake« und »Lady Express« von Chelan nach Stehekin; *Chelan Airways,* ✆ 509-682-5555, Flugverbindung von Chelan nach Stehekin

Vulkane der South Cascades

Der zweithöchste Berg der kontinentalen USA, Mount Rainier, schwebt meist über den Wolken, der Nationalpark ist ein ideales Wander- und Skigebiet. Der Krater des Vulkans Mount St. Helens ist leicht zugänglich und kann bestiegen werden, während Mount Adams abgelegen in unwegsamer Wildnis liegt.

Wie Perlen an einer Schnur sind die Spitzen der Vulkane Mount Baker, Glacier Peak, Mount Rainier, Mount St. Helens und Mount Adams entlang der Cascade Range aufgereiht. Durch ihre extreme Höhe – alle außer dem Mount St. Helens sind über 3000 m hoch – ragen sie aus der Bergkette weithin sichtbar empor.

Paradise am Fuße des Mount Rainier

Über den Wolken: Mount Rainier

Mount Rainier, der nur 60 Meilen von Seattle entfernt steht, ist mit 4300 m der höchste Berg von Washington und einer der höchsten der USA. Es bietet sich ein dramatisches Bild, wenn ›der Berg‹ an klaren Tagen seinen Auftritt hat und von der Stadt aus gesehen werden kann. Nie ist dabei seine Basis sichtbar; immer scheint er über den Wolken zu schweben.

Der Vulkan besitzt mit 26 Gletschern das größte Gletschersystem eines einzelnen Gipfels in den *lower 48s*. Bei der Vermessung des Puget Sound im Jahre 1792 benannte Kapitän Vancouver den Berg nach seinem Freund, Admiral Peter Rainier. Den Indianern galt Mount Rainier als heilig, sie nannten ihn *Tahoma,* Großer Weißer Berg. Nicht einmal 20 Jahre nach der Gründung von Seattle (1852) wurde Mount Rainier zum ersten Mal von Weißen bestiegen, im März 1899 erklärte man dann den Gipfel und ein 950 km² großes Gebiet zum fünften Nationalpark der USA. Der Park bietet heute circa 500 km Wanderwege, die von Mitte Juli bis Mitte September geöffnet sind. Etwa 4000 Bergsteiger erreichen pro Jahr den Gipfel. Für Übernachtungen und Besteigungen sind Permits nö-

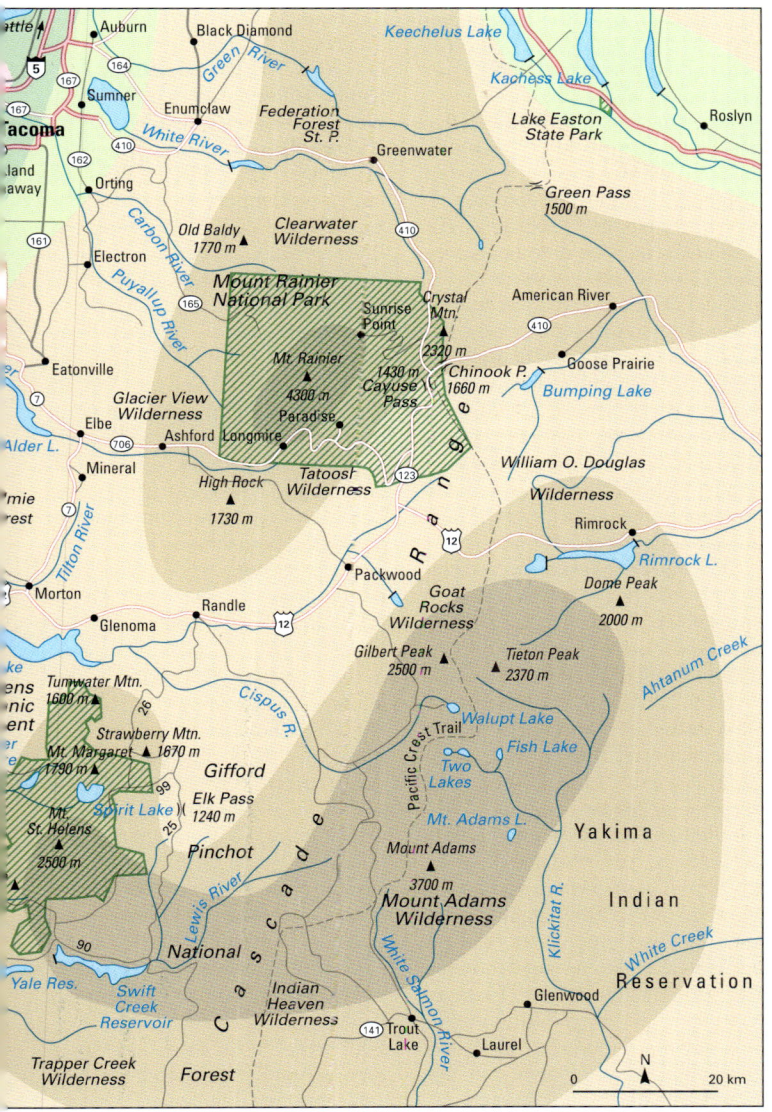

tig (erhältlich bei jeder Ranger Station im Park).

Mount Rainier ist so hoch, daß er sein eigenes Wetter erzeugt. Durch seine Höhe unterbricht der Berg den Strom der feuchten Meeresluft in der oberen Atmosphäre, hoher Regen- und Schneefall sind die Folgen. Im Winter 1971 wurde an der Südflanke die Rekordmenge von über 28 m Schnee gemessen.

Zwei Straßen durchqueren den Park: der Highway 706 folgt der Süd-, die Highways 410 und 123 folgen der Ostgrenze. Eine weitere Straße, der Highway 165, endet nach etwa 10 km in der Nordwestecke des Parks an der Ipsut Creek Ranger Station. Für die Fahrt in den Park muß man eine sieben Tage gültige Eintrittskarte lösen.

Die meisten Besucher verbringen nur ein paar Stunden im Park und fahren vom ganzjährig geöffneten Nisqually-Eingang im Südwesten auf dem Highway 706 nach Paradise am Südhang des Vulkans. Dabei passiert man **Longmire,** ein ehemaliges auf 800 m Höhe gelegenes Mineral Spring Resort, das der Pionier James Longmire 1884 eröffnete. Heute gibt es dort neben der Ranger Station (So–Do 8–18, Fr 8–19, Sa 7–19 Uhr) einen General Store, der im Sommer täglich geöffnet ist. In der kleinen National Park Inn von 1918 kann man rund ums Jahr übernachten. Das Museum (tägl. 9–17.30 Uhr, Eintritt frei) befaßt sich mit Geologie, der Pflanzen- und Tierwelt sowie mit der Geschichte des Mount Rainier.

Mehrere Wanderrouten gehen von Longmire aus, darunter der hin und zurück 11 km lange **Eagle Peak Saddle Hike;** durch den Höhengewinn von 900 m ist er anstrengend, aber der Blick lohnt die Mühe. Etwas länger (16 km) ist der Weg entlang der **Rampart Ridge,** die eine Aussicht auf das Tal des Nisqually River bietet.

Den Namen **Paradise** prägte die Frau von James Longmire, als sie zum ersten Mal die dortigen Bergwiesen sah. Der Name blieb, der Blick auf den Gipfel und auf im Spätsommer blumenübersäte Almen ist immer noch paradiesisch. In der Paradise Lodge, einer massiven Stein-Holz-Konstruktion aus den 1930er Jahren, kann man im Sommer übernachten. Bis dorthin wird die Straße auch im Winter geräumt; das Gebiet mit durchschnittlich 15 m Schnee ist bei Skiläufern beliebt.

Bei Paradise in 1600 m Höhe beginnen viele Wege zu den Bergwiesen. Beliebt sind Wanderungen Richtung Nisqually-Gletscher. Je nach Kondition kann man bis **Alta Vista** gehen oder weiter zum **Panorama Point,** zu dem 500 m Höhe überwunden werden müssen. Erfahrene Bergwanderer können auch **Camp Muir** in 3100 m Höhe erreichen, wo Gipfelstürmer die Nacht im Biwak verbringen.

Für den 150 km langen **Wonderland Trail,** der auf etwa 1500–2000 m Höhe rund um den Mount Rainier führt, sollte man etwa zehn Tage ansetzen.

Im Nordosten des Parks befindet sich **Sunrise Point,** mit 2000 m der höchste mit dem Auto erreichbare Punkt. Da er im Regenschatten des Berges liegt, ist es dort trockener als im Gebiet um Paradise. Die Zufahrt wird im Winter nicht geräumt. Von der Sunrise Lodge, in der man nur essen, nicht aber übernachten kann, sieht man den Emmons- und den Winthrop-Gletscher.

Auch von dort beginnen zahlreiche Wanderwege, auf denen man an klaren Tagen die anderen Gipfel der Cascades sehen kann. Da Sunrise etwas weiter vom Gipfel des Mount Rainier entfernt ist als Paradise, sieht man auch ›den Berg‹ besser. Angenehm ist der kurze Weg zu **Emmons Vista.** Der ebenfalls einfache **Sunrise Rim Trail** bietet am kleinen Mystic Lake einen schönen Rastplatz. Da längere Strecken auch im Sommer schneebedeckt sein können, benötigt man gute Stiefel. Vor jeder Wanderung sollte man sich bei einer Ranger Station nach dem Zustand des Weges erkundigen.

Mount Rainier ist ein aktiver Vulkan, obwohl der letzte verheerende Ausbruch vor über 5000 Jahren stattfand. Damals stürzten Unmengen von Gestein ins Tal des White River. Man schätzt, daß Mount Rainier vor der Eruption 500 m höher war. Durch die Nähe zu urbanen Zentren ist das Vernichtungspotential des Vulkans heute so groß, daß er zu den 15 gefährlichsten Vulkanen der Welt gerechnet und ständig seismologisch überwacht wird.

Ein Nationalmonument: Mount St. Helens

Der südliche Nachbarvulkan des Mount Rainier wurde durch seinen Ausbruch am 18.5. 1980 weltberühmt. Mount St. Helens, der geologisch jüngste und unstabilste Vulkan der Cascade Range, verlor damals etwa 400 Höhenmeter und ist heute deshalb nur noch 2500 m hoch. Die Eruption sprengte den Nordhang des Gipfels weg, tötete 57 Menschen und verwüstete 600 km^2 Wald. Man schätzt, daß 2 Mio. Tiere umkamen. Die Asche der über 20 km hohen Wolke wurde bis nach Kanada getrieben und verstopfte die Schiffahrtskanäle auf dem Columbia River. Das Gemisch aus Lava, Geröll und Baumstämmen füllte den unmittelbar nördlich vom Berg gelegenen Spirit Lake, tötete dort alle Fische und blockierte den Toutle River auf 25 km Länge. Die Gewalt des Ausbruchs ist trotz dieser trockenen Zahlen unvorstellbar und wird erst faßbar, wenn man die Zerstörung vor Ort sieht.

Im Jahre 1982 wurde ein 450 km^2 großes Areal zum *National Volcanic Monument* erklärt. Der einfachste Zugang erfolgt von der Ausfahrt 49 der Autobahn I–5 nach Castle Rock am Highway 504. Dort, am Silver Lake, befindet sich das alte **Mount St. Helens Visitor Center** (✆ 360-274-2103, tägl. 9–18 Uhr, Eintritt). Der Highway 504 wurde mit Millionenaufwand

Mount St. Helens

zum **Spirit Lake Memorial Highway** ausgebaut, der von der I–5 über 40 Meilen bis in die Nähe des Kraters führt. An dieser Panoramastraße passiert man zunächst das **Hoffstadt Bluffs Visitor Center** (im Sommer tägl. 10–20 Uhr) mit Restaurant, Souvenirladen, Helikopter-Tourservice und einem Informationsstand.

Etwas weiter östlich liegt das **Mount St. Helens Forest Learning Center** (im Sommer tägl. 10–19 Uhr, Eintritt frei, ✆ 360-414-3439), das bereits in der durch den Vulkanausbruch zerstörten Zone liegt. Das Informationszentrum befaßt sich mit den Auswirkungen der Eruption auf den Wald und der Er-

holung des Ökosystems. Videos, interaktive Multimedia-Ausstellungen und Fotowände werden auch akustisch entsprechend untermalt und bewirken zusammen mit lebensgroßen Puppen, die Waldarbeiter darstellen, einen realistischen Eindruck.

Das **Coldwater Ridge Visitor Center** (✆ 360-274-2103, im Sommer tägl. 9–18 Uhr), eine Glas-Stahl-Konstruktion mit Restaurant, liegt oberhalb des Coldwater Lake, der nach dem Ausbruch durch Lava aufgestaut wurde. Auch dort sind alle Aspekte des Vulkans dargestellt, Aussichtsfenster geben den Blick auf den Krater frei, Naturlehrpfade zeigen die Wiedererstehung des Ökosystems. Das **Johnston Ridge Observatory** (✆ 360-696-7693, 9–18 Uhr) noch einige Kilometer weiter östlich, ebenfalls ein

Besucher- und Aussichtszentrum, wurde erst 1996 eröffnet.

Eine weitere Zufahrt zum Mount St. Helens liegt im Nordosten des Vulkans. Dort bietet sich vom Aussichtspunkt **Windy Ridge** ein noch eindrucksvollerer Blick auf die zerstörte Natur. Der Wechsel zwischen intaktem, grünem Wald und zerstörter, mondähnlicher Felslandschaft ist abrupter als auf der Westseite des Berges. Windy Ridge ist etwas abgelegen. Man muß von Randle am Highway 12 auf die Forststraße 25 nach Süden abbiegen, bis man die Forststraße 99 erreicht. Diese führt vorbei an von der Eruption geschädigten Wäldern zum Aussichtspunkt oberhalb des Spirit Lake.

Wer den südlichen, brüchigen Kraterrand erklimmen will, benötigt dafür im Sommer ein Permit (*Climbers Hotline* ✆ 360-750-3961), da zu dieser Jahreszeit die Zahl der Wanderer auf 100 pro Tag begrenzt ist. Der Anstieg ist nicht schwierig. Liegt kein Schnee mehr, muß man sich allerdings durch lose, rutschende Asche hochkämpfen. Da der Vulkan aktiv ist, kann es zu giftigen Gasausbrüchen kommen, im Winter können durch die heißen Gase auch unsichtbare und einsturzgefährdete Schneehöhlen entstehen.

Zwei Routen führen zum Krater. Die **Butte-Camp-Route** wird über den Toutle Trail und den Butte Camp Trail erreicht. Man startet am Redrock Pass an der Straße Nr. 8100 in 840 m Höhe, zum Gipfel

sind es 8 km. Bei dieser Route muß man mit sechs Stunden für den Anstieg und vier Stunden für den Abstieg rechnen. Es gibt kein Wasser und nur wenig Parkmöglichkeiten. Die **Monitor-Ridge-Route** erreicht man über den Ptarmigan Trail, der am Ende der Straße Nr. 8100–830, einer steilen, einspurigen Schotterstraße, beginnt. Dort befindet man sich schon auf 1100 m Höhe, es besteht eine Zeltmöglichkeit. Zum Gipfel sind es ungefähr fünf bis sechs Stunden (9 km) mit einer durchschnittlichen Steigung von 200 m pro Kilometer. Für den Rückweg sind drei bis vier Stunden einzuplanen. Es gibt kein Wasser.

Ein übersehener Berg: Mount Adams

Trotz seiner respektablen Höhe von 3700 m steht Mount Adams im Schatten der bekannteren Nachbarn Mount Rainier und Mount St. Helens. Der zweithöchste Berg von Washington ist weniger zugänglich als die beiden anderen und deshalb nicht erschlossen. Wer den technisch nicht schwierigen Berg ersteigen will, sollte sich fern der Zivilisation sicher fühlen, denn der Berg liegt in einer *Wilderness Area*. Die ungeteerte Forststraße 23 führt in einiger Entfernung um die westliche Flanke des Mount Adams, im Osten liegt das Reservat der Yakama-Indianer. Bei der Ranger Station in Trout Lake erhält man Karten und Informationen.

ℹ️ **Information:** Superintendent, *Mount Rainier* National Park, Ashford, WA 98304, ☎ 360-569-2211; Headquarter *Mount St. Helens* National Volcanic Monument, Rte. 1, Box 369, Amboy, WA 98601, ☎ 360-247-5473; *Mount Adams* Ranger Station, 2455 Hwy 141, Trout Lake, WA 98650, ☎ 509-395-2501

🛏️ **Unterkunft:** *Paradise Inn* (1600 m, nur im Sommer) und *National Park Inn* bei Longmire (800 m), beide im Mount Rainier National Park, Reservierung für beide bei Mount Rainier Guest Services, 55106 Kernahan Rd. E., Ashford, WA 98304, ☎ 360-569-2275, $$$; *Alexander's Country Inn,* 37515 Rte. 706 E., Ashford, ☎ 360-569-2300,

altes Haus von 1912, Frühstück inkl., $$$; *Seasons Motel,* 200 Westlake Ave., Morton, ☎ 360-496-6835, an Kreuzung Hwy 7/Hwy 12, $$–$$$; *Shepherd's Inn,* 168 Autumn Heights Dr., Salkum, ☎ 206-965-2434, fünf viktorianische Zimmer, $$$; *Mio Amore Pensione Bed & Breakfast,* P.O. Box 208, Trout Lake, ☎ 509-395-2264, renovierte Farm von 1904, $$$; *Flying L-Ranch,* 25 Flying L Lane, Glenwood, ☎ 509-364-3488, eine ehemalige Ranch, $$$

❗ **Touren:** *Rainier Mountaineering, Inc* (RMI), Guide House at Paradise, ☎ 360-569-2227, Ausrüstungsverleih, bietet organisierte dreitägige Gipfeltouren auf den Mount Rainier, ein Tag Training inkl.; *Skilift in Crystal Mountain,* nordöstl. vom Mount Rainier, fährt auch im Sommer auf 2100 m; *Mount Rainier Scenic Railroad,* P.O. Box 921, Elbe, WA 98330, ☎ 360-569-2588, Mi–So 13 Meilen lange Fahrt mit historischer Dampflok und teilweise offenen Wagen durch die Vorberge zwischen Elbe und Mineral Lake

Blick zum Mount Adams

Reise zum Yakima Valley

Die Fahrt führt zunächst durch die »amerikanischen Alpen«, in denen ein bayerisches Dorf mitsamt Brauerei liegt; weiter östlich erreicht man schließlich das Yakima Valley, eines der größten Obst-, Hopfen und Weinbaugebiete der USA.

Von Seattle nach Ellensburg

Wie der North Cascades Highway führt auch diese Strecke durch die Cascade Range, jedoch weiter südlich, wo die Gipfel nicht mehr so rauh sind, wo die Gegend nicht mehr so einsam ist. Ziel ist das Yakima Valley, eine der Weinbauregionen in Washington, die im Regenschatten der Berge liegen.

Reisende, die wenig Zeit haben, wählen von Seattle die schnelle I-90 in Richtung Osten zum 900 m hohen Snoqualmie Pass und gelangen über die I-82 in drei Stunden nach Yakima. Wer mehr Zeit hat, benutzt den weiter nördlich gelegenen Highway 2, um am 1200 m hohen Stevens Pass die Berge zu überqueren. Dort bieten sich vielfach Gelegenheit zu kleinen Abstechern und Tageswanderungen.

Bei Monroe läßt man auf dem Highway 2 das urbanisierte Einzugsgebiet von Seattle zurück. Die Straße folgt in weitem Abstand dem Lauf des Skykomish River. Als

Alternative dazu eignet sich der Mather Memorial Parkway südlich der I-90 durch Enumclaw und Naches (Hwy 410), er mündet auf den Highway 12 und führt vorbei am Mt. Rainier über den Chinook Pass ebenfalls nach Yakima.

Der Wasserfall, der zwischen Sultan und Goldbar von der Straße aus sichtbar ist, liegt im **Wallace Falls State Park.** Man erreicht das Naturschutzgebiet, indem man in Goldbar auf die First Street abbiegt und etwa 1,5 Meilen nach Norden fährt. Vom Parkplatz folgt ein Weg dem Wallace River, führt vorbei an einem Picknickplatz und stößt nach etwa 4 km auf einen Aussichtspunkt oberhalb des 80 m hohen Wasserfalls.

Ein Relikt aus alten Tagen ist **Index.** Über eine ungeteerte, einspurige Brücke gelangt man in das Dorf am Fuße des 1800 m hohen Mount Index. Wie in einer Zeitkapsel hat sich das Bush House Coun-

109

try Inn erhalten, das schon Ende des 19. Jh. Reisenden Rast bot; auch heute lohnt die Einkehr in den stimmungsvollen Speisesaal.

Skykomish ist eine *Logging Town,* eine Holzfällerstadt, direkt am Skykomish River. Wildwasserfahrer können dort einsetzen und bis zu technisch extrem schwierigen Stellen flußabwärts paddeln. Auskunft erteilt die Ranger Station (✆ 360-677-2414) am Ortsrand, am Highway 2. Dort erhält man auch Informationen über die südlich liegende **Alpine Lakes Wilderness,** in der ganze Ketten von einsamen Bergseen erwandert werden können. Beliebt ist die einfache Wanderung zu den **West Fork Foss Lakes.** Der Weg beginnt an der Forststraße 6835, die von der Foss Road östlich der Ranger Station abzweigt. Den ersten See, Trout Lake, erreicht man schon nach 2,5 km, Delta Lake nach 12 km. Länger und wesentlich steiler ist die Wanderung ins **Necklace Valley** – wie Juwelen sind Kette sind Jade, Locket, Jewel, Emerald und Opal Lake aufgereiht. Für beide Wanderungen benötigt man ein Permit.

Als bei dem Wasserfall Deception Falls 1893 der letzte Nagel in die Strecke der Great Northern Railway getrieben wurde, war die Trasse durch die Berge vollständig. Die Bahn wurde 1929 stillgelegt, häufige Lawinen erzwangen den Bau eines 12 km langen Tunnels weiter südlich. Die alte Trasse ist heute teilweise als Wanderstrecke **Iron Goat Trail** (Informationen

✆ 206-283-1440) wieder zugänglich; benannt ist sie nach dem Symbol der Bahngesellschaft, einer Bergziege. Hinter Skykomish erreicht man bei Meile 55 die Forststraße 67, die zur Forststraße 6710 führt. Nach 3 km ist der Beginn des Wanderwegs erreicht. Die begehbare, etwa 6 km lange Strecke ist mit Schildern versehen, welche den Trassenbau erläutern.

Auf der anderen Seite des Highway 2 kann man ganz in der Nähe zu den **Scenic Hot Springs** wandern. Bei Meile 59 biegt man rechts auf eine ungeteerte Straße ab, wo man parkt. Den Hochspannungsleitungen folgend, geht es nach Osten bis zum Mast Nr. 5. Von dort zweigt ein kleiner Fußweg nach rechts ab und führt gegen Ende recht steil zu den heißen Quellen, die in drei mit Planen ausgeschlagenen Becken gefaßt sind.

Stevens Pass wurde nach dem Vermesser John Stevens benannt, der im Auftrag der Bahn die Trasse festlegte. Am Paß (1220 m) befindet sich heute ein Wintersportgebiet, das von den Seattleites gerne genutzt wird. Eine kleine Schautafel an der Nason Creek Safety Rest Area berichtet von der Geschichte des Passes, der auch von dem Pacific Crest Trail gekreuzt wird.

Etwa 15 Meilen hinter dem Paß zweigt bei dem Laden Coles Corner der Highway 207 nach Norden ab und führt zum 5 km langen **Lake Wenatchee.** Am Ufer des malerisch gelegenen Sees befindet sich ein State Park, ideal zum

Wildwasserfahrt auf dem Wenatchee River

Schwimmen oder Picknicken. Fahrradfahrer können 80 km am See entlang und auf der Nebenstraße 209 durch den Wenatchee National Forest bis nach Leavenworth radeln.

Der Highway 2 verläuft rund für 10 Meilen im Tumwater Canyon neben dem Wenatchee River, der unterhalb des Tumwater Camp-

ground bei geübten Wildwasserfahrern beliebt ist. Die Straße bietet viele Aussichtspunkte auf den wilden, streckenweise stark verblockten Fluß, bevor man **Leavenworth** erreicht. Deutsche Reisende mögen über den Ort lächeln, aber er ist ein Stück liebenswerte amerikanische Realität. Leavenworth präsentiert sich samt Safeway-Supermarkt und McDonalds als bayerisches Alpendorf.

Und wahrlich, die Umgebung könnte nicht besser gewählt sein – nach dem Genuß einiger Biere auf

Bayerisches Alpenflair:
Wandmalerei in Leavenworth

der Dachterrasse von Gustavs
Onion Dome Tavern, die unübersehbar an der Einfallstraße von
Westen liegt, glaubt man im Hintergrund die bayerischen Alpen zu
erkennen. Dem bayerischen Thema gewachsen zeigt sich auch die
Leavenworth Brewery (636 Front
St., ✆ 206-548-4545), die täglich
um 14 Uhr besichtigt werden kann.
Im Andreas-Keller, wo in der Gast-
stube der Straubinger Marktplatz
prangt, gibt's Münchner Bier vom
Faß.

Das tägliche Platzkonzert, die
Lüftlmalerei und das Glockenspiel
sind mindestens so echt wie in einem herausgeputzten oberbayeri-
schen Touristenort. Geboren wurde
das Konzept aus wirtschaftlicher
Not, Leavenworth drohte in den
1960er Jahren auszusterben. Ange-
regt durch den Ort Solvang in Kalifornien, der sein dänisches Erbe er-
folgreich versilberte, beschlossen
die Einwohner, Leavenworth in ein
bayerisches Dorf zu verwandeln,
oder das, was Amerikaner dafür
halten. Und der Erfolg gab den
Tourismusplanern recht. Der Ort ist
auch ein guter Ausgangspunkt für
Wanderungen und Rafting-Touren
auf dem Wenatchee River.

Folgt man von Leavenworth
dem Highway 97 Richtung Süden,
gelangt man aus Bayern in den
Wilden Westen. **Ellensburg** ist eine

Rinderstadt, wie die Koppeln entlang der Straße beweisen. In den Rückfenstern der Pickups hängen Gewehrhalter. Das Zentrum von Ellensburg, das nach einem verheerenden Feuer 1889 aus Stein wiederaufgebaut wurde, ist hübsch genug, um eine kleine Pause einzulegen. Man kann sich die Gewehr- und Futtermittelläden oder das Kittitas County Museum (114 E. Third Ave., ☎ 509-925-3778, Di–Sa 11–16.30 Uhr, Eintritt) ansehen, das eine interessante Mineraliensammlung beherbergt.

An der Central Washington University von Ellensburg studieren über 8000 Studenten. Die Universität ist bekannt durch das Chimpanzee and Human Communication Institute, in dem teilweise erfolgreiche Versuche durchgeführt werden, mittels Zeichensprache mit Schimpansen zu kommunizieren. Das Institut (Thirteenth Ave./D St., ☎ 509-963-3001) kann nach Anmeldung besucht werden.

Streifzug durch das Yakima Valley

Von Ellensburg führt der alte Highway 821 entlang dem Yakima River nach Yakima. Die kahlen, runden Kuppen der Hügel lassen kaum erahnen, daß bei Yakima dank ausgiebiger Bewässerung das größte Apfelanbaugebiet der USA liegt. Durch den hohen Anteil an Mexi-

kanern, die hier mehr als 30 % der Bevölkerung ausmachen, erklärt sich der auffallend hohe Anteil der mexikanischen Restaurants im Ort. Auch das Klima erinnert an südliche Gefilde; Temperaturen über 30° Celsius sind im Sommer alltäglich.

Unmittelbar südlich des Ortes liegt die große **Reservation der Yakama-Indianer.** Die knapp 8000 Stammesangehörigen leben vor allem von der Forst- und Landwirtschaft. Das Yakama Nation Cultural Heritage Center (280 Buster Rd., ☎ 509-865-2800 oder 800-874-3087) in **Toppenish** direkt am Highway 97 stellt in seinem Museum (tägl. 9–17 Uhr, Eintritt) die Geschichte und traditionelle Lebensweise der Indianer dar. Im Restaurant wird indianisches Essen serviert – etwa *Luk-a-meen,* Fischklößchen. Die architektonisch Indianerzelten nachempfundene Anlage, in deren Nähe ein Campingplatz und ein Freizeitpark eingerichtet sind, liegt vor der eindrucksvollen Kulisse des Mount Adams.

Wer nach indianischem Kunsthandwerk Ausschau hält, findet Stücke aus der Zeit um 1900 im Toppenish Museum (1 S. Elm St., ☎ 509-865-4510, Di–Do 13.30–16, Fr–Sa 14–16 Uhr, Eintritt), außerdem sind hier auch Goldwaschpfannen und Rinderbrandzeichen zu sehen. Toppenish, »where the west still lives«, versucht, mit vielen Wandmalereien den Mythos des alten Westens aufleben zu lassen. Alljährlich findet im Juli auch

In Pints We Trust

Microbreweries

Hopfen vor der Ernte im Yakima Valley

Wer bei amerikanischem Bier nur an eisgekühltes Prickelwasser denkt und sich schüttelt, hat recht. Die neue Generation von Bieren aus dem Nordwesten ist jedoch ganz anders als das, was man mit dem hinreichend bekannten Bud oder Miller in Verbindung bringt – es schmeckt nämlich. Nahezu unbemerkt vom Rest der Welt fand im Pazifischen Nordwesten zu Beginn der 1980er Jahre eine kleine Bierrevolution statt.

Die Ausgangsbedingungen waren ideal: Im Yakima Valley und im Willamette Valley wuchs ausgezeichneter Hopfen. Aus den Cascade Mountains floß kristallklares, sauberes Wasser. Das Qualitätsbewußtsein der Konsumenten war gestiegen. Die Zeit war einfach reif. Kaum verwunderlich also, daß an mehreren Orten nahezu gleichzeitig verschiedene Leute dieselbe Idee hatten, Bier zu brauen.

Die Redhook Brewery in Seattle, deren Mitbegründer Gordon Bowker zuvor bereits Mitbegründer der überaus erfolgreichen Kaffeefirma Starbucks war, sollte zunächst nur eine kleine Brauerei europäischer Prägung werden, welche die Nachbarschaft mit gutem Bier versorgt. Heute produziert die Redhook Brewery über 200 000 hl im Jahr. Die Brauerei war jedoch nicht die erste *Microbrewery*. Pionier auf diesem

114

Gebiet war Bert Grant von der Yakima Brewing Co. Der Hopfenerzeuger aus Eastern Washington kam wenige Wochen vor Redhook mit seinem Scottish Ale auf den Markt. Zwei Jahre später, 1984, hatte sich die Zahl der neuen Kleinbrauereien schon vervielfacht, die *Brewery Madness* im Pazifischen Nordwesten war ausgebrochen. Und der Wahnsinn hält noch heute an. Im Jahre 1995 bauten die etablierten und gar nicht mehr so kleinen Brauereien allein in Seattle vier neue, große Brauhäuser, und jeden Monat werden im Staat ein bis zwei neue Brauereien gegründet. Während in der Biernation Deutschland der Umsatz leicht rückläufig ist und auch der Gesamtbierkonsum in den USA stagniert, verzeichnen die *Microbreweries* seit 1990 jährlich einen Zuwachs von durchschnittlich 40 %. Für dieses schwindelerregende Wachstum bleibt auch weiterhin noch viel Raum – die ›Kleinen‹ haben noch nicht einmal 2 % des gesamten amerikanischen Bierumsatzes erreicht.

Der Boom der *Microbrews* ist keinesfalls auf Seattle oder Washington begrenzt. Auch in Oregon entstanden nahezu zur selben Zeit neue kleine Brauereien, ein Beweis dafür, daß die Idee in der Luft lag. Stolz rechnet dieser Staat heute vor, mehr Brauereien und Braukneipen zu besitzen als jeder andere Bundesstaat, pro Kopf gerechnet. Oregon nennt sich »Beervana«, Portland gar »Münich on the Willamette«.

Microbrews sind also kein lokal begrenztes Phänomen, sondern typisch für den gesamten Nordwesten. Und längst sind die meisten Brauereien auch nicht mehr *micro,* produzieren also mehr als die nach der offiziellen Definition zugestandenen 18 000 hl im Jahr. Redhook, der Branchenführer, braut diese Menge inzwischen jeden Monat.

Der Ausdruck *Craft Beer* ist deshalb angebrachter, betont er doch viel mehr die Eigenschaften der längst nicht mehr so kleinen Brauereien: Qualität, traditionelle Braukunst nach europäischem Vorbild mit frischen, regionalen Zutaten, aus Hopfen, Malz und Hefe gebraut. Die meisten Brauer orientieren sich an dem Stil der englischen Ale, aber auch Hefeweizen (*Weisbeer* oder *Wheaten*) ist beliebt, und sogar Roggenbier gibt es. Die Qualität hat allerdings ihren Preis – die Flasche mit 0,3 l kostet auch im Super-Sonderangebot über 1 Dollar.

Am besten schmeckt jedes Bräu im Biergarten eines der zahllosen Pubs, wo die verschiedenen Craft Beers manchmal dutzendweise aus den Zapfhähnen fließen. Oder man geht in den *Brew Pub,* wo nur die frisch im Haus gebrauten Biere gezapft werden, die gar nicht erst in Flaschen abgefüllt sind.

ein großes Rodeo (Information ✆ 509-865-5313) mit Jahrmarkt und Parade statt.

Außer Äpfeln werden im Tal des Yakima River 75 % des gesamten US-Hopfens produziert; kein Wunder also, daß im American Hop Museum (22 S. B St., ✆ 509-865-4677, tägl. 10–15 Uhr, Eintritt), dem einzigen seiner Art, die Geschichte des Hopfenanbaus bis in das Jahr 1805 zurückverfolgt werden kann.

Weinbau im Yakima Valley

Das Yakima-Tal ist das älteste Weinbaugebiet in Washington *(American Viticultural Area, AVA)*. Zwischen Yakima und Benton City reihen sich am Freeway I-82 mehr als 20 Weingüter aneinander, die alle Probierstuben haben. Einer dieser Betriebe ist die **Zillah Oakes Winery** (P. O. Box 1729, Zillah, WA 98953, ✆ 509-829-6990, tägl. 10–17, So 12–17 Uhr), die neben Sémillon und Chardonnay auch Grenache anbaut. Etwas weiter nördlich schlossen sich Ende der 1970er Jahre Apfelbauern als **Covey Run Vintners** (1500 Vintage Rd., Zillah, WA 98953, ✆ 509-829-6235, tägl. 10–17, So 12–17 Uhr) zusammen, der erste Wein wurde 1982 produziert. Südlich dieser Winzerei liegt die **Eaton Hill Winery** (530 Gurley Rd., Granger, WA 98932, ✆ 509-854-2220, tägl. 10–17 Uhr, Do geschl.), die ausschließlich Weißweine herstellt;

ihre Produktionsstätten sind in einer Halle aus den 20er Jahren untergebracht, in der früher Gemüse eingedost wurde.

Die **Hinzerling Winery** (1520 Sheridan Rd., Prosser, WA 99350, ✆ 509-786-2163, tägl. 11–17, So 11–16 Uhr), der älteste Familienbetrieb im Yakima-Tal, wurde bereits 1976 gegründet und erzeugt hauptsächlich Rot- und Dessertweine. **The Hogue Cellars** (Wine Country Rd., Prosser, WA 99350, ✆ 509-786-4557, tägl. 10–17 Uhr) produzierte den ersten Wein im Jahre 1982; hier wird auch Schaumwein angeboten. Erwähnenswert sind auch die **Kiona Vineyards** (Rte. 2, P. O. Box 2169 E, Benton City, WA 99320, ✆ 509-588-6716, tägl. 12–17 Uhr); der kleine Betrieb baute als erster im Yakima-Tal Lemberger an.

Weinliebhaber erhalten bei jeder Informationsstelle im Tal ein Verzeichnis aller Betriebe mit einer genauen Karte; diese Liste ist auch bei der Yakima Valley Wine Growers Association (P. O. Box 39, Grandview, WA 98930) erhältlich.

ℹ️ **Information:** Chamber of Commerce, 894 Hwy 2, *Leavenworth*, WA 98826, ✆ 206-548-5807; Visitors and Convention Bureau, 10 N. Eighth St., *Yakima*, WA 98901, ✆ 509-575-1300; Washington Wine Commission, P. O. Box 61217, *Seattle*, WA 98121, ✆ 206-728-2252, veröffentlicht das Verzeichnis ›Touring the Washington Wine Country‹

🛏️ **Unterkunft:** *Tyrolean Ritz*, 633 Front St., Leavenworth, ✆ 509-

548-5455; einfacheres Hotel, ab $$; *Enzian Motor Inn,* 590 Hwy 2, Leavenworth, ☎ 509-548-5269, bayerisches Design, mitten im Zentrum, $$$; *Nites Inn,* 1200 S. Ruby St., Ellensburg, ☎ 509-962-9600, in der Nähe der Autobahn, für Durchreisende, $; *Murphy's Country Bed and Breakfast,* 2830 Thorp Hwy S., ☎ 509-925-7986, Haus vom Anfang des Jh., westl. von Ellensburg, $$; *Bali Hai Motel,* 710 N. First St., Yakima, ☎ 509-452-7178, billig und sauber, $; *The Barn Motor Inn,* 490 Wine Country Rd., Prosser, ☎ 509-786-2121, etwas unpersönlich, aber günstig, ab $

Camping: *Lake Wenatchee State Park,* herrlicher Platz mit See zum Baden westl. von Leavenworth

Restaurants: *Bush House,* 300 Fifth St., Index, ☎ 360-793-2312, gemütliches altes Hotel, $$; *Reiner's Gasthaus,* 829 Front St., Leavenworth, ☎ 509-548-5111, deutsche Kost, $$; *Giovanni's on Pearl,* 402 N. Pearl St., Ellensburg, ☎ 509-962-2260, gehobenes italienisches Restaurant in einem alten Gebäude aus dem Jahre 1889,

$$–$$$; *Santiago's Gourmet Mexican Cooking,* 111 E. Yakima Ave., Yakima, ☎ 509-453-1644, solide mexikanische Küche, $–$$; *Birchfield Manor,* 2018 Birchfield Rd., Yakima, ☎ 509-452-1960, preisgekröntes Restaurant in einem alten Farmhaus, $$$

Kneipen: *Grant's Brewery Pub,* 32 N. Front St., Yakima, ☎ 509-575-2922, diese Brauerei hat den Bierboom mit in Gang gesetzt, hervorragend ist das India Pale Ale, $–$$

Festivals: *Heißluftballonrally* Ende Sept. in Prosser, ☎ 509-786-1298

Museen: *Thorp Grist Mill,* Thorp, 5 km westl. der Ausfahrt 101 (I–90), Mi–So 13–16 Uhr, ☎ 509-964-9640, die älteste, original erhaltene Mühle im Staat, 1883 erbaut, Eintritt; *Yakima Valley Museum,* 2105 Tieton Dr., Yakima, Di–Fr 10–17, Sa–So 12–17 Uhr, ☎ 509-248-0747, über 50 alte Pferdekutschen in ausgezeichnetem Zustand, außerdem Exponate aus dem Obstbau, u. a. Anzeigen und Etiketten, Eintritt

Marble Ranch inmitten von Weingärten bei Grandview im Yakima Valley

Olympic Peninsula

Auf der abgelegenen Olympic Peninsula sind viktorianische Häuser und einsame Seen mit alten Lodges zu erkunden, Wanderungen führen von der wilden Küste durch Regenwald auf hohe Berge, in flachen Buchten werden Austern gezüchtet, Indianermuseen, Drachenfestivals und Forts laden zum Verweilen ein.

In der äußersten Nordwestspitze der kontinentalen USA liegt ›das Ende der Welt‹: die Olympic Peninsula. Durch den Puget Sound von den besiedelten Zentren getrennt, ist die abgelegene, gebirgige Halbinsel auch heute noch nahezu menschenleer. Nur an ihrer Nord- und Ostseite befinden sich, dem Puget Sound und der Strait of Juan de Fuca zugewandt, einige wenige Siedlungen.

Der Großteil der Halbinsel wird von einem unerschlossenen Gebirge eingenommen, das zum Olympic National Park gehört. Keine einzige Straße durchquert das 3700 km² große Naturschutzgebiet, lediglich einige kurze Stichstraßen dringen in die Randgebiete ein. Präsident Franklin D. Roosevelt unterzeichnete das Gesetz zur Schaffung des Parks im Jahre 1938, nachdem bereits 1909 Präsident Theodore Roosevelt das wesentlich kleinere Gebiet um den Mount Olympus zum National Monument erklärt hatte. Im Jahre 1981 schließlich wurde der Park mit 60

Gletschern, Regenwäldern und der 100 km langen, unberührten Küste zur *World Heritage Site* ernannt.

Bergsteiger erwartet der über 2400 m hohe Mount Olympus, welcher der Bergkette und der Halbinsel den Namen gab. Die Hurricane Ridge im Norden kann man auch mit dem Auto erreichen und dort im Sommer in 1600 m Höhe bei farbenprächtigen Bergblumen picknicken. An der Westseite des Gebirgszuges, der den Abregen der Pazifikluft abfängt, hat sich dank der Abgeschiedenheit ursprünglicher, jahrhundertealter Regenwald halten können, der in Tageswanderungen bestaunt werden kann. Und der Pazifikstrand ist so einsam, daß am Shi Shi Beach eine Gruppe von Aussteigern bis Ende der 1970er Jahre in Hütten aus Treibholz, unbehelligt vom Rest der Welt, leben konnte. Das kann man – mit oder ohne Zelt – auch

heute noch; verwöhntere Zeitgenossen können aber auch in behaglichen, teilweise ›historischen‹, das heißt aus den 1920er Jahren stammenden Lodges absteigen.

Große Teile der Küste gehören heute zum Olympic National Park und sind somit vor jeglichem menschlichen Eingriff geschützt, aber auch die restliche Küste ist nur an einigen Stellen besiedelt. Die einzige Fernstraße, der erst Anfang der 1930er Jahre fertiggestellte Highway 101, führt mehr oder weniger parallel zur Küste in einer Schleife um die Halbinsel. Für die zahlreichen Sehenswürdigkeiten und Wandermöglichkeiten in dieser vielseitigen Landschaft kann man ohne weiteres eine ganze Woche einplanen.

Der Osten und Norden

Wer von Seattle aus startet, beginnt die Fahrt vom Pier 52 an Bord der Fähre (Fahrplanauskunft ✆ 206-464-6400) nach Bainbridge Island. Schon seit 1889 existiert ein regelmäßiger Service. Heute transportiert die größte Fährflotte der USA mit 25 Schiffen über 23 Mio. Passagiere im Jahr. Die Fähren fassen bis zu 2000 Passagiere und über 200 Autos.

Die Fähre legt in **Winslow** an, das trotz der Nähe zu Seattle einen völlig ländlichen Charakter bewahrt hat und aus nicht viel mehr

als einer Straßenkreuzung besteht. Wer es nicht eilig hat, genießt im Harbor Public House (231 Parfitt Way, ✆ 206-842-0969) auf der Terrasse am Wasser ein *Microbrew* und den Blick auf Seattle. Die Probierstube der Bainbridge Island Vineyards & Winery (✆ 206-842-9463, 382 Hwy 305, Mi–So 12–17 Uhr) an der Hauptstraße kann zu Fuß vom Dock erreicht werden. Winslow bietet sich auch für einen autofreien Tagesausflug von Seattle an.

Der Highway 305 verbindet Bainbridge Island durch eine Brükke über den Agate Pass mit der Kitsap Peninsula, die weit nach Norden in den Sound ragt. Gleich hinter der Brücke, etwas nordöstlich, liegt der kleine Ort **Suquamish.** Dort befindet sich auf dem melancholischen, brombeerbewachsenen Friedhof bei der katholischen St. Peter's Church das Grab des 1866 verstorbenen Duwamish-Häuptlings Seattle. Um es zu erreichen, muß man vor der Kurve am Ortseingang links in die South Street abbiegen. Häuptling Sealth wurde vermutlich im Jahre 1786 auf Bainbridge Island geboren. Der weise und untadelige Mann verfolgte eine Politik des passiven Widerstandes und arbeitete mit den ersten weißen Siedlern zusammen, die nach ihm ihre Siedlung benannten. *Seattle* ist eine Verballhornung seines Namens.

Ganz in der Nähe von Seattles Grab liegt ebenso versteckt das Ole Man House. Es handelt sich dabei

Der Untergang einer Kultur

Indianer im Pazifischen Nordwesten

Die ersten Menschen erreichten den nordamerikanischen Kontinent während des Pleistozäns vor über 20 000 Jahren von Sibirien. Es dauerte Jahrtausende, bis sich die Vorfahren der heutigen Indianer im Küstengebiet des Nordwestens niederließen, am Unterlauf des Columbia River tauchten sie vor etwa 8000 Jahren auf.

Anthropologen teilen die Indianer des Pazifischen Nordwestens in zwei Hauptgruppen, die Küsten- oder Kanu-Indianer und die Plateau- oder Pferde-Indianer. Beide Gruppen hatten zum Teil ähnliche Sitten und Religion, untereinander aber wenig Kontakt, bedingt durch das unwegsame Gebirge. Die einzelnen Dörfer bildeten selbständige Einheiten. Dank der im Meer und den Flüssen reichlich vorhandenen Nahrung entwickelte sich an der Küste die reichste und am höchsten entwickelte Wildbeuterkultur.

Von allen Ureinwohnern der USA legten die Küstenbewohner des Nordwestens den größten Wert auf persönlichen Reichtum. Zur Demonstration seines Reichtums und damit der sozialen Stellung verteilte bei regelmäßig stattfindenden Einladungen der Gastgeber wertvolle Geschenke. Hunderte wurden bei diesen Gelagen wochenlang bewirtet, jeder Gast entsprechend seiner Stellung mit Kanus, Sklaven, Perlen, Schnitzereien, Körben und ähnlichem beschenkt. Dies ging so weit, daß Gastgeber nicht selten ihren gesamten Besitz verschenkten und bankrott gingen. Es galt als Schande, wenn die Beschenkten bei Gegeneinladungen nicht mindestens gleichwertige oder noch wertvollere Gegengeschenke überreichen konnten. So entstand ein Wettbewerb im Schenken, bei dem derjenige gewann, der am meisten geben konnte. Das *Potlatch* stellte eine so außergewöhnliche Sitte dar, daß es bald von den Weißen untersagt wurde.

Die Plateau-Indianer mußten mehr Mühe aufwenden, um ihren Lebensunterhalt zu verdienen, so daß für aufwendige oder kunsthandwerkliche Tätigkeiten kaum Zeit blieb. Dagegen waren die Küstenindianer meisterliche Holzbearbeiter. Nicht nur ihre Kanus – riesige, bis zu 15 m lange und knapp 2 m breite Einbäume –, sondern auch die Langhäuser zeugen davon. Zwischen sechs und zwölf Familien bewohnten ein Haus, Festhallen konnten einige hundert Leute aufnehmen. Ein nachgebautes Langhaus befindet sich im Museum von Neah Bay in Washington. Interessant sind auch die Kisten aus Zedernholz, deren Seitenwände aus einem einzigen Stück Holz gefaltet wurden.

Die Zeder war eine der Lebensgrundlagen der Küsten-Indianer. Aus den Stämmen wurden nicht nur Kanus und Balken für die Häuser hergestellt, sondern auch Bretter, Kisten und Schöpfgeräte. Die Rinde wurde zu Seilen geflochten oder zu Körben, deren Flechtwerk so dicht war, daß sie als Eimer benutzt wurden. Kleidung, Regenjacken, Segel und Matten konnten ebenfalls aus Rinde hergestellt werden, die Fasern wurden sogar als Windeln für die Kleinkinder verwendet.

Die Vertreibung aus dem Garten Eden fand bald nach der Ankunft des Weißen Mannes statt. Wer nicht eingeschleppten Krankheiten zum Opfer fiel – in einigen Stämmen starben bis zu 70 % an Pocken und Masern –, wurde von den Weißen überrumpelt. Es fiel leicht, die unorganisierten Stämme in Reservate zu drängen. Nach dem Vertrag von Point Elliott (1855) wurden die Indianer im Gebiet des ehemaligen Oregon Territory auf Reservate verteilt, zur Entschädigung erhielt jeder Indianer den Gegenwert von 1,80 Dollar jährlich für die nächsten 20 Jahre. Lediglich die Nez Perce (Durchbohrte Nasen) im Landesinnern leisteten ernsthaften Widerstand. Ihre Kapitulation im Jahre 1877 unter Chief Joseph bedeutete das Ende der Indianerkriege im Nordwesten.

nicht mehr um ein Haus, wie de˙ Name vermuten läßt, sondern um einen kleinen Park am Südrand von Suquamish, an der Stelle, wo Seattle einst in einem Langhaus wohnte. Von dort reicht der Blick über den Agate Pass bis nach Seattle, und bei einem Picknick kann man sich das Langhaus des Häuptlings ausmalen, das mit 270 m Länge und 20 m Breite eines der größten im ganzen Nordwesten war. Nur einige Jahre nach Seattles Tod wurde es anno 1872 auf Befehl der Regierung in Washington niedergebrannt, um die ›Rothäute‹ endgültig zu zivilisieren.

Das Suquamish Museum (15838 Sandy Hook Rd., ☎ 360-598-3311, täglich 10–17 Uhr, Eintritt) ist nordwestlich der Brücke leichter zu finden, da es vom Highway 305 ausgeschildert ist. Dort erhält man einen melancholischen Einblick in die Geschichte der Suquamish. Beim Museum bzw. beim Suquamish Tribal Center erhält man auch Informationen zu den *Chief Seattle Days* im August (☎ 360-598-3311), einem indianischen Fest, das zu Ehren des Häuptlings mit traditionellem Lachsessen, rituellen Tänzen und Kanu-Rennen begangen wird.

Entlang der fjordähnlichen Liberty Bay führt der Highway 305 nun nach **Poulsbo.** Wie verkehrsarm die Gegend ist, wird am Warnblinker deutlich, der die einzige Ampel schon eine Meile vorher ankündigt. Der Ort pflegt sein Image als Klein-Skandinavien, denn er wurde im Jahre 1882 von norwegischen Siedlern gegründet. Einen Besuch lohnt das Marine Science Center (18743 Front St. N.E., ☎ 360-779-5549, Di–Sa 10–16, So 12–16 Uhr, Eintritt), wo man in *Touch Tanks* Seesterne anfassen kann. Etwas außerhalb liegt die Thomas Kemper Brewery (22381 Foss Rd., ☎ 360-697-7899) mit Kneipe und Biergarten.

Auf der anderen Seite der Liberty Bay führt der Highway 3 nach **Bremerton,** einem Stützpunkt der Kriegsmarine. Der Ort blühte im Zweiten Weltkrieg auf, als die Marinewerft über 30000 Arbeitsplätze bot. Der Boom ist lange vorbei, für Bremerton blieb die Uhr in den 1940er Jahren stehen. Alle Gebäude stammen aus dieser Zeit, Nostalgiefreunde sind hier richtig. Im Hafen sind mehrere Kriegsschiffe eingemottet und können besichtigt werden. Kitsap Harbor Tours (☎ 360-377-8924) veranstaltet täglich in der Nähe des Docks Hafenrundfahrten. Da Bremerton ebenfalls von der Fähre aus Seattle angelaufen wird, kann man die gesamte Tour auch in Bremerton beginnen lassen.

Im nördlichen Teil der Kitsap Peninsula liegt **Port Gamble,** eine altmodische Sägewerksiedlung am Hood Canal. Der Ort bzw. das Sägewerk, bereits 1853 gegründet,

Poulsbo, Klein-Skandinavien auf der Olympic Peninsula ▷

Fassade eines Geschäftes aus dem 19. Jh. in Port Townsend

um den Holzbedarf in Kalifornien nach dem Goldrausch zu decken, präsentiert sich wie in alten Zeiten. Nur ein paar Dutzend Familien wohnen noch in den gepflegten kleinen Häusern, die der *Company* gehören, kaufen ein im Krämerladen, welcher der *Company* gehört, und gehen in die Kirche, die der *Company* gehört. Im schönsten Haus, einer Villa mit Blick über das Sägewerk, wohnt der Manager. Port Gamble ist eine *Company Town,* losgelöst von der Außenwelt. Pläne, den kleinen Ort mit seiner malerischen Kulisse in eine Feriensiedlung umzuwandeln, sind vorerst auf Eis gelegt. Über die Geschichte und Entwicklung der Holzindustrie informiert das Pope and Talbot Historical Museum (☎ 360-297-3341, tägl. 10–16 Uhr) hinter dem Laden.

Von Port Gamble überquert man einen etwa 100 km langen, sehr schmalen Meeresarm, den Hood Canal. Jenseits der 1961 fertiggestellten, mit 1,6 km längsten Ozeanpontonbrücke der Welt erreicht man bald **Port Townsend,** ein Relikt aus viktorianischer Zeit. Der Ort hatte Ende des 19. Jh. große Hoffnung, wegen seines guten Hafens das Tor zum Staate Washington zu werden; mehrere Länder öffneten dort ihre Konsulate. Als aber die Eisenbahnlinie 1893 nach Seattle gelegt wurde, verflog der Traum schnell. Von dem Optimismus der Gründerzeit zeugen die vielen schönen viktorianischen Häuser, in denen sich Künstler und

Aussteiger angesiedelt haben. Port Townsend ist heute ein malerischer Ort mit einigen Kneipen entlang der Water Street. Von dort läuft eine Fähre nach Keystone auf Whidbey Island aus; der Blick von der Anlegestelle über den Puget Sound ist phantastisch.

Die beiden Befestigungen **Fort Worden** am Ortsrand von Port Townsend und **Fort Flagler** weiter östlich auf Marrowstone Island wurden zu State Parks erklärt. Einst sollten diese Anlagen wie auch das Fort Casey auf Whidbey Island die Einfahrt in den Puget Sound verteidigen.

Kapitän Vancouver benannte im Mai 1792 die **Discovery Bay** westlich von Port Townsend nach seinem Schiff. Direkt am Highway 101 liegt das Original Oyster House on Discovery Bay, wo neben Lachs und Heilbutt jeweils nach Saison auch frische Austern aus der Dabob Bay am Hood Canal angeboten werden.

Weiter westlich hat sich das Gebiet um **Sequim** in den letzten Jahren wegen des trockenen, milden Klimas im Regenschatten der Berge zur beliebten Rentnersiedlung entwickelt. Bei Sequim führt eine Abzweigung nach Dungeness an der Küste, von wo aus man an die Spitze des **Dungeness Spit** wandern kann. Auf dieser 10 km in die Strait of Juan de Fuca ragenden Landzunge befindet sich ein Tierschutzgebiet.

Einziger größerer Ort an der Nordküste der Olympic Peninsula ist **Port Angeles.** Der Hafen wurde von den spanischen Entdeckern *Puerto de Nuestra Senora de Los Angeles* genannt, Kapitän Vancouver kürzte und anglizierte den Namen wenig später. Heute bietet die Stadt die letzte Einkaufsmöglichkeit, bevor man den dünn besiedelten Westen der Halbinsel erreicht. An der Waterfront kann man auf der alten Bahntrasse direkt am Wasser zum kleinen Park entlangschlendern, der die in die Strait of Juan de Fuca ragende Landzunge einnimmt. An klaren Tagen ist Victoria auf Vancouver Island zu erkennen, wohin auch eine Fährverbindung besteht. Auffallend sind die gigantischen Trucks, die gefällte Bäume zum Hafen und zu den Sägemühlen transportieren; oft sind sie nur mit einem oder zwei übergroßen Stämmen beladen – bald werden auch die letzten alten Bäume gefällt sein.

Ein lohnender Abstecher führt nach 18 Meilen zur **Hurricane Ridge,** die zum Olympic National Park (Eintritt) gehört. Am Anfang der Straße, die vom Highway 101 abzweigt, befindet sich das Pioneer Memorial Visitor Center (3002 Mt. Angeles Rd., ☏ 360-452-4501, tägl. 9–16 Uhr), wo man Karten und Information über den Park erhält. Die Straße endet am Hurricane Ridge Visitor Center bei Big Meadows (☏ 360-452-0329, tägl. 9.30–17 Uhr) in fast 1600 m Höhe; weiter östlich führt noch eine alte Stichstraße zum Obstruction Point in fast 1900 m Höhe.

Die Sicht von der Hurricane Ridge über die im Sommer blühenden Bergwiesen ist herrlich, die mit dem Auto erreichbaren Plätze sind deshalb besonders an Wochenenden recht beliebt. Wer dagegen auch nur einige Minuten wandert, genießt dieselbe majestätische Aussicht ganz ohne Publikum. Da die empfindliche Vegetation leicht zerstört wird, sollten Wanderer immer auf den Wegen bleiben.

Besonders schön ist der einfache Weg (gut 2 km) westlich vom Parkplatz auf den 1750 m hohen **Hurricane Hill;** das Panorama reicht von Port Angeles über die Strait of Juan de Fuca nach Vancouver Island und auf die Olympics. Längere und nicht zu schwierige Wanderungen, bei denen auch gezeltet werden kann, lassen sich auf dem **Klahhane Ridge Trail** oder dem **Mount Angeles Trail** unternehmen; man sollte dazu beim Ranger Informationen einholen.

Zurück auf dem Highway 101, passiert man Lake Aldwell, von wo eine Straße nach Süden am Elwha River entlang Richtung **Olympic Hot Springs** führt. Diese naturbelassenen heißen Quellen, in denen man herrlich baden kann, entspringen in etwa 500 m Höhe, besitzen eine angenehme Temperatur von etwa 40° Celsius und sind nur zu Fuß (3 km) erreichbar. Einige hundert Meter entfernt gibt es einen Zeltplatz. Man fährt dazu am Elwha River entlang, vorbei an einigen Campgrounds, bis zum blokkierten Straßenende. Von dort folgt

man dem Boulder Creek und findet verschiedene Pools. Je höher die Becken am Berg liegen, desto wärmer wird das Wasser. Diese ›wilden‹ Quellen sind oft nicht auf Karten eingetragen, nur der nahe gelegene Boulder Creek Campground ist verzeichnet.

Die Olympic Hot Springs werden manchmal mit den 10 km weiter westlich gelegenen **Sol Duc Hot Springs** verwechselt. Diese erreicht man, indem man westlich von Lake Crescent vom Highway 101 abzweigt und 12 Meilen dem Soleduck River folgt. *Sol Duc,* auch *Soleduck* geschrieben, ist indianisch und bedeutet ›Funkelndes Wasser‹. Im kommerziell betriebenen Sol Duc Hot Springs Resort (☎ 360-327-3583) kann man nicht nur baden (tägl. 9–12 Uhr, Eintritt), sondern auch in Hütten oder auf einem Zeltplatz übernachten. Am Ende der Straße hinter dem Resort befindet sich ein einfacher Wanderweg, der nach einem guten Kilometer die über 10 m hohen Soleduck Falls erreicht.

Der Highway 101 führt am Südufer des 16 km langen **Lake Crescent** vorbei, der halbmondförmig malerisch am Fuße des Mount Storm King liegt. Am Storm King Information Center (☎ 360-928-3380) beginnt der einfache, 3,5 km lange Wanderweg zu den beinahe 30 m hohen **Marymere Falls.** Vom Center führt auch ein steiler, 5 km langer Weg auf den 1400 m hohen **Mount Storm King;** die Aussicht von oben ist herrlich.

Kleine Anlege-
brücke bei
Fairholm am
Westende des
Lake Crescent

Am Nordufer des fast 200 m tiefen Lake Crescent, dessen smaragdgrünes Wasser zum Baden leider zu kalt ist, läuft auf einer stillgelegten Bahntrasse der gut 6 km lange **Spruce Railtrail.** Der ebene Weg beginnt im Osten gleich hinter dem Log Cabin Resort.

Westlich von Lake Crescent biegt bei Sappho, einem ehemaligen Holzfällercamp aus dem zweiten Viertel des 19. Jh., der Highway 113 nach Norden zum Highway 112 ab. Über Clallam Bay gelangt man nach **Neah Bay.** Die Indianersiedlung am äußersten Nordwestende der Halbinsel zählt 1200 Einwohner. Im Makah Indian Nation Museum (☎ 360-645-2711, tägl. 10–17 Uhr, Eintritt) werden Funde aus einer nahebei gelegenen, ehemaligen Siedlung der Makah ausgestellt, die vor rund 500 Jahren von einem Erdrutsch verschüttet wurde und 1970 durch Erosion wieder zum Vorschein kam. Die Funde geben einen tiefen Einblick in die reiche Kultur der alten Makah; kleinste Alltagsgegenstände wurden kunstfertig hergestellt und verziert. In einem nachgebauten Langhaus werden Lieder und Gespräche in der Makah-Sprache gespielt.

Information: *Bainbridge Island* Chamber of Commerce Visitor Center, Winslow Way/Hwy 305, Bainbridge Island, WA 98110, ☏ 206-842-3700; *Port Townsend* Chamber of Commerce, 2722 Sims Way, Port Townsend, WA 98368, ☏ 888-365-6978; *Port Angeles* Chamber of Commerce, 121 E. Railroad St., Port Angeles, WA 98362, ☏ 877-456-8372; Zentrale des Olympic National Park: 600 E. Park Ave. Port Angeles, ☏ 360-452-4501 Ext 230

Unterkunft: *Manresa Castle Bed & Breakfast,* Seventh/Sheridan Sts, Port Townsend, ☏ 360-385-5750 oder 800-732-1281, schloßähnliche viktorianische Villa oberhalb des Ortes mit Blick, ab $$$; *Lizzie's Bed & Breakfast Inn,* 731 Pierce St., Port Townsend, ☏ 360-385-4168 oder 800-700-4168, viktorianisches Haus aus dem Jahre 1887, $$$; *Palace Hotel,* 1004 Water St., Port Townsend, ☏ 800-962-0741, in der Altstadt, $$–$$$; *Waterstreet Hotel,* 635 Water St., Port Townsend, ☏ 360-385-5467 oder 800-735-9810, beim Dock, ab $$; *Sol Duc Hot Springs Resort,* Soleduck Rd., südl. von Lake Crescent, ☏ 360-327-3583, Cabins und Zeltplatz an heißen Quellen, $$$; *Lake Crescent Lodge,* 416 Lake Crescent Rd., ☏ 360-928-3211, Lodge aus dem Jahre 1915 und Hütten am Südufer, Franklin D. Roosevelt war 1937 Gast, $$$; *Log Cabin Resort,* 6540 East Beach Rd., ☏ 360-928-3325, am Ostufer des Lake Crescent, $$$

Camping: *Fort Worden State Park,* 200 Battery Way, Port Townsend, ☏ 360-385-4730; *Fort Flagler State Park,* östlich von Port Townsend, ☏ 360-385-1259, am Wasser; *Heart O' the Hills Campground,* südl. von Port Angeles im Olympic National Park; *Fairholm Campground,* am Nordwestufer des Lake Crescent

Restaurants: *Public House Grill & Ales,* 1035 Water St., Port Townsend, Pub mit kleinen Gerichten, $; *Fountain Café,* 920 Washington St., Port Townsend, ☏ 360-385-1364, Fisch mit italienischem Einschlag, $$–$$$; *Salal Café,* 634 Water St., Port Townsend, ☏ 360-385-6532, abends geschl., $$; *Original Oyster House,* 5781 Hwy 101, westlich von Port Townsend, ☏ 360-385-1785, direkt an der Discovery Bay, Austern tägl. frisch, $$; *Three Crabs,* 11 Three Crabs Rd., ☏ 360-683-4264, Dungeness, preiswertes Familienrestaurant am Strand, örtliche Spezialität Dungeness Crab oder Geoduck, $$; *First Street Haven,* 107 E. First St., Port Angeles, ☏ 360-457-0352, abends geschl., freundlich, $$

Festivals: *Wooden Boat Festival,* im Sept. in Port Townsend, ☏ 360-385-3628

Museen: *Jefferson County Museum,* 210 Madison St., Port Townsend, ☏ 360-385-1003, tägl. 11–16, So 13–16 Uhr, im alten Rathaus/Gefängnis, Regionalgeschichte, Spende erwünscht; *Clallam County Historical Museum,* Fourth/Lincoln Sts, Port Angeles, ☏ 360-452-7831, Mo–Sa 10–16 Uhr, im alten Gerichtsgebäude, Fotos und Exponate zur Regionalgeschichte mit Schwerpunkt Fischfang und Holzfällen, Spende erwünscht

Fährverbindungen: *Seattle – Winslow* (Bainbridge Island), Pier 52, ☎ 206-464-6400, Überfahrt circa 35 Min.; *Port Angeles – Victoria*, Vancouver Island, ☎ 360-457-4491, Autofähre M.V. Coho

Touren: *Bainbridge Island Adventures* veranstaltet Kajak-Ausflüge, man wird von der Fähre abgeholt und wieder hingebracht, ☎ 206-842-4259; *Olympic Outdoor Center,* 18971 Front St., Poulsbo, WA 98370, 360-697-6095, vermietet Kajaks; *Olympic Raft & Guide Service,* 239521 Hwy 101 W., Port Angeles, ☎ 360-452-1443, Flußfahrten auf Elwha, Queets und Hoh River im Olympic National Park

Der Westen und Süden

Neah Bay liegt am Cape Flattery, dem nordwestlichsten Punkt im zusammenhängenden Staatsgebiet der USA. Dort endet die Straße, man muß wieder auf dem Highway 112 zurückfahren. Etwa 5 Meilen westlich von Clallam Bay biegt die Hoko River Road Richtung Südwesten ab. Nach 22 Meilen ist der **Lake Ozette** erreicht, eines der schönsten Gebiete der Halbinsel. Der See, dessen Ufer unbesiedelt sind und der nur einige Kilometer vom Strand des Pazifik entfernt liegt, ist mit dem Auto erreichbar (Gebühr), zum Schwimmen warm genug und obendrein mit einem kleinen Zeltplatz ausgestattet. Wer ein Kanu oder Kajak dabeihat, kann außerdem zum gegenüberliegenden Ufer des Sees paddeln und

dort ganz autofrei in der Erickson Bay zelten.

Lake Ozette ist der Ausgangspunkt einer einfachen Wanderung, die man an einem Nachmittag absolvieren oder auf mehrere Tage ausdehnen kann. Auf einem gut gepflegten *Board Walk,* einem Knüppeldamm, geht es etwa 5 km durch Regenwald und sumpfige Lichtungen zum Pazifik. Unter majestätischen Baumriesen, die eine märchenhafte Atmosphäre schaffen, wandert man bis dicht an den felsigen Strand. Wenn man den Wald dort verläßt, gelangt man in eine archaische Natur, wo die Wucht der Wellen von vorgelagerten Felsen gemildert wird, wo kein Zeichen der Zivilisation zu sehen ist, wo der Kontinent sein Ende gefunden hat.

Die **Pazifikküste** dort, als Teil des Olympic National Park unter Naturschutz gestellt, ist einzigartig, nirgendwo sonst in den USA außerhalb von Alaska gibt es Vergleichbares. Wer hier wandern will, muß jedoch auf Ebbe und Flut achten, sonst ist ein Weiterkommen oft nicht möglich; bei der Ranger Station (☎ 360-963-2725) am Lake Ozette gibt es eine aktuelle Gezeitentabelle.

Zwei Wege führen von der Ranger Station zum Meer: der **Indian Village Trail** mehr Richtung Norden zum Cape Alava, der **Sand Point Trail** etwas mehr nach Süden. Ein 3 Meilen langer Strand verbindet beide Wege. Zelten ist überall am Strand möglich, man benötigt dazu nur ein kostenloses Permit (Reservierung unter ☎ 360-452-0300).

Besonders schön ist es, von Cape Alava weiter an der Küste entlang nach Norden zu wandern. Man muß dazu die Mündung des Ozette River durchwaten, was nur bei Ebbe möglich ist. Dort liegt auch das ausgegrabene Dorf der Makah (keine Besichtigung), aus dem die Funde im Museum von Neah Bay stammen. Weiter nördlich gelangt man an Buchten und felsigen Vorsprüngen vorbei zum Point of Arches und schließlich zum einsamen Shi Shi Beach (s. S. 118).

Angeschwemmtes Treibholz am Rialto Beach

Kurz bevor man, auf dem Highway 101 zurück, weiter südlich Forks erreicht, biegt der Highway 110 Richtung Westen nach **La Push** ab. Die kleine Indianersiedlung liegt an der Mündung des Quillayute River. Dort können auch notorische Autofahrer am Rialto Beach ursprünglichen Strand erleben. Auf der vorgelagerten Insel, James Island, werden noch heute traditionellerweise Häuptlinge begraben.

An die Ursprünge von **Forks** als Holzfällersiedlung erinnert das Timber Museum (am Hwy 101, ☎ 360-374-9663, Di–Sa 10–16.30, So 13–17 Uhr). Der Regenwald, aus dem das Holz stammt, ist ganz in der Nähe so gut zugänglich wie kaum sonst im Pazifischen Nordwesten. Für einen Abstecher dorthin verläßt man Forks Richtung Süden und biegt nach ungefähr 12

Meilen auf die Hoh River Road nach Osten ab. Die Straße folgt dem Verlauf des Hoh River, der vom Mount Olympus kommt, 20 Meilen in den Olympic National Park zum Hoh Rain Forest Visitor Center (✆ 360-374-6925, tägl. 9–18.30). Entlang der Strecke liegen einige kostenlose Campgrounds. Falls man beim Visitor Center an Sommerwochenenden andere Besucher antrifft, genügt es, nur wenige Schritte wegzugehen, um alleine zu sein. Es gibt hier mehrere Naturlehrpfade, von denen der »Hall of Mosses« Trail besonders schön ist.

Der **Hoh Rain Forest** wirkt wie ein Zauberwald; kein Quadratzentimeter Boden, der nicht bewachsen ist. Von den Ästen der gigantischen Bäume tropft das Moos, überall wuchern Farne, alles ist feuchtglänzend grün, weich und sanft. Es herrscht eine eigenartige und überaus angenehme Stimmung. So muß es vor der Abholzung, vor noch nicht einmal 100 Jahren, an vielen Orten ausgesehen haben. Das gemäßigte Klima und die erstaunlich hohe Niederschlagsmenge von über 3,5 m im Jahr lassen dieses Waldparadies entstehen.

Eine Wanderung auf dem **Hoh River Trail** führt 25 km bis an die Gletscher des Mount Olympus. Nach zwei Dritteln des Weges verläßt man den Regenwald und wandert durch offene, alpine Landschaft. Wer im Park übernachten will, benötigt ein *Backcountry-Per-mit* (erhältlich beim Hoh Rain Forest Visitor Center).

Wieder zurück auf dem Highway 101, folgt man dem Hoh River in einigem Abstand nach Westen und erreicht bei Ruby Beach das Meer. Die Straße verläuft nun einige Meilen parallel zur Küste, immer wieder gibt es Zugang zu einem unberührten Strand. In der menschenleeren Gegend stößt man erst bei Kalaloch auf eine neuere Lodge (157151 Hwy 101, ✆ 360-962-2271, $$$) und einen Zeltplatz. Südlich davon schwingt die Straße bei Queets in weitem Bogen nach Osten und umgeht die Quinault Indian Reservation.

Am **Lake Quinault** befindet sich eine Lodge aus dem Jahre 1926, in der man stilecht übernachten oder auch nur essen kann. Rund um den See und am Quinault River gibt es mehrere unterschiedlich lange Wanderwege. Beim Quinault Rain Forest Visitor Information Center am Highway 101 (Amanda Park, ✆ 360-288-2644) oder bei der Ranger Station des Olympic National Forest (353 South Shore Rd., ✆ 360-288-2525) bzw. der Ranger Station des Olympic National Park (913 North Shore Rd., ✆ 360-288-2444) erhält man Informationen und Karten.

Der Highway 101 kehrt nicht mehr an die Küste zurück, sondern

Lake Quinault Lodge
aus dem Jahre 1926

führt über Humptulips nach Aberdeen. Etwa 4,5 Meilen nördlich von Humptulips gibt es aber eine Schotterstraße zum Meer, die nach 20 Meilen bei Moclips auf den Highway 109 stößt. Dieser verbindet in Richtung Süden die verschlafenen Orte **Pacific Beach, Copalis Beach** und **Ocean City**, die jeweils nur aus zwei Häuserzeilen entlang

Brücke über den
Wiskah River in Aberdeen

der Straße bestehen. Wer Strandnä-
he, Einsamkeit und etwas Komfort
sucht, wird dort fündig.

Von Ocean Shores, der zersie-
delten Landspitze im Norden der
Bucht Grays Harbor, erreicht man
Hoquiam und **Aberdeen.** Holz war
und ist immer noch das Hauptprodukt der Gegend. Aus Gründer-
zeiten gibt es in beiden Orten noch
einige viktorianische Villen der da-

maligen Holzbarone, die heute als gepflegte Pensionen genutzt werden. Eine davon, das Hoquiam Castle, kann man besichtigen (515 Chenault Ave., Hoquiam, ☎ 360-533-2005, tägl. 11–17 Uhr, Eintritt).

Von Aberdeen und **Westport** werden zwischen März und Mai täglich organisierte Ausflüge angeboten, um Grauwale auf ihrer Reise in die Bering-See zu beobachten. Auskünfte erteilt die Westport-Grayland Chamber of Commerce (☎ 800-345-6223).

Auf dem Highway 105 passiert man kurz vor Westport eine Brücke über das weite Mündungsdelta des Elk River. Austernliebhaber können am Wochenende dort bei **Brady's Oysters** (☎ 800-572-3252) die leckeren Schalentiere selbst pflücken, frischer geht es wirklich nicht mehr.

Auch **Tokeland,** hinter Westport gelegen, lebt vom Fischfang. Die wenigen Häuser des Ortes stehen auf einer malerischen Landspitze, die in die Willapa Bay ragt. Bei der Nelson Cannery (☎ 800-262-0069) gibt es lebende Taschenkrebse und frische Scampi zu kaufen.

Bei Raymond trifft man wieder auf den Highway 101, der nun dem Ostufer der Willapa Bay folgt. Die Bucht ist bekannt für die Austern, die dort in dem extrem seichten Wasser gezüchtet werden. **South Bend,** 5 Meilen westlich von Raymond gelegen, ist die selbsternannte Austernhauptstadt der Welt. Der kleine Ort mit 1600 Einwohnern besitzt gleich mehrere Austernverarbeitungsanlagen. Berge von Austernschalen säumen die Durchgangsstraße. Im Pacific County Museum (1008 W. Robert Bush Dr., ☎ 360-875-5224, tägl. 11–16 Uhr, Eintritt frei) sind Exponate zur Regionalgeschichte, besonders zu Fischfang und Austernzucht, zu betrachten. In der Nähe des Museums kann man am Willapa River eine Picknickpause einlegen. Vom früheren Reichtum des Ortes zeugt noch das große Gerichtsgebäude, eines der schönsten im ganzen Staat, dessen mit einer Glaskuppel geschmückte Eingangshalle während der Geschäftszeiten zu besichtigen ist.

Den Süden der Willapa Bay nimmt das Naturschutzgebiet **Willapa National Wildlife Refuge** (Ilwaco, WA 98624-9707, ☎ 360-484-3482) ein, zu dem auch **Long Island** gehört. Im seichten Wasser der Bucht finden zahlreiche Tierarten Nahrung. Neben vielen Wasservögeln leben auf der 12 km langen Insel Hirsche, Biber und sogar Bären. Mit einem Kanu oder Kajak kann man Long Island leicht erreichen. Man sollte jedoch die Flut abwarten, der tiefe Schlick ist bei Ebbe unpassierbar.

Auf Long Island steht die letzte unberührte Gruppe von Zedern, die hier seit mehr als 2000 Jahren von Menschenhand ungestört wachsen; die bis zu 50 m hohen Bäume sind Jahrhunderte alt und haben einen Durchmesser von bis zu 3 m. Man kann auf der Insel zelten, Wasser muß jedoch mitgebracht, Abfall selbstverständlich wieder mitgenommen werden. Bei der Ranger Station am Highway 101 gegenüber der Insel gibt es eine Karte.

Die Halbinsel Long Beach

Die Willapa Bay wird im Westen von der 40 km langen Landzunge Long Beach begrenzt, die wie ein Finger nach Norden zeigt. Am langen, mit Treibholz bedeckten Strand – dem längsten der Welt, wie Einheimische versichern – verstecken sich Wochenendhäuschen zwischen den Dünen. Mehrere miteinander verwachsene Streusiedlungen liegen auf der Halbinsel: Seaview und Long Beach am Pazifik, Ilwaco etwas weiter südöstlich an der Baker Bay, Nahcotta und Oysterville der Willapa Bay zugewandt.

Oysterville im Norden wurde schon 1854 gegründet und bereits um 1890 durch die Clamshell Railway mit dem Hafen in Ilwaco verbunden. Die Austernzucht war schon damals eine treibende wirtschaftliche Kraft.

Fast genauso alt ist die touristische Tradition auf der Halbinsel. **Long Beach** war bereits vor Beginn des 20. Jh. ein leicht erreichbares Ausflugsziel für die wohlhabenden Bürger des nahen Portland. Heute findet man dort nicht nur Unterkunft, sondern auch einige bessere Restaurants.

Lohnend ist ein Besuch Ende August, wenn das alljährliche **In-ternational Kite Festival** in Long Beach stattfindet. Dieses Drachenfest, eines der größten seiner Art, könnte keinen besseren Austragungsort haben. Eine ganze Woche lang werden in der beständigen Brise am Strand täglich andere Wettbewerbe und Schauflüge ausgetragen, wird um Ehre, Sachpreise und auch nur zum Spaß geflogen. Ungewöhnliches Design und Farbenpracht sind Trumpf.

Es begann in den 80ern, als ein Drachenfan den Langzeitrekord im Drachenfliegen brechen wollte – der damals in Long Beach erreichte Rekord von über 180 Stunden Flugzeit ist noch immer gültig. Seither werden regelmäßig nicht nur Flug-, sondern auch Besucherrekorde aufgestellt. Aus Kanada, Japan, Singapur, Neuseeland und Europa melden sich die Teilnehmer, die Drachen-Woche ist zum riesigen Volksfest geworden. Über 100000 Zuschauer reisen an; die Menge verläuft sich jedoch am kilometerlangen Strand.

Im Süden der Halbinsel liegt am Ende des kurvigen Highway 103 **Fort Canby** im gleichnamigen State Park (☎ 360-642-3078). Dort befindet sich ein Interpretive Center, das (tägl. 10–17 Uhr) über die Expedition von Meriwether Lewis und William Clark informiert. Die Route der Expedition wird in einer ausführlichen Ausstellung dokumentiert. Wenn man an das Aussichtsfenster tritt, kann man sich die freudige Erregung der Entdecker bei diesem Anblick gut vorstel-

Die Expedition von Meriwether Lewis und William Clark

Thomas Jeffersons Traum von der Expansion nach Westen

Meriwether Lewis (1774-1809)   William Clark (1770-1838)

Die Geschichte der Expedition von Meriwether Lewis und William Clark ist das Nationalepos der USA. Ihre Reise von St. Louis nach Fort Clatsop am Pazifik dauerte von Mai 1804 bis September 1806. Das *Corps of Discovery* legte dabei eine Strecke zurück, die mit 13 000 km einem Drittel des Erdumfangs entspricht.

Seit 1801 amtierte Präsident Thomas Jefferson, der 1776 die Unabhängigkeitserklärung verfaßt und wenig später die Demokratische Partei gegründet hatte. Jefferson war die treibende Kraft hinter der amerikanischen Expansion nach Westen. Bereits 1803 ergriff er die Chance, von Napoleon I. im *Louisiana Purchase* für 15 Mio. Dollar das gesamte Gebiet zwischen dem Mississippi und den Rocky Mountains zu erwerben. Napoleon war zu der Zeit damit beschäftigt, an der Neuordnung Europas zu arbeiten. Das am Ende der Welt liegende Gebiet verkaufte er leichten Herzens, wohl ahnend, daß Frankreichs Anspruch darauf wahrscheinlich sowieso bald verloren sein werde.

Der Kauf von 2,1 Mio. km^2 Land verdoppelte auf einen Schlag die Grundfläche des jungen Staates. Im Norden und Süden grenzte das neu erworbene Land an britisches bzw. spanisches Gebiet, unmittelbar westlich davon lag das Oregon Country. Darauf war Jeffersons Augenmerk gerichtet.

Nur wenige Jahre zuvor (1792) war mit der Entdeckung der Mündung des Columbia River durch den Amerikaner Robert Gray der amerikanische Anspruch auf das Küstengebiet gestärkt worden. Aber um 1805 herrschte de facto die englische North West Company über das Territorium. Die Pelzhandelsfirma legte, der Natur ihrer Geschäfte gemäß, keinerlei Wert auf eine Besiedlung des riesigen Gebietes.

Jefferson wollte die wirtschaftliche Herrschaft der Engländer beenden. Mit dem Hintergedanken, den amerikanischen Pelzjägern das Territorium zu öffnen, gab er eine wissenschaftliche Expedition zur Erforschung des neu erworbenen Gebietes in Auftrag. Der Präsident betraute seinen Sekretär Meriwether Lewis, der weder Botaniker noch Geograph war, und dessen Freund William Clark mit dem Unternehmen. Die Expedition bestand aus mehr als 40 Männern – darunter auch erfahrene frankokanadische Waldläufer –, mehreren Booten, einigen Pferden und Kisten voller Geschenke. Für den Ernstfall hatte man vorsichtshalber auch Gewehre und eine Kanone dabei. Dies erwies sich als überflüssig, Sacagawea, die Schoschonen-Frau des französischen Trappers Toussaint Charbonneau, diente als Dolmetscherin. Ihre Anwesenheit überzeugte die Indianer von der friedlichen Absicht der Männer. Vermutlich trug auch York, der große, kräftige Negersklave von William Clark, zur Vermeidung von Feindseligkeiten bei.

Die Überwindung der Berge und Stromschnellen war für die Expeditionsteilnehmer nicht einfach, es kostete Tage, die gesamte Ausrü-

len. Vielleicht hat ja William Clark am 18. 11. 1805 nicht weit von hier gestanden und gesehen, wie die »hohen Wellen gegen die Felsen donnern«.

Fort Canby liegt am **Cape Disappointment** (Kap Enttäuschung), das nicht etwa von Meriwether Lewis und William Clark frustriert so getauft wurde. Schon im Jahre 1788 verlieh ihm der britische Händler John Meares diesen Namen, als er auf der Suche nach der Nordwest-Passage die tückische Sandbank

stung um solche Hindernisse zu tragen. Die Indianer, die wegen der ziehenden Lachse überall an den Ufern des Columbia anzutreffen waren, zeigten sich mehr als einmal von den Steuerkünsten der Weißen beeindruckt. Diese wiederum faszinierte die unvorstellbare Menge an Lachsen, die in dem klaren Wasser noch in 5 m Tiefe gesehen werden konnten. Die Fische, so ist dem Bericht zu entnehmen, waren so zahlreich, daß die Indianer sie nur am Ufer aufzulesen brauchten, um sie dann auf den Gerüsten zu trocknen.

Endlich erreichte die Expedition den Pazifik, die Freude war groß: »O! the joy. Great joy in camp. We are in View of the Ocian, this great Pacific Octean which we have been so long anxious to see«, schreibt William Clark am 7. 11. 1805 in das Tagebuch. Die Freude verflog allerdings in dem naßkalten, regnerischen Wetter, in dem sie über 100 Tage lang ausharren mußten, mit Flöhen kämpften und sich auf die Rückreise vorbereiteten. Die umfangreichen Notizen der beiden Expeditionsleiter wurden erst 1814 in Philadelphia veröffentlicht, acht Jahre nach ihrer Rückkehr. Das Buch trug den klingenden Titel »History of the Expedition Under the Command of Captains Lewis and Clark, to the Sources of the Missouri, thence Across the Rocky Mountains and Down the River Columbia to the Pacific Ocean«.

Die Leistung von Meriwether Lewis und William Clark soll nicht geschmälert werden, aber sie waren keinesfalls die ersten, die den amerikanischen Kontinent durchquerten. Alexander Mackenzie vollbrachte dies bereits 1793 im Dienste der Engländer, allerdings auf einer nördlicheren Route. Beim heutigen Bella Coola in British Columbia erreichte Mackenzie den Pazifik. Lewis und Clark waren auch nicht die ersten Weißen, die den Columbia bis zur Mündung befuhren. Dies gelang zuvor schon David Thompson, auch er im Dienste der britischen North West Company. Der bemerkenswerte Mann durchstreifte 27 Jahre die Wildnis. Er zeichnete die Gebräuche der Indianer auf und beschrieb Pflanzen und Tiere. Von Thompson stammen Karten, auf die auch die amerikanischen Pioniere zurückgreifen konnten.

am Kap nicht überwinden konnte. Dadurch verpaßte Meares wie später George Vancouver die Chance, die Mündung des Columbia River zu entdecken. Um die Orientierung in der gefährlichen Mündung zu erleichtern, wurde bereits im Jahre 1856 das Cape Disappointment Lighthouse fertiggestellt; dieser älteste Leuchtturm in Washington kann aber leider nicht besichtigt werden.

Östlich vom Kap, kurz vor der Astoria Bridge über den Columbia

River, liegt **Fort Columbia** im gleichnamigen State Park. Das Fort wurde um 1900 oberhalb des Flusses erbaut. In der ehemaligen Kommandantur ist ein kleines Museum untergebracht (Mi–So 10–17 Uhr, der Eintritt ist frei).

Information: Forks Chamber of Commerce, 1411 S. Forks Ave., *Forks,* WA 98331, ✆ 360-374-2531 oder 800-443-6757; Chamber of Commerce, 506 Duffy St., *Aberdeen,* WA 98520, ✆ 360-532-1924 oder 800-321-1924; Peninsula Visitors Bureau, P.O. Box 562, *Long Beach,* WA 98631, Hwy 101/Hwy 103, ✆ 360-642-2400 oder 800-451-2542

Unterkunft: *Ocean Park Resort,* P.O. Box 67, La Push, ✆ 360-374-5267 oder 800-487-1267, am Rialto Beach, Zimmer und Cabins ab $$; *Miller Tree Inn,* 654 Division St., Forks, ✆ 360-374-6808, Haus von 1917, $$$; *Kalaloch Lodge,* 157–151 Hwy 101, ✆ 360-962-2271, neuere Anlage direkt über dem Strand, $$$; *Lake Quinault Lodge,* P.O. Box 7, Quinault, ✆ 800-562-6672 oder 360-288-2900, Lodge am See aus dem Jahre 1926, $$$; *Moonstone Beach Motel,* 4849 Pacific Ave., Moclips, ✆ 360-276-4346, am Strand, $$$; *Ocean Crest Resort,* Sunset Beach, Moclips, ✆ 360-276-4465 oder 800-684-8439, direkt oberhalb vom Strand, ab $$; *The Sandpiper Beach Resort* am Hwy 109, 5 Meilen südlich von Pacific Beach, ✆ 360-276-4580

International Kite Festival in Long Beach

☎ 360-642-2387, bei der Abzweigung zum Fort Canby, $–$$

Camping: *Lake Ozette* im Olympic National Park, Zeltplatz am See, ☎ 360-963-2725, keine Reservierung, Permit-Reservierung für Übernachten am Strand unter ☎ 360-452-0300; *Bogachiel State Park,* südl. von Forks am Hwy 101; *Kalaloch Campground,* am Hwy 101, direkt am Strand; *North Fork Campground,* Lake Quinault North Shore Rd.; *July Creek Campground,* Lake Quinault North Shore Rd.; *Fort Canby State Park,* Ilwaco, ☎ 360-642-3078

Restaurants: *The Ark,* P.O. Box 95, Nahcotta, ☎ 360-665-4133, berühmt für Austern- und Fischgerichte, $$–$$$; *Shoalwater Restaurant,* Hwy 103/45th St., Seaview, ☎ 360-642-4142, ausgezeichneter frischer Fisch, $$–$$$; *Sanctuary,* Hwy 101/Hazel St., Chinook, ☎ 360-777-8380, in einer ehemaligen Kirche untergebracht, $$

Museen: *Ilwaco Heritage Museum,* 115 S.E. Lake St., ☎ 360-642-3446, Spende erwünscht, Regionalgeschichte mit Schwerpunkt Holzindustrie und Fischfang; *Marsh's Free Museum,* Hwy 103/Fourth St., Long Beach, ☎ 360-642-2188, ein Kuriositätenkabinett und Antiquitätenladen, immer offen; *World Kite Museum & Hall of Fame,* Third St. N.W., Long Beach, ☎ 360-642-4020, Sa–So geöff., Eintritt

Touren: *Westport-Grayland Chamber of Commerce,* P.O. Box 306, Westport, WA 98595, ☎ 800-345-6223, vermittelt Walbeobachtungstouren zwischen Nov. und Mai; *Willapa Bay Kayak Rental,* Nahcotta, ☎ 360-642-4892, vermietet Kajaks

oder 800-567-4737, direkt am Strand, ab $$; *Lytle House Bed & Breakfast,* 509 Chenault Ave., Hoquiam, ☎ 360-533-2320 oder 800-677-2320, viktorianische Villa von 1897, ab $$$; *Hoquiam Castle Bed & Breakfast,* 515 Chenault Ave., Hoquiam, ☎ 360-533-2005, Villa eines Holzbarons, ab $$$; *Tokeland Hotel,* 100 Hotel Rd., Tokeland, ☎ 360-267-7006, altes, mehrgeschossiges Farmhaus mit gemütlichem Restaurant wie bei Großmuttern, bereits seit 1889 als Pension betrieben, $$$; *Shelburne Inn,* Hwy 103/45th St., Seaview, ☎ 360-642-2442, Herberge von 1896, ab $$$; *Sou'Wester,* P.O. Box 102, 3728 38th Place, Seaview, ☎ 360-642-2542, Lodge von 1892, souverän geführt von einem Weltenbummler-Paar, $–$$$; *Heidi's Inn,* P.O. 126 Spruce St., Ilwaco,

Oregon

Crater Lake, der tiefste See der USA

Portland

Nach einem kurzen Überblick über die Geschichte von »Münich on the Willamette« führt ein Rundgang über den geschäftigen Saturday Market, vorbei an bronzenen Hirschen und bronzenen Damen zu einem echten Vulkan im Stadtgebiet sowie zum Rosengarten und Washington Park; am Schluß winken Ausflüge auf den Spuren des Oregon Trail.

Es ist eigentlich erstaunlich, daß nur wenige Touristen Portland besuchen. Vielleicht liegt es daran, daß nur einige Autostunden weiter der Strand und das Meer locken, vielleicht aber auch am Klima. Das Fremdenverkehrsbüro konterte dem Gerücht, daß es häufig regne, vor einiger Zeit augenzwinkernd mit Regenjacken, die es zum Stückpreis von einem Dollar feilbot.

Dabei hat Portland viel zu bieten. Neben einer lebendigen Kunst- und Musikszene besitzt Portland mehr Kinos, Restaurants und *Microbreweries* pro Kopf als jede andere amerikanische Stadt. Wegen der zahllosen Kleinbrauereien und *Brew Pubs* nennt sich Portland gern selbst *Münich on the Willamette*. In den meisten Pubs kann man nicht nur preisgünstig essen, sondern, liberaler Gesetzgebung sei Dank, bei entsprechendem Wetter auch draußen sitzen und einfach nur ein Bier trinken.

All dies verstärkt den verblüffend europäischen Eindruck, den die Stadt hinterläßt.

Die Einwohnerzahl liegt bei 500 000, im Einzugsgebiet – dazu wird großzügig auch Vancouver in Washington gerechnet – leben knapp 2 Mio. Menschen, immerhin fast die Hälfte der Staatsbevölkerung. Dennoch herrscht in dieser größten Stadt von Oregon eine beinahe kleinstädtische Atmosphäre – es kann passieren, daß man bei einem morgendlichen Spaziergang durch die Innenstadt von wildfremden Menschen freundlich gegrüßt wird. Anders als etwa in Seattle fällt auch das gelassene Ignorieren roter Fußgängerampeln auf.

Das Zentrum von Portland erscheint im Gegensatz zu den meisten amerikanischen Städten kompakt und fußgängerfreundlich, die geschäftige Downtown mit viel moderner Architektur ist übersichtlich und dank der weisen Voraussicht der Stadtplaner auch reichlich

Schiff auf dem
Willamette River in Portland

mit grünen Parkinseln durchsetzt. Nicht zuletzt deswegen wirkt *Rose City,* wie Portland wegen des großen, alten Rosengartens gerne genannt wird, auf den Besucher freundlich und einladend.

Auch wirtschaftlich gesehen ist Portland eine aufstrebende Stadt. Obwohl sich der Hafen 150 km vom Pazifik entfernt befindet, ist er dennoch der drittgrößte Exporthafen an der Westküste. Noch machen Getreide und Holz den Hauptumsatz aus, langsam ändert sich jedoch die wirtschaftliche Struktur. Neben der Herstellung

von Sportbekleidung – die Firma Nike hat hier ihren Sitz – ist auch die Computerindustrie im Vormarsch.

Der Hafen und die Lage am Willamette gaben auch in der Gründerzeit den Ausschlag für das Wachstum der Stadt. Beinahe aber wäre aus der kleinen Ansammlung von Blockhäusern nichts Nennenswertes geworden. Die Siedler im fruchtbaren Willamette-Tal orientierten sich Mitte des 19. Jh. noch Richtung Oregon City, der damaligen Hauptstadt weiter flußaufwärts an den Willamette Falls. Dort lag der Markt, dort wurde Getreide und Holz verkauft und weiterverarbeitet. Portland konnte nichts dergleichen bieten.

Zu diesem Zeitpunkt hatte jedoch gerade der Goldrausch in Kalifornien begonnen, und die Goldgräber wollten versorgt sein. Sie benötigten rasch Vorräte in großen Mengen – und konnten bezahlen. Für die Farmer in Oregon setzte damit ein Boom sondergleichen ein. Der bessere Hafen von Portland sorgte für den gewaltigen wirtschaftlichen Aufschwung der Siedlung, Oregon City war bald weit abgeschlagen. Für die gleichzeitig aufkommenden Dampfboote war die Fahrt flußaufwärts zur Mündung des Columbia River kein Problem mehr. Wenige Jahre später exportierte man von Portland bereits Weizen nach England; der Handelshafen war endgültig etabliert, die Existenz der Stadt gesichert.

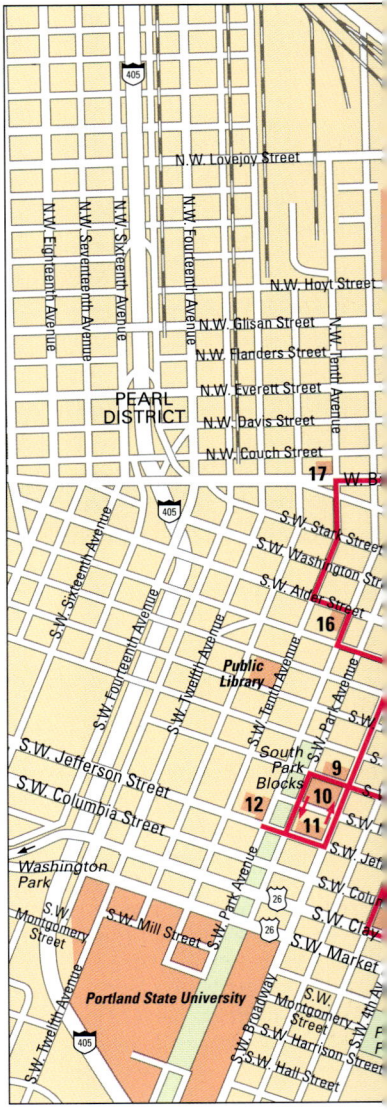

Portland (Downtown): 1 World Trade Center 2 Yamhill Market 3 Justice Center 4 KOIN Center 5 Ira C. Keller Fountain 6 First Interstate Bank 7 City Hall 8 Portland Building (mit Portlandia) 9 Arlene Schnitzer Concert Hall 10 Portland Center for the Performing Arts 11 Oregon History Center 12 Portland Art Museum 13 Pioneer Courthouse Square 14 Pioneer Post Office 15 Pioneer Place 16 Galleria 17 Powell's Bookstore 18 Powell's Technical Bookstore 19 China Town Gates 20 American Advertising Museum 21 Saturday Market 22 Skidmore Fountain 23 Oregon Maritime Museum

Ein Spaziergang durch Portland

Downtown

Der Gang durch die Innenstadt beginnt südlich der Morrison Bridge beim **World Trade Center** mit Geschäften, Restaurants, Cafés und Banken. Im gut sortierten Büro der Visitors Information erhält man auch einen Stadtplan. Skybridges verbinden die drei Hochhäuser des Center, das von dem einheimischen Architekten Robert Frasca gebaut wurde.

Von den Fußgängerbrücken hat man einen guten Blick auf die Innenstadt, sowohl auf die Hochhäuser der neuen City als auch auf die dazwischen liegenden älteren, vierstöckigen Häuser. Der **Yamhill District** entlang des Willamette River hatte seine Blütezeit als Zentrum der Stadt in der zweiten Hälfte des 19. Jh. Aus jenen Jahren stammt die typische Architektur des alten Portland, Steingebäude mit gußeisernen Verzierungen. Das Viertel verlor durch häufige Überflutungen, durch die Einrichtung der transkontinentalen Eisenbahnlinie und die Verlegung des Hafens weiter flußabwärts an Bedeutung. Nach dem Zweiten Weltkrieg läuteten übereifrige Stadtväter die städtebauliche Zukunft ein, indem sie alte Bausubstanz abreißen und das gewonnene Terrain in Straßen und Parkplätze umwandeln ließen. Erst in den letzten Jahrzehnten wurden die Städteplaner klüger. Die Gebäude, welche die Kahlschlagepoche überstanden, wurden unter Denkmalschutz gestellt; heute haben sich dort Läden und Kneipen etabliert.

Der Second Avenue nach Süden folgend, kommt man zunächst am **Justice Center** vorbei. Das von Robert Frasca im Jahre 1983 errichtete Mehrzweckgebäude beherbergt neben der Polizei, dem Gericht und einem Gefängnis auch Läden und Restaurants. Im **KOIN Center** daneben, das nach dem dort residierenden Fernsehsender benannt wurde, sind Geschäfte, sechs Kinos, Büros und in den oberen Stockwerken auch teure Apartments untergebracht. Südwestlich davon, an der Third Avenue gelegen, nimmt die **Ira C. Keller Fountain** den Gebäudeblock zwischen Clay und Market Streets ein. Das im Jahre 1971 errichtete Wasserspiel soll an die Bergwildnis erinnern.

Auf der Fifth Avenue gelangt man Richtung Norden am Hochhaus der First Interstate Bank und der City Hall von 1895 vorbei zum **Portland Building.** Das vom Architekten und Designer Michael Graves mit Anklängen an Jugendstil und Klassizismus 1982 errichtete, erste große postmoderne Gebäude in den USA erregte viel Aufsehen. Die über 10 m hohe Statue *Portlandia* des Künstlers Raymond Kaskey aus dem Jahre 1984, die über dem Eingang kniet, besteht aus gehämmertem Kupfer und wird nur von

Oregon Trail

Der Traum vom besseren Leben im Westen

Seit den 20er und 30er Jahren des 19. Jh. ließen sich vereinzelt Siedler im heutigen Oregon nieder. Zunächst waren es hauptsächlich Trapper, die aus dem Dienst der britischen Hudson Bay Company ausgeschieden waren und hier einen ruhigen Lebensabend verbringen wollten. Später kamen auch Amerikaner nach Oregon, vor allem Missionare, die den Ureinwohnern das Wort Gottes bringen wollten.

Durch die frühen Pioniere gelangten Berichte in den Osten, die Oregon Country in glühenden Farben als gelobtes Land schilderten, als Garten Eden, der nur auf die Übernahme durch die Amerikaner wartete. Dies stieß auf offene Ohren. Das *Manifest Destiny,* der Traum, den Kontinent von Küste zu Küste in Besitz zu nehmen und zu beherrschen, war seit dem *Louisiana Purchase* von 1803 (vgl. S. 44) immer greifbarer geworden.

Im Herbst 1843 kam ein Zug von 900 Männern und Frauen im Tal des Willamette River an, der die Zahl der weißen Bevölkerung in dem Gebiet gewissermaßen über Nacht verdoppelte. Die Siedler waren im

Frühjahr 1843 von Independence in Missouri gestartet. Der 2000 Meilen lange Weg hatte sie vorbei am Chimney Rock in Nebraska, über Fort Laramie in Wyoming zum Snake River und schließlich zum Columbia River geführt. Sechs Monate waren die Pioniere in der Prärie, über Gebirge und durch Flüsse unterwegs gewesen.

Nicht zuletzt durch den Chef der Handelsstation in Fort Vancouver, Dr. John McLoughlin, der das Gebiet nördlich des Columbia River dem britischen Einfluß bewahren wollte, wurde der Zuwandererstrom in den Süden gelenkt. Bis 1870 kamen mehr als 50 000 Siedler über den Oregon Trail. Der britische Anspruch auf das Gebiet wurde sehr bald haltlos.

Heute wird gern betont, daß nur ein besonderer Menschenschlag die Strapazen hatte auf sich nehmen können: keine Abenteurer, die auf schnellen Profit aus waren, sondern relativ wohlhabende Leute, welche die Mittel für die lange Reise besaßen. Die Siedler suchten nicht nach Gold, sondern wollten Farmen oder utopische Kolonien gründen. Zwar kamen sie aus einer etablierten Gesellschaft im Osten, waren aber jung und unternehmungslustig genug, nach neuen Herausforderungen zu suchen – kurz, die Pioniere verkörperten den Idealtyp des risikofreudigen, mobilen Amerikaners.

Der Oregon Trail ist nicht nur die Route der Siedler, die in den Westen vorstießen, sondern auch ein ›Denkmal‹ des Kontinents. Der Mythos des Zugs nach Westen, jener Vorstoß über die Grenze, der aus europäischen Einwanderern Amerikaner machte, prägte die Mentalität und ist etwas urtypisch Amerikanisches.

Es gibt viele Tagebücher der *Movers;* manche davon wurden veröffentlicht, berichten von Mühe, Leid und Tod auf dem Weg. Nicht immer wartete Gold am Ende des Regenbogens auf die Pioniere. Eine von ihnen, Amelia Stewart Knight, schrieb am 13. 9. 1853 in ihr Tagebuch: »Wir haben es geschafft, sagen die Männer, und hier sind wir jetzt in Oregon und zelten in einem häßlichen Loch, ohne Zuhause, außer den Wagen und das Zelt, es nieselt, und der Himmel ist dunkel und hoffnungslos.«

der Freiheitsstatue in New York an Größe übertroffen.

Blickt man von der Ecke Fifth Avenue und Main Street nach Osten zum Fluß, kann man den mehr als lebensgroßen **bronzenen** **Hirsch** mitten auf der Straße nicht übersehen, ein Geschenk des Bürgermeister Thompson an die Stadt aus dem Jahre 1900. Die Meinungen über das Kunstwerk sind geteilt; in zwei Hälften geteilt ist auch der kleine Park nördlich und südlich der Statue, **Chapman und Lownsdale Square.**

Etwas weiter nordwestlich stößt man an der Sixth Avenue auf **Nike Town,** eine überwältigende Mischung aus Ausstellung und Geschäft, über die man als Besucher beinahe den Hauptzweck vergißt, das Kaufen. Alle Produkte der Firma Nike, die in einem Vorort von Portland ihren Sitz hat, werden hier angeboten.

Zurück auf der Main Street, gelangt man Richtung Westen zum **Portland Center for the Performing Arts** aus dem Jahre 1987, über dessen Lobby die farbige Glaskuppel *Celestial Dome* von James Carpenter schwebt. Südlich davon, an der Park Avenue, befindet sich das **Oregon History Center.** Die Anlage enthält neben dem Museum zur Geschichte von Oregon und der Besiedlung des Westens auch einen Buchladen. An der Au

Oregon History Center

ßenwand des Center, zur Park Avenue hin, zeigt ein überlebensgroßes Wandgemälde die Forscher Meriwether Lewis und William Clark (vgl. S. 152) sowie andere Pioniere.

Entlang dem südlichen Abschnitt der Park Avenue erstrecken sich die **South Park Blocks,** ein Streifen Land, den schon die Pioniere im 19. Jh. der Stadt stifteten. Dort sollten ein Park und eine Promenade den Willamette mit den Hügeln im Westen verbinden. Leider wurde gegen Ende des 19. Jh. ein Stück davon überbaut und der Park dadurch in eine Nord- und Südhälfte geteilt. Am Südende des Parks liegt der Campus der **Portland State University.** Auf der Westseite der Park Blocks errichtete Pietro Belluschi, der berühmteste Architekt aus Portland, in den 1930er Jahren das **Portland Art Museum**, das neben einer sehenswerten Sammlung indianischer Kunst auch ein Café und einen Souvenirladen besitzt.

Wendet man sich nun nach Nordosten, erreicht man auf dem Broadway nach einigen Blocks den **Pioneer Courthouse Square.** In dem alten Gerichtsgebäude gegenüber ist heute das Postamt untergebracht. Bis in die frühen 1950er Jahre nahm das alte Portland Hotel den Straßenblock ein, das einem Parkplatz weichen mußte – erst in den 70er Jahren wurde der Platz mit Hilfe von Spenden gestaltet. Über 64 000 Mäzene sind in den Ziegelsteinen namentlich verewigt.

Einen Block weiter Richtung Fluß befindet sich die 1990 eröffnete Shopping Mall **Pioneer Place.**

Folgt man auf der anderen Seite des Pioneer Courthouse Square der Morrison Street nach Westen, gelangt man zur **Galleria.** In dem historischen Gebäude war früher das erste Kaufhaus westlich des Mississippi untergebracht; heute findet man dort Nippesläden, einige Restaurants und Cafés. Von hier ist es auf der Tenth Avenue nicht weit zu **Powell's Bookstore** (1005 W. Burnside St., ☎ 503-228-4651, tägl. 9–23 Uhr), wo man in über 1 Mio. alter und neuer Bücher gemütlich stöbern und auch einen Kaffee trinken kann; dieser Laden mit seinen Filialen ist verantwortlich für Portlands Ruf als Bücherstadt.

Im **Pearl District,** der sich nach Norden anschließt, werden alte Lagerhallen in trendige Lofts und Kunstgalerien umgebaut. Die Burnside Street führt Richtung Osten zum Fluß zurück, vorbei an einer Powell's-Filiale *(Technical Bookstore)* und den North Park Blocks. An der Fourth Avenue passiert man das 1986 gebaute Eingangstor zur neuen **Chinatown.** Vor Beginn des 20. Jh. war das chinesische Viertel in Portland nach jenem in San Francisco das zweitgrößte der USA. Für den Bau der transkontinentalen Eisenbahnlinie wurden chinesische Arbeiter massenweise regelrecht importiert. Nach Fertigstellung der Bahnlinie waren Tausende arbeitslos, Chinesen und weiße Amerikaner. Wie so oft stau-

Saftladen auf dem Saturday Market

te sich Angst um die eigene Existenz zu Rassenhaß und Gewalt gegen Minderheiten. Durch diskriminierende Gesetze wurde zunächst die weitere Immigration von Chinesen gestoppt. Nicht genug damit, kam es überall im Westen zu Ausschreitungen gegen Chinesen. In Portland haben die vertriebenen Chinesen keinerlei Spuren hinterlassen, doch gibt es heute wieder entlang der Fourth Avenue und Davis Street einige chinesische Restaurants und Geschäfte. Besuchenswert ist der chinesische *Garten der erwachenden Orchideen,* der an der Third Avenue und Everett Street aus einem ehemaligen Parkplatz entstand (Eintritt).

Zwischen Chinatown und dem Willamette River erstreckt sich der **Skidmore/Old Town District.** Nach der überwundenen Abrißphase ist das Viertel nun wieder voller Leben, mit Kneipen, Läden und Galerien. Was von der damaligen Sanierungswut verschont blieb, wurde inzwischen sorgfältig instand gesetzt.

Unter der Burnside Bridge, an der First Avenue, findet im Sommer jedes Wochenende zwischen 10 und 17 Uhr der **Saturday Market** (auch sonntags) statt. Dort gibt es Obst und Kunst, Kohl und Kitsch, Handarbeiten und jede Menge zu essen. Südlich der Burnside Bridge steht der **Skidmore Fountain,** der im 19. Jh., als noch Trinkbecher an der Umrandung angehängt waren, der Mittelpunkt der kleinen Siedlung von Portland gewesen sein

dürfte. Die unansehnlichen Gebäude südöstlich des Brunnens gehören der Feuerwehr; an der Hauswand dort wurden einige schöne,
alte Gußeisenplatten aufgehängt,
›Reliquien‹ von abgerissenen Gebäuden. Auf der Nordseite des Feu-
erwehrgebäudes gewähren große
Schaufenster freien Blick auf die
Sammlung alter Ausrüstung des **Jeff
Morris Fire Museum.**

Im Jahre 1872 ließ der wohlhabende Dampferkapitän Ankeny das
schöne und praktische **New Market Theatre** (50 S.W. Second Street)
im ›korinthisch-modernen‹ Stil er-
bauen. Früher wurde im Erdgeschoß der Markt abgehalten, im
ersten Stock fanden vor 1200 Zu-
schauern Opernaufführungen statt.
Heute beherbergt das Gebäude
Läden und Büros.

Südlich, an der Front Avenue, ist
das **Oregon Maritime Museum** mit
schöner Gußeisenarchitektur zu
finden; dort wird die Geschichte
der Stadt als Seehafen und Schiff-
bauzentrum erläutert. An das Museum schließt sich bis zur Haw-
thorne-Brücke der **Waterfront Park**
an, ein breiter Grünstreifen und
beliebter Angelplatz mit Uferpro-
menade.

Eine kleine Kuriosität ist der **Mill
Ends Park,** der mitten auf einer Insel in der Stadt liegt. Leider ist es lediglich eine Verkehrsinsel an der
Kreuzung Front Avenue und Taylor
Street, und der Park weist auch nur
einen Durchmesser von 60 cm auf;
es handelt sich somit um den kleinsten Stadtpark der Welt.

Abstecher in den Washington Park

Der Washington Park auf den Hügeln westlich von Downtown wurde – wie auch viele Grünanlagen
in Seattle – von den Gebrüdern
Olmstedt angelegt, deren berühm-
ter Vater, Frederick Law Olmstedt,
den Central Park in New York
schuf. Man gelangt am einfachsten
dorthin, indem man der Beschilde-
rung auf dem Highway 26 Richtung Westen folgt. Im Südteil des
Parks liegt der **Zoo** (4001 S.W.
Canyon Rd., ✆ 503-226-1561,
tägl. 9.30–18 Uhr, Eintritt), der vor
allem wegen seiner indischen Ele-
fanten bekannt ist. Im Sommer
kann man vom Rose Garden mit einer kleinen Bahn über das Gelände
fahren.

In den **International Rose Test
Gardens** (611 S.W. Kingston Ave.,
im Nordostteil des Parks, tägl. bis
Sonnenuntergang, Eintritt frei, erreichbar mit Buslinie 63) wachsen
an 10 000 Büschen, sauber beschildert, über 400 zum Teil betö-
rend duftende Rosenarten. Vom
bereits 1907 angelegten Garten
bietet sich ein herrlicher Blick auf
Portland. Der **Japanese Garden**
(611 S.W. Kingston St., ✆ 503-223-
1321, im Sommer tägl. 9–20 Uhr,
Eintritt) wurde 1962 vom japanischen Landschaftsgärtner Takuma
Tono angelegt. Die fünf verschie-
denartigen Landschaften mit jeweils anderen Motiven und Stim-
mungen wurden mit Geschenken
der Schwesterstadt Sapporo ausge-

stattet. Eine dieser Landschaften, der verträumte *Strolling Pond Garden* mit Wasserfällen und kleinen Bächen, ist wie geschaffen für Liebespaare; der Blick fällt vom romantischen Pavillon sogar auf einen Miniatur-Fudjijama in Gestalt des Mount Hood.

Das **World Forestry Center** (4033 S.W. Canyon Rd., ✆ 503-228-1367, tägl. 10–17 Uhr, in der Nähe des Zoos, Eintritt) informiert über Forstwirtschaft, Waldbrände und Papiererzeugung. Weiter nördlich kann man im **Hoyt Arboretum** (4000 S.W. Fairview Blvd., ✆ 503-

Portland (Washington Park)

International Rose Test Gardens

228-8733, tägl. bis Sonnenuntergang) auf 15 km Wanderwegen
Bäume aus aller Welt bestaunen.

Südlich vom Washington Park
liegt **Portland Heights,** ein altes
Viertel mit prachtvollen Häusern,
idyllischen Gärten und schönen
Bäumen. Um 1900 gab es einen
Cable Car dorthin; die Portlander
ärgern sich heute, daß ihre Vorfahren nichts Besseres damit anzufan-
gen wußten, als die Anlage zu ver-
schrotten.

Stippvisite
im östlichen Portland

Bis spät ins 19. Jh. lag am Ostufer
des Willamette River hauptsächlich Farmland, das von der Stadt
am Westufer nur durch Fähren erreichbar war. Heute überspannen
fünf Brücken den Fluß, und ein
kleiner Ausflug hinüber lohnt die
Mühe.

Von der Hawthorne Bridge, der
ältesten Brücke in Portland, gelangt
man über den Hawthorne Boulevard zum **Mount Tabor Park**. Dort
bietet sich von zahllosen blumen-
gesäumten Wegen immer wieder
eine gute Sicht auf Portland und
auf den Mount Hood. Der nur wenige hundert Meter hohe Mount
Tabor ist der einzige Vulkan der
USA, der innerhalb einer Stadt-
grenze liegt – zum Glück ist er lange erloschen.

Wie der Marktplatz einer Klein-
stadt lädt der **Hawthorne Boulevard** zum Flanieren ein. Die vielen
Cafés, Buchläden, Imbißstuben,
Antiquitätengeschäfte und Restau-

rants, welche die Studenten des nahen Reed College ebenso gern besuchen wie Alternative und Etablierte, schaffen eine eigene Atmosphäre. Unter den Buchläden befinden sich gleich zwei Filialen von Powell's, in einer davon lohnt sich der Besuch ganz besonders: Powell's Books for Cooks (3739 S.E. Hawthorne Blvd., ☎ 503-235-3802, Mo–Sa 9.30–19, So 10–17 Uhr) verbindet in einzigartiger Kombination das Angenehme mit dem Nützlichen. Der Laden führt nicht nur Kochbücher, sondern auch Kochgerätschaften und besitzt darüber hinaus eine Feinkostabteilung, die sich sehen lassen kann. Am besten kauft man hier die Vorräte für das Picknick auf Mount Tabor.

Ausflüge in die Umgebung

Fort Vancouver

Nur wenige Kilometer nördlich von Portland, am jenseitigen Ufer des Columbia River, liegt das mitsamt Palisadenzaun originalgetreu rekonstruierte Fort Vancouver (612 E. Reserve St., ☎ 360-696-7655, tägl. 9–17 Uhr, Eintritt), das bei der Gründung von Oregon eine wesentliche Rolle spielte. Die britische Hudson Bay Company begann mit dem Bau im Jahre 1825.

Das Fort sollte als Zentrale und Versorgungszentrum für einen Wirtschaftsraum dienen, der von Alaska bis Kalifornien und von den Rocky Mountains bis zu den Sandwich-Inseln reichte. Gleichzeitig sollte es das weiter westlich liegende Astoria ersetzen – im Falle einer Grenzziehung zwischen britischem und amerikanischem Territorium entlang des Columbia River hätte sich Fort Vancouver auf der ›richtigen‹ Seite des Flusses befunden.

Nach der endgültigen Festlegung der Grenze 1846 dauerte es noch drei Jahre, bis die US Army den entlegenen Stützpunkt und gleichzeitig auch das Oregon Country übernahm. Das Lagerleben am Ende der Welt war keineswegs angenehm. Ulysses Grant, der Held des Bürgerkriegs und spätere Präsident der USA, war 1853 dort stationiert. Da der magere Sold kaum zum Leben reichte, mußte er auf einem gepachteten Acker in der Nähe Kartoffeln und Hafer anbauen.

Dagegen hatte zuvor der Leiter des britischen Handelspostens, **John McLoughlin**, recht angenehm gelebt. Sein einladendes weißes **Wohnhaus** wurde rekonstruiert und mit zeitgenössischem Mobiliar eingerichtet. McLoughlin unterstützte entgegen der ihm gegebenen Weisungen die amerikanischen Siedler mit Rat und Tat, die nach der Öffnung des Oregon Trail 1843 in stetig wachsender Zahl meist völlig erschöpft ankamen. Dies führte 1845 zu seiner Entlas-

Aurora

Eine sozialutopische Kommune in Oregon

Am Ende des Oregon Trail lag das Paradies, gleich hinter Oregon City. Noch heutzutage findet man in der schönen Flußlandschaft inmitten bewaldeter Hügel Ortsnamen wie etwa New Era, Liberal, Mount Angel oder Aurora. Die Siedler waren endlich im gelobten Land angekommen.

Aurora, Morgenröte, heißt der kleine Ort, der 1846 als erste der zahlreichen sozialutopischen Kommunen in Oregon gegründet wurde. Dorthin führte der aus Erfurt stammende Prediger und selbsternannte Doktor Wilhelm Keil eine Gruppe von 250 meist deutschen Siedlern auf dem Oregon Trail.

Eine sonderbare Geschichte umgibt diesen Zug: Keil versprach seinem 19jährigen Sohn Willie, die Gruppe anführen zu dürfen. Jedoch verstarb der junge Willie unmittelbar vor der Abfahrt aus Missouri an Malaria. Der Vater legte die Leiche kurzerhand in einen Bleisarg, konservierte sie mit Whiskey und karrte den toten Sohn im ersten Wagen monatelang quer durch den Kontinent. Unterwegs sang die fromme Gruppe ständig deutsche Kirchenlieder. Der merkwürdige Zug erregte verständlicherweise die Neugier der Indianer, welche im ersten Wagen starke Medizin vermuteten – die singende Prozession wurde nie überfallen. Das Grab von Keil jr. liegt nördlich des Columbia River am Highway 6 bei Willapa. Dort ließ sich die Gruppe zunächst nieder, ehe sie im Jahr darauf nach Aurora umzog.

Bald erlebte die Kolonie eine wirtschaftliche Blüte. Die Produkte der Kommunarden, besonders die Würste, waren hochbegehrt, und der gemeinsame Besitz wurde von Wilhelm Keil stetig gemehrt. Streng wachte der Prediger über seine Schar, und nur widerstrebend erlaubte er der unverheirateten Jugend, selbst Familien zu gründen. Da er keinen Nachfolger ernannte, zerfiel die hoffnungsvolle Gemeinschaft nach seinem Tode 1877 rasch.

Heute leben in dem kleinen Flecken 600 Einwohner. Die Hälfte der weißgestrichenen alten Häuser beherbergt Antiquitätengeschäfte, an deren Türen deutsche Namen stehen. Von den Würsten und den utopischen Ideen sind in Aurora allerdings keine Spuren mehr zu finden.

sung aus britischen Diensten, woraufhin er nach Oregon City zog und Amerikaner wurde.

Oregon City

Oregon City, 12 Meilen südlich von Portland gelegen, ist heute mit 17000 Einwohnern zur bloßen Vorstadt degradiert, die großen Zeiten als Territorialhauptstadt (von 1845 bis 1852) sind Geschichte. Bereits 1829 ließ besagter John McLoughlin an den Wasserfällen des Willamette River ein Sägewerk

Oregon Trail End Interpretive Center in Oregon City

errichten. Nach der Öffnung des Oregon Trail strömten mehr und mehr Siedler aus dem Osten herbei, die sich im überaus fruchtbaren Willamette-Tal südlich der möglichen Grenze zum englischen Gebiet niederließen. Oregon City, nun offizieller Endpunkt des Oregon Trail, boomte als Handelszentrum, ehe ihm Portland mit seinem besseren Hafen den Rang ablief.

Die einstmals wilden Wasserfälle vor Oregon City sind heute gezähmt und dienen der Stromgewinnung; von einem Aussichtspunkt am Highway 99E. sind sie bequem zu sehen. Eher uninteressant ist der moderne Teil der Stadt. Alte Holzhäuser befinden sich auf der Anhöhe über dem Fluß; dort kann auch das ehemalige **Wohnhaus**

von John McLoughlin (713 Center St., ✆ 503-656-5146, Di–Sa 10–16, So 13–16 Uhr, Eintritt) besichtigt werden.

Hauptsehenswürdigkeit ist jedoch das **Oregon Trail End Interpretive Center** (1726 Washington St., ✆ 503-657-9336, Mo–Sa 9–18, So 10–17 Uhr, nur mit Führung, Dauer 90 Min., Tour alle 45 Min., Eintritt) mit Souvenirladen und Restaurant. Hier wird die schwierige und gefahrvolle Überlandreise nach Westen dargestellt, die Suche nach dem ›Garten Eden am Pazifik‹ verherrlicht. Sogar das Gebäude in Form von Planwagen ist dem Thema angepaßt. Im Juli wird vier Wochen lang das große Fest **Oregon Trail Pageant** (✆ 503-657-0988) mit Umzügen, historischen Kostümen und Kommerz gefeiert.

ℹ️ **Information:** *Visitors Association*, 26 S.W. Salmon St., Portland, OR 97204, ✆ 503-275-9750 oder 877-678-5263, Mo–Fr 8–17, Sa 9–15 Uhr; die kostenlosen Stadtzeitungen »Willamette Week« oder »PDXS« und die Tageszeitung »The Oregonian« bieten u. a. aktuelle Veranstaltungstips sowie die Spielpläne der Theater und Kinos

🛏️ **Unterkunft:** *Days Inn*, 1411 S.W. Sixth Ave., ✆ 503-221-1611 oder 800-899-0248, im Zentrum, $$; *Riverside Inn*, 50 S.W. Morrison St., ✆ 503-221-0711 oder 800-648-6440, zentrale Lage südlich der Morrison Bridge, $$$;

Mark Spencer Hotel, 409 S.W. Eleventh Ave., ✆ 503-224-3293 oder 800-548-3934, Räume mit gut ausgestatteter Küche, kleiner Dachgarten, $$–$$$; *Ben Stark Hotel*, 1022 S.W. Stark St., ✆ 503-274-1223, ein stilvolles altes Hotel, $–$$; *Imperial Hotel*, 400 S.W. Broadway, ✆ 503-228-7221 oder 800-452-2323, sehr gut gelegen, $$$; *Mallory*, 729 S.W. Fifteenth Ave., ✆ 503-223-6311 oder 800-228-8657, am Westrand von Downtown, $$$; *Northwest Bed & Breakfast Reservation Service*, 610 S.W. Broadway, Suite 606, ✆ 503-243-7616, vermittelt Bed and Breakfast für jeden Geschmack; *General Hooker's Bed & Breakfast*, 125 S.W. Hooker St., ✆ 503-222-4435 oder 800-745-4135, südlich von Downtown, $$$

Jugendherbergen: *Ben Stark International Hostel*, 1022 S.W. Stark St., ✆ 503-274-1223, mit Vier- und Sechsbettzimmern; *Portland International Hostel*, 3031 S.E. Hawthorne Blvd., ✆ 503-236-3380

🍴 **Restaurants:** *Heathman Hotel*, 1001 S.W. Broadway, ✆ 503-241-4100, eines der wenigen Restaurants in Portland, in dem man nicht unbedingt Jeans tragen sollte, elegante Atmosphäre, $$$; *Jake's Famous Crawfish*, 401 S.W. Twelfth Ave., ✆ 503-226-1419, Fischgerichte, sehenswert wegen der französisch anmutenden Räumlichkeiten, $$; *Zefiro Restaurant*, 500 N.W. 21st Ave., ✆ 503-226-3394, sehr gutes Edellokal, $$$; *Chang's Mongolian Grill*, 1 S.W. Third Ave., ✆ 503-243-1991, Buffet zum Festpreis, $; *Dan and Louis Oyster Bar*, 208 S.W. Ankeny St., ✆ 503-227-5906, Austern aus eigener Zucht, nautische Einrichtung, $$; *McCormick & Schmick's*, 235 S.W. First Ave., ✆ 503-224-7522, Gebäude von 1886 mit gußeiserner Verzierung, Seafood, von 17 bis 18.30 Uhr verbilligtes Essen, $$; *Hoyt Street Cafe*, 1131 N.W. Hoyt St., ✆ 503-226-3451, im Pearl District, $–$$; *Oregon Wines on*

Portland und Umgebung

Broadway, 515 S.W. Broadway, ☎ 503-228-4655, Mo–Mi 11–20, Do–Sa 11–21 Uhr, Flaschenweinverkauf, an der Bar Weinproben sowie kleiner Imbiß

Kneipen: *BridgePort Brew Pub*, 1313 N.W. Marshall St., ☎ 503-241-3612, in einer renovierten Fabrik; *Lucky Labrador Brewing Co.*, 915 S.E. Hawthorne St., ☎ 503-236-3555; *Harborside Pilsner Room*, 309 S.W. Montgomery St., ☎ 503-220-1865, mit Blick aufs Wasser; *Bagdad Theatre & Pub*, 3702 S.E. Hawthorne St., ☎ 503-236-923, originelle Kneipe mit angeschlossenem Kino; *Rock Bottom Brewery*, 210 S.W. Morrison St., ☎ 503-796-2739, mit mexikanisch inspirierter Küche; *Widmer Brewing Co*, 929 N. Russell St., ☎ 503-281-2437, Altbier im »Gasthaus«, es werden auch Touren angeboten

Festivals: *Portland Rose Festival*, ☎ 503-227-2681, mehrwöchig im Juni; *Waterfront Blues Festival*, ☎ 503-282-0555, im Juli, im Waterfront Park; *Oregon Brewers Festival*, ☎ 503-295-1862, in der zweiten Julihälfte, im Waterfront Park; *The Bite: A Taste of Portland*, ☎ 503-248-0600, Musik und Essen im August, im Waterfront Park

Kultur und Unterhaltung: *Portland Center for the Performing Arts*, S.W. Broadway/S.W. Main St., ein Komplex mit drei Bühnen; *Arlene Schnitzer Concert Hall*, Ecke S.W. Broadway/S.W. Main St., ☎ 503-228-1353, Konzerte des Symphonieorchesters; *Intermediate Theatre*, ☎ 503-274-6588, klassisches und modernes Theater; *Winningstedt Theatre*, ☎ 503-222-9220, Aufführungen der Tygres Heart Shakespeare Company; *Museum After Hours*, immer Mittwoch abends im Portland Art Museum, 1219 S.W. Park Ave., ☎ 503-226-2811, Live-Musik und Imbiß, Eintritt; *Benson Hotel*, 309 S.W. Broadway, ☎ 503-228-9611, abends in

der Lobby Klavierjazz; Jazz auch im *Heathman Hotel*, 1001 S.W. Broadway, ☎ 503-241-4100; *Brasserie Montmartre*, 626 S.W. Park Ave., ☎ 503-224-5552, für jüngere Jazzfans; *Bojangles*, 2229 S.E. Hawthorne Blvd., ☎ 503-233-1201, Blues; *Kells Irish Pub*, 112 S.W. Second Ave., ☎ 503-227-4057, Guinness und irische Musik

Museen: *Portland Art Museum*, 1219 S.W. Park Ave., ☎ 503-226-2811, Di–Sa 11–17, So 13–17 Uhr, Eintritt, erster Di im Monat frei, eine der größten Sammlungen indianischer Kunst aus dem Nordwesten der USA, außerdem Stücke aus Asien, Afrika und Europa; *Oregon History Center*, 1230 S.W. Park Ave., Di–Sa 10–17, So 12–17 Uhr, Geschichte der Besiedlung des Westens, Wandgemälde, Karte des Oregon Trail; *Oregon Maritime Center & Museum*, 113 S.W. Naito Parkway, ☎ 503-224-7724, Mi–So 11–16 Uhr, historische Fotos, Schiffsmodelle, Navigationsinstrumente, Dampfer »Portland«, Eintritt; *Pittock Mansion*, 3229 N.W. Pittock Dr., tägl. 12–16 Uhr, 1914 vom Gründer des »Oregonian« erbautes ›französisches Château‹, großer Park, herrliche Lage über der Stadt, mit Restaurant, Eintritt; *American Advertising Museum*, 524 N.E. Grand Ave., ☎ 503-226-0000, wechselnde Öffnungszeiten, einziges Museum der USA, das sich ausschließlich mit der Geschichte der Werbung befaßt, Eintritt; *OMSI, Oregon Museum of Science and Industry*, 1945 S.E. Water Ave., ☎ 503-797-4534, tägl. ab 9.30 Uhr, Eintritt, Technologie-Museum mit angeschlossenem Omnimax-Kino; *Church of Elvis*, 720 S.W. Ankeny St., tägl. 12–17 Uhr, für Elvis-Fans, umsonst; *UFO Museum*, 1637 S.W. Alder St., unregelmäßige Öffnungszeiten, zeigt ›Beweise‹ für die Existenz außerirdischer Besucher, Eintritt

 Verkehrsverbindungen: Von der Gepäckausgabe des Flughafens nordöstlich der Stadt fahren

Busse der RAZ Transportation Co., 1660 S.W. Bertha Blvd., ☎ 503-246-4676, alle 30 Min. nach Downtown; billiger ist der Bus Nr. 12 zur Haltestelle Downtown S.W. Sixth Ave./Main St.; Busterminal, 550 N.W. Sixth Ave., Greyhound, ☎ 800-231-2222 oder 503-243-2357 für örtl. Auskunft; das alternative Busunternehmen Green Tortoise, ☎ 800-867-8647, fährt zweimal die Woche von Seattle über Portland bis Los Angeles; Stadtbusse sind in der Innenstadt (Freibereich Fareless Square) umsonst, Tonbandauskunft ☎ 503-231-3199; Busknotenpunkt Transit Mall an der Fifth und Sixth Ave. zwischen Madison und Burnside Sts; die supermoderne *Straßenbahn* MAX verbindet die ›Burbs‹, die Wohnstädte, mit der City; *Eisenbahn* ab Union Station, 800 N.W. Sixth Ave., Amtrak, ☎ 800-872-7245 oder 503-273-4866 für örtl. Auskunft

! **Tips:** *Bike Central*, 835 S.W. Second Ave., vermietet Fahrräder; *Alder Creek Kayak Supply*, 250 N.E. Tomahawk Island Dr., vermietet Kajaks; *Fantastic Hot Air Balloon*, ☎ 503-227-0599 oder 800-762-7464, Ballonfahrt nach Vereinbarung

Columbia River Gorge

Zwischen den beiden Bundesstaaten bietet die Schlucht des Columbia River Möglichkeiten für Wanderungen an Wasserfällen, zum Windsurfen und Schwimmen sowie Einblicke in die Pioniergeschichte und alte Felszeichnungen; ein Ausflug führt auf den höchsten Berg in Oregon, zu Rodin-Skulpturen am Ende der Welt und zu einem perfekten Nachbau von Stonehenge.

Wenige Meilen östlich von Portland fließt der Columbia River durch eine faszinierende Schlucht, die den einzigen Durchbruch durch die Cascades auf Meereshöhe bildet. Die Columbia River Gorge bot den frühen Siedlern ein letztes Hindernis auf dem Weg in den Westen. Im Jahre 1883 wurde die wichtige Verbindung zwischen dem östlichen Plateau und dem Gebiet westlich der Berge durch die Bahntrasse hergestellt. Kurz vor dem Ersten Weltkrieg baute man dort die erste größere geteerte Straße im Nordwesten.

Der Plan dazu stammte vom Automobilnarren und Phantasten Samuel Hill, der zuvor auf ausgedehnten Reisen in den Alpen und am Rhein europäische Baumethoden studiert hatte (vgl. S. 172). Simon Benson, der Holzbaron, finanzierte den Bau. Der dem Geländeverlauf folgende Columbia River Highway könnte mit seinen Stützmauern und gemauerten Brückenpfeilern auch irgendwo in den Alpen liegen.

Heute liegt auf der alten Trasse die Autobahn I-84. Die noch vorhandenen Teilstücke der alten Straße sind inzwischen für den Tourismus entdeckt, saniert und als Scenic Highway 30 ausgeschildert. Der Fluß hat in den letzten 100 Jahren sein Aussehen verändert. Vielfach gestaut, dienen seine Fluten heute der Bewässerung und der Energie-Erzeugung. Man sollte sich wegen der vielen reizvollen Stopps für diese Strecke mindestens vier Tage Zeit lassen.

Von Portland zum Mount Hood

Von Portland nimmt man die Abfahrt 17 vom Highway I-84, dort ist der Highway 30 bereits ausgeschildert. Wer mehr Zeit hat, besucht zuvor **Edgefield**, eine 1911 errichtete, ehemalige Farm bei Troutdale. Dazu nimmt man bereits Ausfahrt 16A. Der Portlander Gastrounternehmer McMenamin hat das alte Ensemble vor dem Abbruch bewahrt und zu einem inzwischen denkmalgeschützten, geschmackvollen Hotel-, Restaurant- und Erlebniskomplex umgestaltet, dem auch eine Winzerei (☎ 503-669-8610 oder 800-669-8610, Weinproben tägl. von 12–22 Uhr) und eine Brauerei angeschlossen ist. Im parkähnlichen Garten kann man picknicken, im ehemaligen Heizungsgebäude befindet sich ein kleines Kino.

Wer gern wandert, sollte sich in Troutdale bei der Ranger Station (31520 S.E. Woodard Rd., ☎ 503-695-2276) Informationen und eine Karte besorgen. An den vielen Wasserfällen, die in die Schlucht des Columbia stürzen, gibt es etliche Wanderwege auf den Rand der Schlucht.

Östlich von Troutdale beginnt ein Teilstück des alten Columbia River Highway, das einige kurvige Meilen dem Lauf des Sandy River folgt. Die **Dabney Day Use Area** eignet sich ideal für ein Picknick oder zum Schwimmen im Fluß. Danach passiert man die kleinen Orte Springdale und Corbett, ehe man den über dem Tal gelegenen **Women's Forum State Park** erreicht. Von dort bietet sich ein herrlicher Ausblick, die Landschaft auf der anderen Seite des Flusses erinnert an den Hochschwarzwald.

Wer es nicht eilig hat, kann auf der **Larch Mountain Road** einen Abstecher auf den 1200 m hohen Lärchenberg machen, den höchsten Berg unmittelbar am Fluß. Auf der geteerten Straße erreicht man nach 14 Meilen einen kleinen Picknickplatz und 400 m weiter den **Sherrard Viewpoint**. An klaren Tagen sind von dort die fünf Gipfel von Mount St. Helens, Rainier, Adams, Hood und Jefferson sichtbar.

Zurück auf dem Highway 30, wird man beim **Crown Point** me st durch den typischen Wind begrüßt, der vom Columbia-Plateau im Osten herüberweht. Vom 200 m über dem Fluß liegenden **Vista House**, einem Rundbau mit einer kleinen Ausstellung alter Fotos und einem Souvenirladen, überblickt man den Columbia River nach allen Seiten. Die Straße verläuft weiter eng und kurvig hoch oben am Abhang entlang, ehe sie sich in das Tal senkt und zunächst die **Latcurell Falls**, kurz danach **Shepperds Dell** und etwas weiter östlich **Bridal Veil Falls** erreicht. Die steilen Wände der Columbia-Schlucht und damit die zahlreichen Wasserfälle entstanden, als die Wellen der Spokane Flood (s. S. 97) vor Jahrtausenden die Böschung mit sich rissen und in den Pazifik spülten.

Mit einer Höhe von 190 m ist **Multnomah Falls** der vierthöchste Wasserfall der USA. An seinem Fuß liegt die 1925 als Rasthaus erbaute Multnomah Falls Lodge, oberhalb der Fälle gibt es eine Aussichtsplattform. Der 5 km lange Trail Nr. 441 führt am Multnomah Creek entlang und steil weiter zum Aussichtspunkt auf dem Larch Moun-

Multnomah Falls

tain. Bei den **Horsetail Falls**, die weiter östlich hinter der Oneonta Gorge liegen, kann man auf dem 5 km langen Oneonta-Horsetail Loop Trail zu den weiter bachaufwärts liegenden **Ponytail Falls** und zum Oneonta Creek wandern.

Bei Bonneville sieht man den **Beacon Rock** auf der anderen Flußseite. Der auffällige, 260 m hohe Monolith ist der stehengebliebene Lavakern eines Vulkans. An dieser Stelle bemerkten Meriwether Lewis und William Clark zum ersten Mal die Auswirkungen von Ebbe und Flut. Damit bestand endlich Gewißheit, daß sie ihrem Ziel, dem Pazifik, sehr nahe waren (vgl. S. 137). Im Beacon Rock State Park beginnt beim Picknickgelände ein 6 km langer Weg durch üppigen Wald zum 700 m hohen Gipfel des **Hamilton Mountain**; für die Strecke sollte man hin und zurück 4 bis 5 Stunden einplanen. Ein 1,5 km

langer Pfad führt über Spitzkehren und Stege auf den Gipfel des Felsens, von wo man eine herrliche Aussicht auf die Schlucht und den **Bonneville Dam** hat.

Dort, am untersten Damm des Flusses, befinden sich das älteste und das jüngste Kraftwerk am Columbia River. Der Damm und das erste Kraftwerk wurden 1937 errichtet, das zweite im Jahre 1981. Im Besucherzentrum (✆ 541-374-8820, tägl. 9–17 Uhr) auf Bradford Island wird die Geschichte des Damms erläutert. Neben dem Damm liegt die staatliche Fischzucht (✆ 541-374-8393, tägl. 9–17 Uhr, kein Eintritt), wo Forellen, Störe und Lachse zu sehen sind.

Der Ort **Cascade Locks** weiter östlich ist nach den bereits 1896 gebauten Schleusen *(Locks)* benannt, die Schiffen die Fahrt durch die gefährlichen Stromschnellen erleichterten. Durch den Bau des Dammes wurden die Schleusen überflüssig. Im Cascade Locks Marine Park kann man picknicken

Columbia River Gorge

Lachsleiter am Bonneville Dam

und Windsurfern zuschauen. Dort befindet sich im ehemaligen Schleusenwärterhaus das Cascade Locks Historical Museum (✆ 541-374-8619, im Sommer tägl. 12–17 Uhr, Spende erwünscht), wo unter anderem alte Fotos und Werkzeuge gezeigt werden.

Bei Cascade Locks führt die 1926 erbaute **Bridge of the Gods** über den Fluß. Der Name der Stahlkonstruktion weist auf eine indianische Sage hin, nach der an dieser Stelle ein gewaltiger Felsbogen den Columbia River überspannte. Nachdem der Große Geist die alte Frau Loo-Wit als Hüterin der Brücke eingesetzt hatte, schickte er seine Söhne Wy'east und Klickitat zur Erde. Die Idylle wurde erst gestört, als Squaw Mountain in die Nähe zog und beide Brüder sich in sie verliebten. Im Streit warfen sie glühende Steine aufeinander. Dabei zerstörten sie die Brücke, und auch Loo-Wit wurde getötet. Der Große Geist erweckte jedoch die alte Frau zum Leben und machte sie zum Mount St. Helens.

Wie so oft hat auch diese Sage einen realen Kern. Um das Jahr 1200 fand ein gewaltiger Erdrutsch statt, der *Cascade Landslide*. Auf

Luftaufnahmen kann man die beiden Berge etwas nördlich vom Fluß erkennen, die bei der Naturkatastrophe buchstäblich in zwei Hälften barsten. Die Geröllmassen bedeckten den Fluß auf 6 km Länge und stauten ihn zu einem 60 m tiefen See, der bis ins heutige Idaho reichte. Als der Damm endlich brach, bildeten seine Überreste die Inseln und Stromschnellen bei Cascade Locks.

Auf der Nordseite des Columbia River erreicht man das **Columbia Gorge Interpretive Center** (✆ 509-427-8211, im Sommer tägl. 10–19 Uhr, Eintritt) bei Stevenson. In dem aufwendig gestalteten Gebäude ist neben einer alten Dampfmaschine auch ein 11 m hohes Fischrad ausgestellt. Die größten dieser Fischfallen konnten mehr als 14 000 t Fisch im Jahr aus dem Fluß baggern. Um den Fischbestand nicht vollständig zu vernichten, wurde die Benutzung der Fischräder 1926 verboten. Das Museum versucht mit audiovisuellen Mitteln, einen umfassenden Einblick in Geologie und Geschichte des unteren Columbia River zu geben. Exponate indianischer Herkunft, etwa Ausrüstung zum Fischfang und ein Mantel aus Bärenfell, runden das Bild ab.

Fährt man auf der Washington-Seite des Flusses weiter Richtung Osten, erreicht man **Carson**, einen kleinen Ort, in dem insbesondere das Carson Hot Mineral Springs Resort einen Besuch lohnt. Das bereits 1897 gebaute Hotel (✆ 509-427-8292) bietet neben warmen Mineralbädern auch Massagen an, das Richtige, um sich nach einem anstrengenden Tag zu erholen. Von Carson führt der **Wind River Highway** Richtung Norden zum Mount St. Helens. Will man dorthin fahren, kann man sich bei der Wind River Ranger Station (an der Straße, ✆ 509-427-5171) eine Karte und Rat holen, wo gerade am besten Beeren zu pflücken sind.

Zurück auf dem Highway 14, finden Wanderer bei Meile 54 den Startpunkt des **Dog Mountain Trail**. Der 800 m hohe Berg bietet herrliche Blicke über den Fluß und auf die Cascades. Für den teilweise steilen Weg sollte man 5 Stunden hin und zurück einplanen.

Die Columbia River Gorge ist wegen des stetigen Windes unter Windsurfern berühmt, die man immer öfter wie bunte Schmetterlinge auf und über dem Wasser schweben sieht. Bei **Swell City** und weiter östlich bei der **Spring Creek Fish Hatchery** setzen nur Könner ein, die teilweise atemberaubende Akrobatik vorführen.

Eine Brücke führt westlich von Bingen über den Columbia-Fluß nach **Hood River**. Wie sehr sich in diesem Ort alles um Windsurfing dreht, wird spätestens im Columbia Gorge Sailpark (✆ 541-386-2000), im Ortszentrum am Fluß, sichtbar. Vor Jahren durch den Niedergang von Fischfang und Holzindustrie fast schon totgesagt, blühte Hood River zu neuem Leben auf, als Surfer entdeckten, daß es in der Schlucht des Columbia River kaum

Wellen, aber starken, konstanten Wind gab. Heute sind auf den Autodächern im Ort gleich mehrere *Boards* festgeschnallt. Die selbsternannte Welthauptstadt des Windsurfens lebt inzwischen ganz gut von den *Boardheads.*

Die idealen Bedingungen locken Spitzensurfer an, welche auf ihren kleinen Brettern Geschwindigkeiten von über 60 km/h erzielen und mit ihren atemberaubenden Kunststücken auch Zuschauer für den Sport begeistern. Am ersten Juli-Wochenende treffen sich die Stars zum *Gorge Blowout* (✆ 503-667-7778), einem 30-km-Rennen von Stevenson nach Hood River, das von einer echten Beach Party im Port Marina Park in Hood River begleitet wird. Die Surfer-Metropole hat dank des jungen Publikums eine lebhafte Kneipenszene entwickelt, so daß auch nach dem Surfer-Feierabend für Unterhaltung gesorgt ist. Sogar eine *Microbrewery* (Full Sail Brewing Company, 506 Columbia St., ✆ 541-386-2247) gibt es und zwei Weingüter: Hood River Vineyards (✆ 541-386-3772, 4693 Westwood Dr., tägl. 11–17 Uhr) und Flerchinger Vineyards (4200 Post Canyon Drive, ✆ 541-386-2882, tägl. 11–17 Uhr), beide westlich vom Ort.

Abstecher zum Mount Hood

Hood River ist idealer Ausgangsort für einen Abstecher nach Süden zum Mount Hood, dem mit 3427 m

höchsten Berg in Oregon. Man fährt dazu durch fruchtbares Gebiet, das seit Beginn des 20. Jh. für den Obstbau genutzt wird. Apfel-, Birnen- und Pfirsichplantagen säumen den Highway 35. Die Kulturlandschaft des weiten, grünen, fruchtbaren Tals steht in starkem Gegensatz zum trocken-braunen Gebiet am Columbia River. Je weiter man nach Süden fährt, desto beherrschender thront Mount Hood über dem Tal. Am **Barlow Pass** erreicht die Straße mit knapp 1300 m ihren höchsten Punkt. Der Paß wurde nach dem frühen Pionier Samuel Barlow benannt.

Die Siedler, die über den Oregon Trail in The Dalles am Columbia River ankamen, hatten zunächst nur die Möglichkeit, per Boot auf dem gefährlichen Fluß weiter nach Westen zu gelangen. Die Schlucht war für ihre Wagen unpassierbar. Als Alternative dazu schlug Barlow im Jahre 1845 eine Straße in die unwegsame Wildnis, die bis nach dem Ersten Weltkrieg die einzige Straße zum Mount Hood blieb. Barlow ließ sich von den erschöpften Siedlern einen kräftigen Wegezoll bezahlen.

Vom Barlow Pass geht es auf dem Highway 26 über den kleinen, von Hotels und Skigeschäften gebildeten Ort Government Camp auf den Berg zur **Timberline Lodge**. Kinogänger kennen den Schauplatz: Dort drehte man die Außenaufnahmen des Horrorfilms »The Shining« mit Jack Nicholson. Dieses Urbild aller Berghotels wurde

in den Jahren 1936 bis 1938 im Rahmen staatlich finanzierter Arbeitsbeschaffungsmaßnahmen errichtet. Die von Roosevelt mit seiner Politik des *New Deal* initiierte *Works Progress Administration* sollte während der Weltwirtschaftskrise neue Jobs schaffen. Die 500 mit dem Bau beschäftigten Arbeiter sahen in ihrer Tätigkeit vermutlich mehr als nur einen Job – sie arbeiteten für einen Traum.

Die massive Holzkonstruktion der zum *National Historic Landmark* erhobenen Timberline Lodge ist überwältigend. Im Inneren hat die Originalmöblierung großenteils überdauert. Die Bezugs- und Vorhangstoffe sind handgewebt, schmiedeeiserne Teile wurden vor

Blick von der Timberline Lodge auf die Südflanke des Mount Hood

sollte sich eine Übernachtung auf dem Berg nicht entgehen lassen. Von der Lodge, die auf 1800 m Höhe liegt, hat man eine herrliche Rundumsicht, an klaren Tagen ist sogar der Gipfel von Mount Shasta in Kalifornien auszumachen.

Zurück am Columbia River, fällt nach dem Ausflug in höhere Regionen der starke Kontrast zwischen dem im Sommer verbrannten Nordufer und grünbewaldeten Südufer noch mehr auf. Hood River liegt gerade dort, wo die enge Schlucht des Columbia sich nach Osten weitet, wo die Ufer braun und wüstenähnlich erscheinen. Das Gebirge ist durchquert, das trockene Land hinter den Cascades ist erreicht.

Weiterfahrt nach Stonehenge

Der nächste Ort, **The Dalles**, erhielt seinen Namen von französischen Trappern, die den Ort *La Grande Dalle de la Columbia* nannten, die große Steinplatte. Dort befand sich das vorläufige Ende des Oregon Trail. The Dalles besitzt noch seinen alten Kern und ist heute ein landwirtschaftliches Zentrum, umgeben von Getreidefeldern und Obstplantagen. Ein

Ort gefertigt und ebenso wie die Steinmetzarbeiten sorgfältigst ausgeführt, im Land des Plastiks und der Wegwerfware ein unerwarteter Fund. Der Bau aus Stein, Eisen und Holz mit deutlichen Rudolf-Steiner-Anklängen kann täglich mehrmals (jeweils um 11, 13, 15 Uhr, kostenlos) bei Führungen besichtigt werden. Wer genügend Zeit hat,

Samuel Hill

Prinz von Schloß Nirgendwo

Samuel Hill galt bereits zu Lebzeiten als Exzentriker. Der Anwalt, Geschäftsmann, Philanthrop, Diplomat, Quäker, Pazifist und nicht zuletzt Millionär hat das Gebiet entlang der Columbia River Gorge geprägt wie kaum ein anderer. So initiierte der Prince of Castle Nowhere, wie er in einer Biographie genannt wird, nicht nur maßgeblich den Bau des Columbia River Highway, sondern kaufte auch 1907 im Osten der Gorge ein 28 km² großes Gelände. Dort wollte er am Nordufer des Columbia River eine bäuerlich-utopische Quäkergemeinde mit dem Namen Gelobtes Land gründen. Für sich selbst begann er 1914 ein Haus zu bauen, das einem französischen Château nachempfunden war. Der autoversessene Hill konzipierte das Erdgeschoß als Auffahrhalle für motorisierte Gäste, zwei breite Rampen dienten als Zu- und Abfahrt.

Hill, der 1857 in einer Quäkerfamilie geboren wurde, hatte sein Vermögen mit Eisenbahnen gemacht. Nach dem Studium der Rechte in Harvard wurde er zunächst Vertrauter, dann Schwiegersohn des Eisenbahnmagnaten James J. Hill. Technologie- und fortschrittsbegeistert, gründete er Telefon- und Stromversorgungsunternehmen in Portland und Seattle. Von rastloser Unruhe erfüllt, reiste er wiederholt nach Europa, versuchte dort, dem Adel Eisenbahnaktien zu verkaufen, und lernte dabei Gott und die Welt kennen.

Als das Dorf fertiggebaut war, zogen es die Quäker angesichts der gottverlassenen Gegend vor, woanders zu siedeln, die Gebäude verfielen.

Der schwerreiche Hill hatte auf einer seiner Reisen die Amerikanerin Loie Fuller kennengelernt, die in Paris im Folies-Bergère als Tänzerin berühmt geworden war. Diese wiederum hatte gute Kontakte zur Pariser Kunstszene und empfahl Hill, Werke des 1917 verstorbenen Auguste Rodin zu kaufen und sein Traumschloß zum Kunstmuseum zu machen. Hill war von der Idee begeistert und begann zu sammeln.

Damm mit Schleusen sperrt den hier 3 km breiten Fluß ab. Im Sommer können die Generatoren und Fischleitern besichtigt werden.

Auf dem Highway 197 überquert man bei The Dalles den Columbia River. Im **Horsethief Lake State Park** angelangt, kann man

Im Jahre 1926 überredete Hill seine Bekannte, Königin Maria von Rumänien, die Einweihung vorzunehmen. Im Privatzug ihres Gastgebers reiste sie an, beladen mit Kisten voller Exponate für das Museum – Maria wußte wohl nicht, daß das Haus von der Fertigstellung noch weit entfernt war. »Manchmal erscheinen die Taten von Träumern unverständlich, und man fragt sich, warum Träumer die Welt so anders sehen«, sagte sie der versammelten Menge bei der Einweihung, die dennoch stattfand. Für das Publikum wurde das Museum erst 1940 geöffnet, allerdings ohne Mitwirkung von Hill, der bereits 1931 gestorben war. Eine weitere Freundin, die reiche Witwe Alma Spreckels, die auch große Teile ihrer Privatsammlung dem Museum vermachte, führte die Eröffnung durch.

Die Lage des Museums ist einmalig, weitab von jeder Ortschaft oberhalb des Columbia River, wo die steilen Basaltklippen den kahlen, weiten Hügeln der östlichen Hochwüste weichen. Auch die Sammlung des Museums ist einzigartig, wenngleich eklektisch. Neben Möbeln der Königin Maria finden sich Elfenbeinschnitzereien des 19. Jh. aus Indien und französische Modepuppen im Miniformat, die aus der Zeit nach dem Zweiten Weltkrieg stammen. Der Höhepunkt ist die Rodin-Sammlung, die einen Flügel des Untergeschosses einnimmt.

Sam Hill hinterließ ein paar Meilen weiter östlich noch ein weiteres Bauwerk, einen exakten Nachbau des englischen Stonehenge. Statt Ruinen findet man die Steinkreise komplett und in voller Größe vor, nach astronomischen Kriterien ausgerichtet wie das Vorbild bei Salisbury. In der einsamen Landschaft wirkt das Monument noch surrealistischer als das Museum Maryhill, wie die Kulisse zu einem mysteriösen Theaterstück. Die Nachbildung war von Sam Hill als Mahnmal für die Opfer des Ersten Weltkriegs gedacht, glaubte er doch irrtümlicherweise, daß das echte Stonehenge Opferstätte eines Kriegsgottes war. Es herrscht eine beinahe mystische Atmosphäre am Ort des Nachbaus, die auch Spötter verstummen läßt.

Was immer der Visionär Hill in seinem gescheiterten Traum sah, die Gegend liebte er so sehr, daß er sich in einer Granit-Krypta auf einem Fels 50 m unterhalb von Stonehenge mit Blick auf den Fluß begraben ließ.

der Hitze durch ein erfrischendes Bad ausweichen. Felszeichnungen, die aus der Zeit vor der Expedition von Meriwether Lewis und William Clark stammen, können dort aus Furcht vor Vandalismus nur noch nach Anmeldung (Sa um 10 Uhr, ☎ 509-767-1159) in Begleitung des

Kurioser Nachbau: Stonehenge

Parkpersonals besichtigt werden. Am bedeutendsten ist das Porträt von *Tsagaglalal,* Sie-die-beobachtet.

Bei Wishram befindet sich ein Aussichtsparkplatz mit einer Gedenktafel für **Celilo Falls,** dem einstmals größten Fischplatz der Indianer. Der Fluß bildete an dieser Stelle mehrere enge Arme und stürzte rund 12 m über die Felsen. Die Überwindung dieses Hindernisses kostete die Expedition von Lewis und Clark im Oktober 1805 zwei Tage (vgl. S. 137). Wie im Expeditionsbericht festgehalten wurde, nutzten die Forscher den Wasserfall, um sich die Flöhe vom Körper zu waschen. Durch den Bau des Damms bei The Dalles wurde dieser Platz 1957 überflutet.

Auf der Weiterfahrt durch Steinwüste und Steppenlandschaft wird die Größe und Weite der Landschaft immer deutlicher spürbar. Es gibt fast keinen Baumbewuchs. Wie eine Fata Morgana taucht inmitten dieser unwirklichen Wüstenszenerie das Museum **Maryhill** (35 Maryhill Museum Dr., Goldendale, ☎ 509-773-3733, im Sommer tägl. 9–17 Uhr, Eintritt) mit Bäumen, Rasen, Blumenbeeten und freilaufenden Pfauen auf. Der reiche Exzentriker Samuel Hill hatte das Haus im Jahre 1914 als Wohnstätte erbaut. Später mußte er seine Pläne ändern und wandelte das nach Frau und Tochter benannte Gebäude in ein Museum um. Kontrastierende und sich gegenseitig in der Wirkung verstärkende Höhepunkte sind die Rodin-Sammlung und eine Ausstellung indianischer Steinskulpturen sowie aufs feinste geflochtene Körbe und gewebte Decken.

Der einige Meilen weiter östlich stehende Nachbau des englischen **Stonehenge** (kein Eintritt, immer offen) in Originalgröße stammt ebenfalls von Hill. Am besten hält man sich kurz vor Sonnenuntergang dort auf. Die Sonne von der Mitte des Steinzirkels aus hinter

Mount Hood versinken zu sehen, übt einen eigenartigen und unerwarteten Zauber aus.

Information in *Hood River:* Chamber of Commerce, Port Marina Park, Hood River, OR 97031, ✆ 800-366-3530 oder 541-386-2000; in *The Dalles:* Convention & Visitor Bureau, 901 E. Second St., The Dalles, OR 97058, ✆ 800-255-3385

Unterkunft: *McMenamins Edgefield*, 2126 S.W. Halsey St., Troutdale, ✆ 800-669-8610 oder 503-669-8610, Hotel-, Restaurant- und Erlebniskomplex, auch Jugendherberge, $$ $$$; *Carson Hot Mineral Springs Resort*, ✆ 509-427-8292, Hotel und Cabins, tägl. Mineralbad, $; *Vagabond Lodge*, 4070 Westcliff Dr., westl. von Hood River, ✆ 541-386-2992, gutes Motel, $$$; *Columbia Gorge Hotel*, 4000 Westcliff Dr., westl. von Hood River, ✆ 800-345-1921 oder 541-386-5566, altes Nobelhotel, 1921 für den Holzbaron Simon Benson gebaut, $$$$$; *Lakecliff Estate Bed & Breakfast*, 3820 Westcliff Dr., westl. von Hood River, ✆ 541-386-7000, Landhaus von 1908 mit Blick auf die Schlucht, $$$; *Hood River Hotel*, 102 Oak St., Hood River, ✆ 541-386-1900, altes Hotel im Zentrum, $$$–$$$$; *Timberline Lodge*, Government Camp, OR 97028, ✆ 800-547-1406 oder 503-272-3311, Berghotel auf 1800 m Höhe, $$–$$$$

Camping: *Beacon Rock State Park*, bei Skamania in Washing-

175

ton; *Viento State Park*, bei Cascade Locks in Oregon; *Ainsworth State Park*, bei Horsetail Falls in Oregon, gut als Basis für Wanderungen an den Wasserfällen; *Horsethief State Park*, bei Wishram in Washington

Restaurants: *The Gorge Café*, Port Marina Park, Hood River, ✆ 541-387-3811, direkt am Wasser, $–$$; *6th Street Bistro*, Sixth/Cascade Sts, Hood River, ✆ 541-386-5737, freundlich, reiche Auswahl, $$; *The Mesquitery*, 1219 Twelfth St., Hood River, ✆ 541-386-2002, Huhn, Fisch und Fleisch vom Räuchergrill, $–$$; *Hood River Hotel Café*, 102 Oak St., Hood River, ✆ 541-386-1900, im Zentrum, $$; *Columbia River Court*, 4000 Westcliff Dr., ✆ 800-345-1921 oder 541-386-5566, im Columbia Gorge Hotel westl. von Hood River, gepflegter Speisesaal mit Aussicht, $$$; *Timberline Lodge*, Government Camp, OR 97028, Essen reservieren unter ✆ 503-231-7979, herrliches Berghotel auf 1800 m Höhe, $$

Kneipen: *Full Sail Brew Pub*, 506 Columbia St., Hood River; *Horsefeathers Brew Pub*, State/Second Sts, Hood River

Festivals: *County Fair*, Hood River, ✆ 541-354-2865, am letzten Wochenende im Juli mit Jahrmarkt, Viehversteigerung und Lassowettkämpfen; *Apple Jam*, Hood River, ✆ 541-387-7529, Open-air-Konzert im Marina Park in der zweiten Augusthälfte

Museen: *Historical Museum*, Cascade Locks, ✆ 541-374-8619, im Sommer tägl. 12–17 Uhr, alte Fotos, Werkzeuge, Spende erwünscht; *County Museum*, Hood River, ✆ 541-386-6772, Mi–Sa 10–16, So 12–16 Uhr, Regionalgeschichte, Exponate zum Obstbau und eine während der Prohibition beschlagnahmte Whiskey-Distille, Ein-

tritt frei; *Courthouse Museum*, 406 W. Second St., The Dalles, ✆ 541-296-4798, Di–Sa 11–15 Uhr, Regional- und Pioniergeschichte, Eintritt frei; *Surgeon's Quarters*, Fifteenth/Garrison Sts, The Dalles, ✆ 541-296-4547, einzig erhaltenes Gebäude des Forts von 1857, Eintritt

Touren: *Mount Hood Railroad*, 110 Railroad Ave., ✆ 541-386-3556 oder 800-872-4661, im Sommer Mi–So, vierstündige Fahrt mit einer alten Eisenbahn nach Parkdale und zurück; *Raddampfer »Columbia Gorge«*, Cascade Locks, ✆ 503-223-3928, dreimal tägl. im Sommer zweistündige Fahrt zum Staudamm und nach Stevenson, Eintritt

Wein: *Columbia Cliffs Vineyard & Winery*, 8866 Hwy 14, P.O. Box 14, Wishram, WA 98673, ✆ 509-767-1100 oder 773-5662, im Sommer tägl. 11–17 Uhr, 1985 gegründet, nach den über 100 m hohen Basaltfelsen benannt, Rotwein; *Mont Elise Vineyards*, 315 West Steuben St., Bingen, WA 98605, ✆ 509-493-3001, tägl. 11.30–17 Uhr, bayerisch verkleidetes Gebäude, produziert auch Schaumwein; *Charles Hooper Family Winery*, 196 Spring Creek Rd., Husum, WA 98623, ✆ 509-493-2324, 11–17 Uhr an Wochenenden und meist tägl. im Sommer, Picknick mit Blick auf den Mt. Hood, von Rhein und Mosel inspirierter Riesling

Aktivitäten: *Fort Oregon* auf Thunder Island bei Cascade Locks, ✆ 503-646-2256, tägl. 10–19 Uhr, Theme Park für Reisende mit Kindern – jede Ähnlichkeit mit echter Geschichte ist rein zufällig, Eintritt; *Sesselliftfahrt von der Timberline Lodge* auf den Mount Hood bis auf 2100 m Höhe; *Mt. Hood Skibowl* kann im Sommer von Mountainbike-Fahrern benutzt werden

Weinland am Willamette

In der Umgebung von Portland beginnt das vorzügliche Pinot Noirs produzierende Weinbaugebiet am Willamette, das bis in die Nähe von Salem reicht, Ausgangspunkt für einen Abstecher zum Crater Lake.

Burgund in Oregon

Gleich südlich von Portland beginnt die berühmteste Weingegend von Oregon, das Anbaugebiet im westlichen Tal des Willamette River. In nicht einmal 30 Jahren haben die Winzer dort allen Unkenrufen zum Trotz die Pessimisten widerlegt und – wieder einmal – den amerikanischen Traum realisiert. Beinahe wie Perlen an einer Kette reihen sich am Highway 99W. bis nach Eugene so viele Weingüter aneinander, daß man Wochen brauchen würde, um alle auf der etwa 100 Meilen langen Strecke zu besuchen. Viele der Winzereien bieten für eine kleine Gebühr oder umsonst Weinproben an.

Wenn man sich aus dem wuchernden Vorstadtgürtel bei Beaverton herausgearbeitet hat, beginnt eine kleinräumige Landschaft mit Streuobstwiesen, in der man sich sofort wohlfühlt. Vom Highway 217 biegt man nach Westen auf den Highway 210, die Scholls Ferry Road, ab und fährt nach Süden bis zur Abzweigung zu den

Ponzi Vineyards (14665 S.W. Winery Lane, Beaverton, OR 97007, ✆ 503-628-1227, Mo–Fr 11–17, Sa–So 12–17 Uhr). Der Familienbetrieb ist für Spät- und Grauburgunder bekannt. Etwas weiter nördlich liegen die **Cooper Mountain Vineyards** (9480 S.W. Grabhorn Rd., Beaverton, OR 97007, ✆ 503-690-0027, Fr–So 12–17 Uhr), wo hauptsächlich Burgundersorten angebaut werden.

Der Highway 210 führt nun durch eine weite Hügellandschaft mit Plantagen voll kleiner Obst- und Haselnußbäume. Ganz ungewohnt wirkt die ausgeprägte Mischnutzung einer Kulturlandschaft, wie man sie im Westen der USA nur selten findet. Auch die Straßen sind in Führung und Breite europäisch, nur die Vulkane im Hintergrund passen nicht in das europäisch anmutende Bild. Immer wieder tauchen die Gipfel des Mount Rainier, St. Helens, Adams und Hood auf.

Bei Newberg erreicht man den Highway 99W., auf dem vor 100 Jahren die Postkutschen nach San Francisco fuhren. Erst 1917 wurde

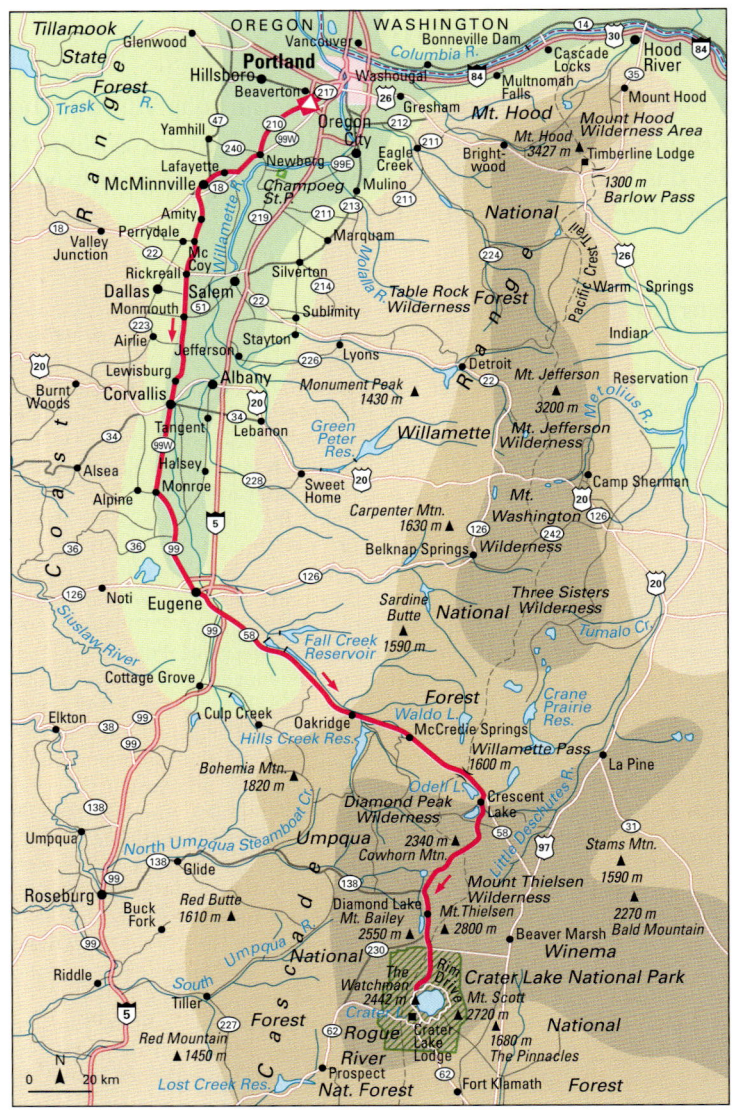

der damalige »Pacific Highway« geteert und mit der heutigen phantasielosen Nummer bezeichnet. Bis zum Bau der Autobahn I-5 in den 60er Jahren war der Highway die Hauptstrecke nach Süden. **Newberg**, ein reizloses kleines Provinznest mit 12 000 Einwohnern, erhielt seinen Namen von einem Postbeamten, der aus dem bayerischen Neuburg kam.

Etwas weiter südlich fing alles an: Die Geschichte von David Lett, der an der kalifornischen Weinbau-Universität in Davis studiert hatte, ist beinahe schon zur Legende geworden. In der Nähe von **Dundee** kaufte er 1966 ein Stück Land und baute als erster Spätburgunder an – und das, nachdem ihm sein Professor prophezeit hatte, daß er im Regen versinken und Fußpilz bis zu den Knien bekommen werde.

Eine alte Wellblechbude bei den Gleisen in McMinnville, in der früher Truthähne verarbeitet wurden, funktionierte David Lett zum Weinkeller um. Gut ein Dutzend Jahre später, 1979, verblüffte sein Spätburgunder des Jahrgangs 1975 in Paris bei der von den Gastronomie-Gurus Gault-Millau veranstalteten Wein-Olympiade die Fachwelt. Als sich dies ein Jahr später im Burgund bei einer vom renommierten Weingut Drouhin organisierten Verkostung wiederholte, wurde Pinot Noir aus Oregon plötzlich zu

e ner Größe, mit der zu rechnen war. Der beste Beweis: Drouhin besitzt seit 1988 eine Dépendance in Oregon, gar nicht weit entfernt von den **Eyrie Vineyards** des David Lett (P.O. Box 697, Dundee, ☎ 503-472-6315, nur nach Vereinbarung).

Die Weingüter **Torii Mor** (18325 N.E. Fairview Dr., ☎ 503-538-2279, Sa–So 12–17 Uhr), **Lange** (18380 N.E. Buena Vista Rd., ☎ 503-538-6476, tägl. 11–17 Uhr) und besonders **Erath Vineyards** (Worden Hill Rd., ☎ 800-539-9463, tägl. 11–17 Uhr) bieten neben der Verkostung ihrer Produkte Anlagen zum Picknicken oberhalb von Dundee. Von dort hat man einen Ausblick über schön bearbeitete Weinberge und das Willamette-Tal auf den Mount Hood und Mount Bachelor.

In **McMinnville**, dem Zentrum des nördlichen Anbaugebiets, findet jedes Jahr am letzten Juli-Wochenende ein dreitägiges Seminar zum Thema Pinot Noir statt (International Pinot Noir Celebration, ☎ 503-472-8964). Interessant für Besucher ist vor allem der letzte Tag, an dem eine öffentliche Weinprobe veranstaltet wird (Eintritt). Der Ort besitzt einen netten, aber kleinen Kern, der von der vierspurigen Durchgangsstraße verdeckt wird. Dort gibt es auch einige Kneipen und Restaurants.

Nicht alle Weingüter haben eine Probierstube. Der **Oregon Wine Tasting Room** (☎ 503-843-3787, tägl. 11–17.30 Uhr), wenige Meilen weiter am Highway 18 bei der

Willamette Valley

Der Beginn einer wunderbaren Freundschaft

Weinbau im Pazifischen Nordwesten

Der Pazifische Nordwesten ist auch als Weingebiet faszinierend. Allerdings ist die Szene noch in dauerndem Wandel begriffen, nicht zuletzt weil der Weinbau in Washington und Oregon noch sehr jung ist. Zwar wurden bereits vor etwa 120 Jahren die ersten Reben angepflanzt, aber die Prohibition machte der Kelterung von Wein in den 1920er Jahren den Garaus. Nach deren Abschaffung 1934 dauerte es gute 40 Jahre, bis die Region für den Weinbau wiederentdeckt wurde.

Derart ungebunden von Traditionen, wurde anfangs zwanglos herumexperimentiert – das amerikanische Publikum, wenn es überhaupt Wein trank, war anspruchslos und kannte damals meist nur die Unterscheidung zwischen Rot- und Weißwein. Man findet diesen *Jug Wine* heute noch in Supermarktregalen, in Behältern, die 1,5, 3 oder 4 l fassen und oft auch einen Henkel (*Jug* = Krug) besitzen. Auf dem Etikett stehen meist generische Bezeichnungen wie Burgundy, Chianti oder Sauterne. Allerdings stammt dieser ›Wein‹ gewiß nicht aus dem Pazifischen Nordwesten.

In Washington wurden zunächst Riesling und Cabernet angebaut, wobei der Schwerpunkt mit 80 % bei Weißwein lag. Inzwischen haben sich Sorten und Mengen verschoben. Chardonnay und Merlot sind die Hauptsorten, und Rot- und Weißwein halten sich in etwa die Waage. In Oregon setzte man anfangs auf Riesling und Gewürztraminer. Heute liegt der Schwerpunkt auf den Burgundersorten Pinot Noir und Chardonnay, außerdem ist auch Grauburgunder beliebt.

Der Gebirgszug der Cascades trennt Washington und Oregon jeweils in eine mildere, feuchte maritime Westseite und eine trockene Ostseite mit kontinentalem Klima, wo aufgrund der heißen Sommer und kalten Winter ohne Bewässerung nichts angebaut werden kann. Dennoch befinden sich die Weinbaugebiete in Washington östlich, in Oregon dagegen westlich der Cascades.

Unterschiedlich ist auch die Struktur der Rebflächen. In Washington überwiegen Anbauer, die Trauben großflächig als *Cash Crop* wie Obst oder Weizen anbauen und ihre Ernte an Weinkellereien verkaufen. Die etwa 5000 ha, die dort zur Zeit bebaut werden – in den späten

1960er Jahren waren es gerade 160 ha –, liegen fast alle östlich der Cascades im Columbia Valley. Wie oft auf den Etiketten zu lesen ist, befinden sich die Weinberge auf demselben Breitengrad wie Bordeaux. Welches Wachstumspotential noch vorhanden ist, läßt sich am Weinanbau im kalifornischen Napa Valley verdeutlichen, wo die dreifache Fläche mit Reben bestellt ist.

In Oregon dagegen, wo momentan nur etwa halb soviel Bodenfläche für den Rebenanbau genutzt wird, begannen in den 1960er Jahren Aussteiger aus Kalifornien, mit wenig Geld eine neue Existenz aufzubauen. Dank ihrer Abneigung gegen den immerwährenden Sonnenschein ließen sie sich im Willamette Valley nieder, dem kühlsten Anbaugebiet der USA, und wurden Winzer. Eine Rolle spielte bei der Ortswahl sicher auch der Kaufpreis für Farmland, der damals wegen einer Krise der Landwirtschaft sehr niedrig war. Aus diesem Grunde sind die Weingüter klein, gerade ›burgundergroß‹, wie ihre Besitzer stolz feststellen. Dem kühlen Klima angepaßt ist auch die Rebsorte, der Pinot Noir, welcher im Norden des Willamette-Tals zu bemerkenswerten Produkten gekeltert wird.

Die Erfolge der kleinen Weinbauern, die mit viel Idealismus, aber wenig Geld arbeiteten, haben natürlich auch finanzkräftigere Investo-

Weinberge bei McMinnville

ren angezogen. Nicht zuletzt ist dies an den Gebäuden zu sehen – die Zeiten, als man Wellblechbuden und alte Hühnerfarmen zu Kellereien umbaute, sind vorbei. Neben den Willamette Valley Vineyards, einer Aktiengesellschaft mit 4000 Gesellschaftern, sei noch einer der besten Betriebe in Oregon genannt, der private King Estate. Die millionenschwere Familie stampfte das Unternehmen in der Nähe von Eugene in nur zwei Jahren aus dem Boden. Die erste Pressung war 1992, bereits zwei Jahre später war King der größte Produzent in Oregon. Heute ist die Firma der größte Erzeuger von Pinot Gris in den USA. Natürlich sind es noch Kellereiabfüllungen; von den über 200 ha des Weingutes werden erst die Hälfte genutzt, King kauft von über 30 Anbauern.

Kreuzung zur Straße nach Amity, enttäuscht jedoch ein wenig. Man kann dort zwar nahezu 100 Sorten von 47 Weingütern kaufen, gegen eine kleine Gebühr aber nur sechs bestimmte Weine probieren.

Schon in Richtung der Hauptstadt Salem liegen die beiden Güter **Amity** (18150 Amity Vineyards Rd. S.E., ✆ 503-835-2362, tägl. 12–17 Uhr) und **Bethel Heights**, (6060 Bethel Heights Rd. N.W., ✆ 503-581-2262, im Sommer Di–So 11–17 Uhr), während **Eola Hills** (501 South Pacific Hwy, ✆ 503-623-2405, tägl. 12–17 Uhr) weiter südlich am Highway 99 zu finden ist.

Abstecher zum Crater Lake

Als Zwischenstation mit günstigen Preisen bietet sich **Corvallis** an. In dem netten Universitätsstädtchen mit 45 000 Einwohnern kann man einen Kneipenbummel genießen oder eines der im Juni und Juli stattfindenden Festivals besuchen.

Wer Zeit hat, kann weiter nach Süden über Eugene und den Highway 58 auf dem »Cascade Summit Drive« zum Crater Lake fahren. Dabei folgt man dem Willamette River und passiert den knapp 1600 m hohen **Willamette Pass**. Dahinter liegt ein Seengebiet um den **Odell Lake** und die **Diamond Peak Wilderness**, ein ideales Wandergebiet.

Nur zwei Zufahrten führen zum **Crater Lake**, dem einzigen Nationalpark in Oregon. Der See füllt die Caldera des Mount Mazama. Vor etwa 7700 Jahren muß dieser Vulkan, damals etwa 3600 m hoch, ausgebrochen sein. Wahrscheinlich waren Menschen Zeugen des

Auf Entdeckungstour am Crater Lake

Ausbruchs, denn Indianerlegenden berichten von einem schrecklichen Kampf zwischen den Göttern der Ober- und Unterwelt. Der Ausbruch soll ungefähr 42mal stärker gewesen sein als die Eruption des Mount St. Helens im Jahre 1980. Lava und Asche wurden dabei auf circa 13 000 km² verteilt, Spuren davon gelangten bis ins Gebiet der heutigen kanadischen Provinz Alberta.

Der Krater hat einen Durchmesser von rund 10 km. Es gibt keinen sichtbaren Zu- oder Abfluß, Regen und Schnee sind die einzigen Wasserquellen. Wahrscheinlich dauerte es 600 bis 800 Jahre, bis der See, der tiefste der USA, die heutige Tiefe von 600 m erreichte. Das Wasserniveau hat sich stabilisiert und schwankt kaum mehr als 1 m im Jahr. Die Unberührtheit, die Unberührbarkeit des tiefblauen Wassers wird durch die »Insel des Zauberers«, Wizard Island, noch verstärkt. Auch im Winter gefriert der See nicht.

Für die Indianer war der Crater Lake ein heiliger Platz, dessen Existenz sie geheimhielten. Von den weißen Pionieren wurde der See erst 1853 entdeckt, obwohl schon Jahrzehnte zuvor Weiße in der Gegend waren. Im Jahre 1902 wurde der Crater Lake zum sechsten Nationalpark der USA erklärt.

Der Nordzugang und die Ringstraße sind wegen Schnee meist nur von Juli bis Mitte Oktober zugänglich, der Südzugang ist ganzjährig offen. Aber auch im Sommer kann es kühl werden, Schnee auf den Nordhängen ist nicht ungewöhnlich. Am Südeingang liegt Mazama Village mit Tankstelle, Campground und Motel. Etwas weiter, im Rim Village, befindet sich die Crater Lake Lodge (☎ 541-830-8700) am Südrand des Kraters in 2100 m Höhe. Die 1915 eröffnete Lodge wird nur im Sommer bewirtschaftet. Das Information Center (tägl. 9–17 Uhr, ☎ 541-594-2211) stellt Vulkan, See und Entdeckung des Sees sowie die Geschichte der Ureinwohner dar.

Von der Lodge kann man in zwei bis drei Stunden auf den Garfield Peak (2455 m) wandern, auf der knapp 3 km langen Strecke erklimmt man 300 Höhenmeter. Ein weiterer, steiler Weg führt etwa vier Meilen westlich des Rim Village auf den Watchman (2442 m), wofür man eine knappe Stunde benötigt.

Man kann auf der Ringstraße (Rim Drive) ca. 30 Meilen um den Krater fahren, immer wieder gibt es Picknickmöglichkeiten. Im Südosten des Kraters führt eine Stichstraße zu den Pinnacles, einer Ansammlung von 30 m hohen, erodierten Bims- und Lavasäulen. Der steile Cleetwood Trail bietet den einzigen Zugang zum Wasser und liegt ziemlich genau gegenüber vom Rim Village. Von dort kann man mit dem Ausflugsboot Wizard Island besuchen (Ausflug knapp 2 Std., tägl. von 10–16 Uhr, Eintritt).

Information in *Beaverton:* Washington County Visitors Association, 5075 S.W. Griffith Dr., Suite 100, Beaverton, OR 97005, ☎ 503-644-0123, Mo–Fr 9–17, Sa 9–15 Uhr, vom Hwy 217 aus beschildert; in *Newberg:* Chamber of Commerce, 115 N. Washington St., Newberg, OR 97132, ☎ 503-538-2014; in *McMinnville:* Chamber of Commerce, 417 N. Adams St., McMinnville, OR 97128, ☎ 503-472-6196; in *Corvallis:* Convention and Visitors Bureau, 420 N.W. Second St., Corvallis, OR 97330, ☎ 800-334-8118 oder 541-757-1544, So geschlossen

Weinbau: Informationen bei *Oregon Wine Advisory Board*, 1200 N.W. Parkway, Suite 400, Portland, OR 97209, ☎ 503-228-8336

Unterkunft: *Smith House Bed & Breakfast*, 415 N. College St., Newberg, ☎ 503-538-1995, viktorianisches Gebäude, $$; *Springbrook Hazelnut Farm Bed & Breakfast*, 30295 N. Hwy 99W., Newberg, ☎ 800-793-8528, alte Farm in einem Haselnußhain, $$$; *Mattey House*, 10221 N.E. Mattey Lane, McMinnville, ☎ 503-434-5058, Villa von 1890, $$$; *Harrison House*, 2310 N.W. Harrison Blvd., Corvallis, ☎ 541-752-6248, gemütliches Haus bei der Universität, $$; *Prospect Historical Hotel*, 391 Mill Creek Dr., Prospect, OR 97536, ☎ 541-560-3664 oder 800-944-6490, am Crater Lake, Gasthaus seit 1892, gemütlich im Stil dieser Zeit eingerichtet, gute Küche, schöner Garten, Terrasse, $$–$$$; *Union Creek Resort*, 56484 Hwy 62, Prospect, OR 97536, ☎ 541-560-3565, Lodge vom Anfang des 20. Jh., südwestl. vom Crater Lake, Zimmer, Cabins mit Küche, $$–$$$

Camping: *Champoeg State Park*, ☎ 503-678-1251, südöstl. von Newberg

Restaurants: *Nick's Italian Café*, 521 E. Third Ave., McMinnville, ☎ 503-434-4471, nur abends, Mo geschl., eine Institution, Fünfgangmenü zum Festpreis, Weinkarte mit über 100 Weinen, $$; *Golden Valley Brewery & Pub*, 980 E. Fourth St., McMinnville, ☎ 503-472-2739, Pizza und eigenes Bier, Musik, $; *New Morning Bakery*, 219 S.W. Second St., Corvallis, ☎ 541-754-0181, nett und hell zum Frühstükken, gutes Angebot, $

Ballonfahrten: Vista Balloon Adventures, 701 S.E. Sherk Pl., Sherwood, OR 97410, ☎ 503-625-7385 oder 800-622-2309, einstündige Ballonfahrten von Newberg über das Weinbaugebiet, mit Sektimbiß

Festivals: *Newberg's Old Fashioned Festival*, letztes Wochenende im Juli, Parade, Feuerwerk, Imbißstände, ☎ 503-538-2014; *Oregon Folklife Festival* in Corvallis, letztes Wochenende im Juni, Musik, Tanz, Essen und Kunsthandwerk, ☎ 800-334-8118; *da Vinci Days* in Corvallis, drittes Wochenende im Juli, Fest unter dem Motto Kunst, Wissenschaft und Technologie, ☎ 800-334-8118

Die Pazifikküste von Oregon

Wind, Sand und Meer sind das Leitmotiv der Fahrt von Astoria entlang der traumhaften Pazifikküste, vorbei an stillgelegten Forts, Kaps und alten Leuchttürmen, meilenlangen Sanddünen, stillen Buchten und einsamen Stränden zu den Redwoods an der kalifornischen Grenze.

Die Küste von Oregon ist schlichtweg spektakulär. Auf Hunderten von Kilometern wechseln sich ausgedehnte Strände, felsige Steilküsten, Sanddünen und bewaldete Hügel miteinander ab, die Vielfalt der ursprünglichen Natur ist überwältigend. In den letzten Jahren wurde die Küste von Erholungssuchenden entdeckt und auch etwas dichter besiedelt, doch immer noch bleiben die Orte eher nebensächlich. Der grandiose Pazifik selbst ist das Ziel, wo der Blick sich in der blauen Weite verliert, wo der amerikanische Drang zum Westen verständlich wird. Zwar ist das Wasser meist zum Baden zu kalt, aber jeder findet seinen Strand, an dem er wandern, nach Muscheln suchen, Seehunde und Adler beobachten oder einfach in der Sonne faulenzen kann, ohne anderen zu nahe zu kommen. Das abwechslungsreiche, grün bewaldete Hinterland verlockt zu Ausflügen, und lediglich der Dunstschleier, der im Sommer morgens häufig vor der nördlichen Pazifikküste liegt, stört ein wenig.

Vor dem Bau der Küstenstraße Ende der 1920er Jahre verlief der Verkehr über den Strand, im Jahre 1915 erklärte der damalige Gouverneur Oswald West den Meeressaum per Gesetz zur öffentlichen Straße. Einige Jahre später wurde die Küste in das State-Park-Programm aufgenommen und somit vor Bebauung geschützt, heute reiht sich State Park an State Park. Übernachtungsprobleme gibt es nicht, Campingplätze finden sich alle paar Meter, auch das Angebot an Motels und Pensionen ist reichlich.

Neben Spaziergängen an kilometerlangen, menschenleeren Sandstränden oder kleinen Wanderungen zu steilen Kaps mit alten Leuchttürmen und felsigen Buchten lassen sich Abstecher zu Fuß oder mit dem Fahrrad ins hügelige Hinterland machen. Dort findet man an manchen Stellen sogar noch Waldstücke mit *Old Growth*, Urwald, der von Axt und Säge der Holzfäller verschont blieb. In der Sandlandschaft der Oregon Dunes südlich von Florence fühlt man

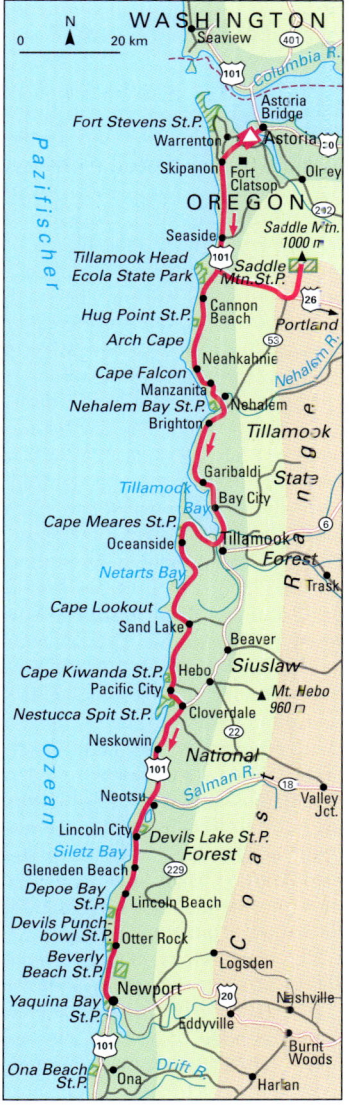

sich mitten in die Sahara versetzt. Paddelfreunde können sich überall mit dem Kajak in der Brandung tummeln oder eine der unzerstörten Flußmündungen erforschen.

Es gibt kaum eine schönere Strecke für den Weg nach Süden als den Highway 101 entlang der Küste. Für die mehr als 500 km zwischen der Mündung des Columbia River und der Grenze zu Kalifornien sollte man sich mindestens vier Tage Zeit nehmen – mit dem Fahrrad acht. Daraus kann leicht mehr werden, wenn man sich vom Zauber des Pazifiks einfangen läßt.

Astoria

Nicht direkt am Pazifik, sondern an den Uferhängen zwischen dem Columbia River und der Youngs Bay liegt Astoria. Gleich drei kleinere Flüsse münden in den hier 5 km breiten Columbia River. Gegründet wurde die Siedlung bereits 1811, als Johann Jacob Astor den ersten amerikanischen Handelsstützpunkt westlich der Rocky Mountains einrichtete. Im ausgehenden 19. Jh. wuchs der geschäftige Fischereihafen zur zweitgrößten Siedlung in Oregon. Schöne viktorianische Villen erinnern heu-

Nördliche Pazifikküste von Oregon

te an die lang vergangene Blütezeit.

Die Europäer machten in der Region sogar schon Jahrhunderte früher Geschichte, als Entdecker aller kolonialen Großmächte nach der sagenhaften Nordwestpassage suchten. Erst 1792 jedoch entdeckte der Amerikaner Robert Gray den Columbia River, wenige Jahre danach überwinterten Meriwether Lewis und William Clark in der Nähe der Youngs Bay und bauten Fort Clatsop am Lewis and Clark River (vgl. S. 137).

Der Gründer der Stadt und Namenspatron, John Jacob Astor, war ein deutscher Einwanderer, der zum reichsten Mann Amerikas werden sollte. An seinen Handelsposten erinnert ein kleiner Park mit einem Nachbau von Fort Astoria (Fifteenth/Exchange Sts, Eintritt frei). Die ursprünglich amerikanische Siedlung wurde aber schon bald von der englischen Hudson Bay Company übernommen. Erst nach Beilegung der Grenzstreitigkeiten mit den Engländern 1846 begann die Besiedlung des Gebiets durch amerikanische Farmer. Nach dem Niedergang des Pelzhandels wurde Astoria zum Fischereihafen.

In der Zeit um 1900 gab es nicht weniger als 36 Fischfabriken, in denen der damals noch überreichlich vorhandene Lachs verarbeitet wurde. Heute sind die Fabriken wie auch die zahllosen Bordelle am Hafen verschwunden. Die Fischsaison wird allerdings immer noch durch die fünftägige *Astoria*

Regatta Mitte August mit Jahrmarkt, Paraden und einem Feuerwerk gefeiert.

Wer aus dem Norden, vom Bundesstaat Washington, kommt, überquert den Columbia River auf der eindrucksvollen **Astoria Bridge,** der mit 6,5 km längsten Stahlspannbrücke der Welt. Obwohl mit 10 000 Einwohnern eine der größten Städte an der Küste von Oregon, vermittelt Astoria eher den Eindruck eines schläfrigen, aber gemütlichen Ortes, dessen goldene Zeiten vorbei sind.

Von einer kleinen Aussichtsterrasse am Ende der Sixth Street kann man mit etwas Glück Seelöwen und Seehunde beobachten. Folgt man dem Columbia River nach Osten, erreicht man zunächst den Pier an der Fourteenth Street und an der Seventeenth Street vorbei das **Columbia River Maritime Museum** (1792 Marine Dr., ☎ 503-325-2323, tägl. 9.30–17 Uhr, Eintritt). Dort ist die Geschichte des Columbia River von den Anfängen des Pelzhandels bis zum Fisch- und Walfang dokumentiert. Zu den Exponaten gehören außer Fotos auch restaurierte Boote. Das Feuerschiff »Columbia«, das letzte der Pazifikküste, liegt vor dem Museum vor Anker, die Besichtigung ist im Eintrittspreis inbegriffen.

Das **Flavel House** (Eighth/Duane Sts, ☎ 503-325-2563, im Sommer tägl. 10–17 Uhr, Eintritt), vom wohlhabenden Kapitän George Flavel 1885 erbaut, ist ein typisches Beispiel für den verschnör-

Flavel House in Astoria

fängnis untergebracht, präsentiert das Museum Sehenswertes aus der Regionalgeschichte von Indianern und Siedlern sowie einige frühe nautische Instrumente. Feuerwehrbegeisterte können im **Uppertown Firefighters Museum** (2986 Marine Dr., ☎ 503-325-2203, im Sommer Fr–So 10–17 Uhr, Eintritt) Ausrüstungsgegenstände von 1877 bis 1963 bewundern.

Ein guter Picknickplatz mit dem besten Ausblick auf die malerische Umgebung von Astoria findet sich an der **Astoria Column,** einem knapp 40 m hohen Turm am Ostrand des Ortes. Wem der Anstieg auf den 200 m hohen Coxcomb Hill zu steil ist, der kann über die

kelten Queen-Ann-Stil des ausgehenden 19. Jh. Flavel organisierte um 1850 den ersten regelmäßigen Lotsendienst in der tückischen Mündung des Columbia River. Wieviel Geld er damit verdiente, läßt sich an der verschwenderischen Ausstattung der hohen Räume ersehen; sechs offene Kamine und reiche Schnitzereien aus exotischen Hölzern sprechen für sich.

Zahlreiche alte Villen findet man vor allem in der Exchange Street, Franklin Street und Grand Street. Die Eintrittskarte für das Flavel House gilt auch für das **Heritage Museum** (1618 Exchange St., ☎ 503-325-2203, im Sommer tägl. 10–17 Uhr). Im früheren Rathaus und Ge-

Astoria Column

Sixteenth Street auch mit dem Auto hinauffahren. Der 1926 erbaute Aussichtsturm wurde der römischen Trajanssäule nachempfunden, das von unten nach oben umlaufende Spiralfries zeigt Szenen der Eroberung des Westens. Im Innern führen 166 Stufen zu einer Aussichtsplattform (bis Sonnenuntergang offen, Eintritt frei). Das herrliche Panorama mit dem Columbia River im Norden sowie Youngs Bay und Youngs River im Westen wird auf einem Bronzerelief erläutert. Vom Parkplatz führt ein kurzer Spaziergang auf dem **Cathedral Tree Trail** nach Osten zu einer 300 Jahre alten Fichte.

Information: Chamber of Commerce, P. O. Box 176, 111 W. Marine Dr., Astoria, OR 97103, ✆ 503-325-6311 oder 800-875-6807

Unterkunft: *Astoria Inn Bed & Breakfast,* 3391 Irving Ave., ✆ 503-325-8153 o. 800-718-8153, viktorianisches Farmhaus von 1890, $$$; *Grandview Bed & Breakfast,* 1574 Grand Ave., ✆ 800-488-3250 o. 503-325-0000, bbonline.com/or/grandview, drei Blocks vom Columbia River, der Name stimmt, $$–$$$$$; *The Martin & Lilli Ford House Bed & Breakfast,* 690 Seventeenth St., ✆ 503-325-1892, viktorianisches Haus, $$; *Clementine's Bed & Breakfast,* 847 Exchange St., ✆ 503-325-2005 o. 800-521-6801, viktorianisches Gebäude am Downtown-Rand, $$–$$$; *Franklin St. Station Bed & Breakfast,* 1140 Franklin Ave., ✆ 503-325-4314 o. 800-448-1098, viktorianisches Gebäude, Downtown, die Captain's Quarters im Dachgeschoß sind besonders schön, $$$–$$$$$; *Columbia River Inn Bed & Breakfast,* 1681 Franklin Ave., ✆ 503-325-5044, viktorianisches Gebäude, $$$; *Rosebriar Hotel,* 636 Fourteenth St., ✆ 503-325-7427 o. 800-487-0224, im Jahre 1902 als Hotel gebaut, $$–$$$$$; *Economy Lodge,* 495 Marine Dr., ✆ 503-325-4211, Kettenhotel, $–$$; *Crest Motel,* 5366 Leif Erikson Dr., ✆ 503-325-3141 o. 800-421-3141, im Osten von Astoria, auf einem Hügel, Aussicht über den Columbia River, $$–$$$

Jugendherberge: *Fort Columbia Hostel,* Box 224, Chinook, WA 98614, ✆ 360-777-8755, 8 Meilen entfernt auf der Nordseite des Columbia River

Camping: ganzjährig im *Fort Stevens State Park,* 10 Meilen westl. von Astoria, ✆ 503-861-1671 oder 800-452-5687, auch Jurten

Restaurants: *Peri's,* 915 Commercial St., ✆ 503-325-5560, Suppen, Salate, Sandwiches, $; *The Ricciardi Gallery,* 108 Tenth St., ✆ 503-325-5450, regionale Kunst, Espresso, Saft und Suppen, $$; *Josephson's Smokehouse,* 106 Marine Dr., ✆ 503-325-2190, geräucherter Lachs, Thunfisch und Stör, $$; *Café Uniontown,* 218 W. Marine Dr., ✆ 503-325-8707, unter der Interstate Bridge, am Wochenende Musik, Fisch, große Portionen, $$; *Columbian Café,* 1114 Marine Dr., ✆ 503-325-2233, vegetarisch und Fisch, $; *The Ship Inn,* 1 Second St., ✆ 503-325-0033, englische Fish 'n Chips, $; *Rio Café,* 159 Nineth St., ✆ 503-325-2409, kleine Mahlzeiten, $; *Camp 18,* Hwy 26 bei Meile 18, ✆ 503-755-1818, Meat and Potatoes satt, $$

Feste: Mitte August findet die *Astoria Regatta* statt, mit Rennen und Paraden, ✆ 503-325-5123

Touren: *Tiki Charters,* 352 Industry St., ✆ 503-325-7818, Ausflüge oder Angeltouren auf dem Columbia River und in der Pazifikmündung

Von Astoria nach Newport

Auf der langen, sandigen Landspitze an der Mündung des Columbia River, dem Clatsop Spit, erreicht man die ehemalige Militärbefestigung **Fort Stevens,** heute ein ausgedehnter **State Park.** Die Beton-Batterien und das Wachhaus der nie im Ernstfall erprobten Anlage wurden zu einem Militärmuseum umgewandelt (✆ 503-861-2000, tägl. 10–18 Uhr, Eintritt). Heute dient der über 1400 ha große Park ausschließlich der Erholung. Im kleinen Coffenbury Lake kann man schwimmen, am Strand Muscheln suchen, Windsurfen oder zu dem Wrack der »Peter Iredale« von 1906 wandern. Geteerte und ungeteerte Pfade bieten sich für Fahrradtouren an (Fahrräder bei Hammond's Fort Stevens Bike Rental).

Die Rekonstruktion des Winterquartiers der Lewis-und-Clark-Expedition, **Fort Clatsop** (✆ 503-361-2471, tägl. 8–17 Uhr, Eintritt), liegt etwas südlich des Highway 101. Von 1805 auf 1806 verbrachten die Expeditionsteilnehmer dort frustriert drei regenreiche Monate (vgl. S. 137). Die 15 m × 15 m messende Palisadenanlage wurde nach Originalzeichnungen und -beschreibungen an der ursprünglichen Stelle wieder aufgebaut. Im Sommer stellen täglich historisch kostümierte Freiwillige das Leben im Fort dar. Die gute Ausstellung und der nette Picknickplatz lohnen den Besuch.

Die älteste *Resort Town* an der Küste von Oregon ist **Seaside.** Für begüterte Portlander gab es dorthin schon vor 100 Jahren eine Linienverbindung mit Dampfer und Pferdekutsche. Die Touristenflaniermeile Broadway mit Cafés, Restaurants und Boutiquen, die im Westen auf der Strandpromenade endet, wurde Anfang der 1980er Jahre mit Millionenaufwand renoviert. Das Aquarium, etwas nördlich gelegen, ist für seine Seehunde bekannt (200 N. Promenade, ✆ 503-738-6211, tägl. 9–18 Uhr, Eintritt).

Südlich des Ortes drängt die ins Meer hinausragende, 300 m hohe felsige Landspitze **Tillamook Head** den Highway 101 ins Landesinnere ab. Der 20 km lange Abstecher auf dem Highway 26 nach Osten zum **Saddle Mountain** lohnt sich, da sich von dem mit 1000 m höchsten Berg im Nordwesten von Oregon ein guter Blick über die Coast Range bietet. Der Basaltmonolith liegt im gleichnamigen State Park, ein steiler Weg führt 4,5 km weit auf den Gipfel. An klaren Tagen ist auch der Mount St. Helens zu sehen.

Am Tillamook Head erstreckt sich der **Ecola State Park** mit phantastischem Küstenpanorama. Das Kap besteht hauptsächlich aus Basalt, die vorgelagerten Basaltsäulen waren ursprünglich einmal Teil des Festlandes. Sehr schöne Picknickmöglichkeiten gibt es bei den Parkplätzen am Ecola Point und Indian Beach.

Eine faszinierende Aussicht auf die Küste hat man während der knapp 6 km langen Wanderung vom Indian-Point-Parkplatz im Ecola State Park nach Norden zum **Tillamook Head Viewpoint.** Nördlich des alten Militärbunkers am Tillamook Head kann man zelten. Der Weg geht von dort noch 5 km weiter bis zum Sunset Boulevard am Südende von Seaside. Nach Süden führt ein 3 km langer Weg vom Indian Point zum Ecola Point (mit Parkplatz) und weiter zum **Crescent Beach** gleich nördlich von Cannon Beach. Bei allen Wanderungen sollte man wegen der Erosionsgefahr nie den Weg verlassen.

Der Leuchtturm auf einer vorgelagerten Insel, der als Urnenfriedhof dient, ist in Privatbesitz.

Auch **Cannon Beach** etwas weiter südlich ist ein Naherholungsgebiet für die Portlander. Galerien, Souvenirläden, Läden mit Kunsthandwerk und Cafés reihen sich beiderseits der Hemlock Street, der ersten Straße, parallel zum Strand. Ein gut 70 m hoher, einzelnstehender Fels, der *Haystack* (Heuhaufen), beherrscht den Strand. Alljährlich findet am zweiten Wochenende im Juni ein Sandburgen-Wettbewerb statt.

Von Cannon Beach kann man am Strand 8 km nach Süden zum **Arch Cape** wandern, vorbei am kleinen **Hug Point State Park** mit schöner Bucht und guter Picknickmöglichkeit. Eine weitere lohnende Wanderung beginnt etwa eine

Haystack Rock an der Küste von Cannon Beach

halbe Meile südlich des Arch Cape Tunnel auf der Westseite des Highway 101. Die Strecke verläuft 8 km nach Süden über Cape Falcon zum **Short Sands Beach,** einer traumhaften Bucht mit einem Wasserfall. Steile, bewaldete Hänge reichen dort bis ans Wasser. Der Weg kreuzt die Straße und führt weiter auf den knapp 500 m hohen **Neahkahnie Mountain,** von wo sich ein sehr schöner Ausblick bietet.

Manzanita nördlich der Nehalem Bay ist ruhiger als Cannon Beach. Am 10 km langen Sandstrand des **Nehalem Bay State Park** auf der Nehrung kann man im Pazifik und in der Bucht windsurfen.

Südlich der Nehalem Bay ändert sich der Charakter der Ortschaften deutlich. Das Gebiet liegt nicht mehr im Einzugsbereich der spendablen Wochenendausflügler aus Portland. Nach dem Niedergang der Hauptwirtschaftszweige Fischfang und Holzwirtschaft ist es hier noch nicht gelungen, vom Tourismus zu leben. Nur im Spätsommer belebt sich das Geschäft, wenn Angler an den Flußmündungen in der Bucht Lachse fischen.

Am Südende der Bucht liegt etwas landeinwärts **Tillamook.** Die saftigen grünen Weiden um den Ort am Zusammenfluß der drei Flüsse Tillamook, Trask und Wilson schaffen die Voraussetzungen für das Hauptprodukt der Gegend, den Käse. Dort hatte man es noch nicht nötig, sich auf Tourismus einzustellen. In der Tillamook Cheese Factory (4175 Hwy 101 N., ✆ 503-842-

Tillamook Cheese Factory

4481, tägl. 8–20 Uhr, Eintritt frei) kann man bei der Produktion des Cheddar-Käses zuschauen, im auch mit Literatur reich bestückten Souvenirshop erhält man das gesamte Käsesortiment. Auch bei der Blue Heron Cheese Company (2001 Blue Heron Dr., ✆ 503-842-8281, tägl. 8–20 Uhr) dreht sich fast alles um Käse. In einer architektonisch interessanten, alten Holzhalle werden neben viel Nippes verschiedene Käsesorten und eine Weinprobe der Winzerei Erath Vineyards angeboten.

Das Tillamook County Pioneer Museum im alten Gerichtsgebäude (2106 Second St., ✆ 503-842-4553, Mo–Sa 8–17, So 12–17 Uhr,

Sneaker Waves und Undertows

Gefährlicher Pazifik

Strandwanderungen an der Küste von Oregon sind herrlich. Aber auch wer nicht an die große Tour denkt, nicht den Coast Trail in seiner ganzen Länge abwandern, sondern nur kleine Strandspaziergänge machen will, sollte einige Vorsichtsmaßregeln beachten.

Am wichtigsten ist es, sich mit dem Rhythmus von Ebbe und Flut vertraut zu machen. Auch bei Tageswanderungen sollte man wissen, wann der Höchststand der Flut erreicht ist. Gezeitentabellen gibt es als Wochenkopien meist kostenlos bei allen Ranger-Stationen sowie in allen Geschäften an der Küste.

Der Pazifik ist nicht ganz so harmlos, wie sein Name hoffen läßt. Bei Ebbe umwanderbare Küstenvorsprünge werden bei Flut unpassierbar, leicht erreichbare Felsklippen sind plötzlich vom Festland abgeschnitten. Der Tidenhub in Oregon liegt durchschnittlich über 2 m. Die rauhe Brandung und die rund ums Jahr sehr kalte Wassertemperatur lassen auch dem besten Schwimmer manchmal wenig Chancen.

Auch das Waten am Strand ist nicht uneingeschränkt zu empfehlen. Untersuchungen haben gezeigt, daß eine von 23 gezählten Wellen

Eintritt) dokumentiert die Pionierzeit. Zu den Exponaten gehören Farmausrüstung, Spielzeug, eine Waffensammlung und einige Oldtimer. Das Luftfahrtmuseum der Naval Air Station ist 2 Meilen südlich von Tillamook in einem Hangar untergebracht (4000 Blimp Blvd., ☎ 503-842-1130, tägl. 9–17 Uhr, Eintritt). *Blimps,* Prall-Luftschiffe ohne starres Tragegestell, setzten die Amerikaner im Zweiten Weltkrieg ein, um die Pazifikküste zu überwachen.

Der Highway 101 verläuft die nächsten 30 Meilen abseits der Küste. Die Alternativstrecke **Three Capes Scenic Drive,** die zu den drei Kaps Meares, Lookout und Kiwanda führt, bietet eine eigentümliche Mischung aus Sanddünen, grünem Weideland, kleinen Buchten und dem offenen Meer.

Man verläßt Tillamook Richtung Westen und erreicht **Cape Meares** im gleichnamigen State Park. Der 11 m hohe Leuchtturm aus dem Jahre 1890 kann besichtigt werden (tägl. 11–16 Uhr im Sommer), die tonnenschwere Linse des Leuchtfeuers wurde in Paris handgeschliffen und mußte um Kap Horn trans-

mehr als doppelt so hoch sein kann wie die anderen. Diese *Sneaker Waves* schleichen sich an Strandwanderer, machen ihnen im harmlosesten Fall die Hosenbeine naß, können aber auch große Baumstämme wie Streichhölzer herumwirbeln. Besonders für Kinder sind solche Wellen gefährlich.

Unregelmäßig auftretende Strömungen, *Undertows,* können Nichtsahnende plötzlich weit ins offene Wasser ziehen. Wer unbedingt waten will, macht dies am besten nur bei einlaufender Flut. Passiert dennoch das Unglück, sollte man versuchen, diagonal zur Küste zurückzuschwimmen, um der ablandigen Strömung zu entkommen.

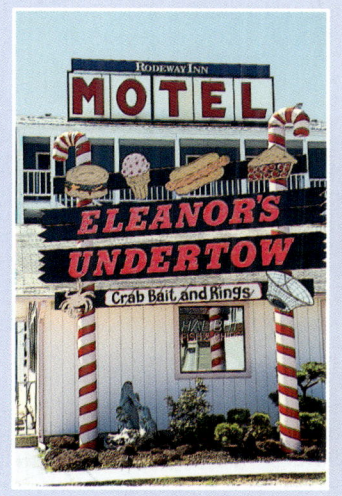

Motel mit plakativer Undertow-Werbung in Lincoln City

portiert werden. Gleich am Anfang der Zufahrtsstraße zum Park beginnt ein 10 km langer, einfacher Wanderweg nach Norden zum Strand und weiter zur **Bayocean Peninsula.**

Die einst wesentlich breitere Nehrung westlich der Tillamook Bay wurde Anfang des 20. Jh. von einem Millionär namens Potter aufgekauft, der hier eine Siedlung bauen wollte. Mit Riesenaufwand wurden Straßen geteert, 4000 Grundstücke vermessen, ein Hafen, ein Hotel und das größte Meerwasserbad an der Westküste

gebaut. Als alles schön im Rollen war, meldete Mrs. Potter eines Morgens, daß ihr Mann über Nacht verrückt geworden sei – man hat den armen Mr. Potter nie wieder gesehen. Das ehrgeizige Projekt geriet ins Stocken, durch den Bau eines kleinen Dammes am Nordufer der Mündung begann die Erosion der Halbinsel, die durch die Verlängerung des Damms im Jahre 1932 noch verstärkt wurde. In den folgenden Jahren wurden die Strandgrundstücke auf 5 km Länge ins Meer gewaschen und dabei Hafen, Hotel und Schwimmbad zerstört – Folgen eines vermeintlichen kleinen Eingriffs in die Natur. Das letzte Haus verschwand 1960.

Über Oceanside und Netarts, kleine Orte an der Küste, geht es zur **Netarts Bay.** Die nach Norden ragende Netarts Spit, eine gut 6 km lange, wüstenähnliche Nehrung, begrenzt die Bucht im Westen und ist Teil des Cape Lookout State Park.

Cape Lookout, die westlichste Spitze von Oregon, ragt weiter als andere Kaps in den Pazifik. Vom Parkplatz auf dem Kamm des Kaps, südlich der Zufahrt zum Park, kann man durch den Wald hinunter zum Strand mit bis zu 15 m hohen Dünen und weiter 10 km zum Ende des Netart Spits wandern. Ein anderer Weg führt 4 km nach Westen zur steilen Felsspitze des Kaps, von wo man die Sanddüne des Cape Kiwanda sieht. Auf den von den Wellen blankgespülten Basaltfelsen sind verschiedene Folgen von Lavaströmen erkennbar.

Nun geht es auf dem Three Capes Loop durch üppig grünes Weideland nach **Sand Lake.** Dieser Ort, eigentlich nur eine Tankstelle, wurde ein Mekka der Sandbuggy-Fahrer, da sich hier Zugang zu einigen tausend Hektar Sanddünen bietet. Das südlichste der drei Kaps, **Cape Kiwanda,** besteht aus Sandstein. Der weiche Fels wurde von den Wellen kunstvoll ausgespült; bei Ebbe gibt es dort besonders viele *Tide Pools,* kleine, meerwassergefüllte Tümpel mit Seesternen und Krebsen. Nur der

dem Kap vorgelagerte *Sea Stack* aus Basalt mindert die Wucht der Wellen und schützt das weichere Gestein vor der Erosion.

Das Meeresgebiet südlich vom Kap ist den vielen Fischern bekannt, die sich auf der Suche nach Lachs mit ihren Booten durch die Brandung kämpfen. Im Juli wird das Pacific City Dory Derby ausgetragen, bei dem die Fischer ihr Können unter Beweis stellen (Information ✆ 503-965-6161).

Die breite, gut 3 km nach Süden ragende Nehrung **Nestucca Spit,** welche die Nestucca Bay bildet, wird vom Robert Straub State Park eingenommen. Im Osten der Nestucca Bay endet der Ausflug zu den Kaps, die Straße mündet wieder auf den Highway 101.

Wer es nicht eilig hat, kann auf dem Highway 101 ein Stück zurück nach Norden fahren. Von **Hebo** bietet sich ein Abstecher zum gleichnamigen Berg und See. Zunächst fährt man 500 m auf dem Highway 22 nach Osten, um kurz vor der Ranger Station nach links abzubiegen. Die geteerte Forest Service Road 14 führt Richtung Osten zum **Mount Hebo,** nach 5 Meilen erreicht man Hebo Lake, von dort geht es weiter auf den über 900 m hohen Berg. Am Westrand des Plateaus stehen Reste einer Radaranlage der Armee. Dort bietet sich ein weites Küstenpanorama.

Wer will, kann auch auf dem 13 km langen Pioneer-Indian-Trail den Berg hinaufwandern. Vom Hebo

Lake führt ein gut 4 km langer steiler Pfad zum Westrand des Berges. Der Weg folgt dem Plateau und erreicht einen kleinen Zeltplatz am Ostrand. Von dort geht es knapp 2 km bergab zum North Lake, nach weiteren 2,5 km gelangt man zum kleinen Zeltplatz am South Lake, wo der Weg endet. Erst 1975 wurde dieser Pfad, bis 1882 Teil der Hauptverbindung zwischen dem Willamette Valley und der Küste, wieder entdeckt. Der Wald unterhalb des Berges war so dicht, daß die Indianer und die Pioniere die Kletterpartie vorzogen.

Zurück auf dem Highway 101, gibt es im ruhigen **Neskowin** am Ortseingang einen kleinen Parkplatz mit Fußweg zum Strand. **Cascade Head** südlich von Neskowin ist nur zu Fuß erreichbar. Dazu biegt man auf der Forest Service Road 1861 (Cascade Head Rd.) vom Highway 101 zu einem Parkplatz ab. Von dort führt eine 4 km lange, einfache Wanderung zu Felsen oberhalb der Harts Cove. Die Aussicht auf die kleine Bucht und den Wasserfall des Chitwood Creek ist phantastisch.

Für Ausflüge mit Kajak oder Kanu eignet sich die Mündung des **Salmon River** hervorragend. Die Three Rocks Road nach Westen führt eng und kurvig zu der Bootsrampe an der Mündung des Flusses.

Südlich von Lincoln City, das hauptsächlich aus Einkaufszentren und Ramschläden zu bestehen scheint, erreicht man Siletz Bay,

die Mündungsbucht des Siletz River. Die nach Norden ragende Salishan Spit, welche die Siletz Bay vom Pazifik trennt, wurde in eine private Wohnanlage für Betuchte verwandelt. Auch die Zugangsstraße ist privat, wer einen Blick auf die teilweise recht ausgefallenen Häuser werfen will, muß dies vom öffentlichen Strand tun. Am besten wandert man dazu vom Gleneden Beach State Park aus nach Norden.

Sehenswert sind die Gesteinsformationen im **Devils Punch Bowl State Park** südlich von Cape Foulweather. Die weichen, eingebrochenen Sandsteindecken dreier unterseeischer Höhlen bilden eine schüsselförmige Vertiefung im Otter Rock. Zwei der Höhlen sind bei Ebbe von Süden her über den Strand erreichbar. Der **Beverly Beach State Park** am kleinen Spencer Creek bietet neben einem windgeschützten Picknickplatz auch Zugang zum langen Sandstrand zwischen Otter Rock und Yaquina Head. Ein kurzer, gut beschilderter Naturlehrpfad informiert über die Vegetation der Region.

Yaquina Head besteht aus den Resten eines urzeitlichen Vulkans. Der renovierte Leuchtturm von 1873, mit knapp 30 m der höchste in Oregon, kann besichtigt werden (Zeiten unterschiedlich, ✆ 541-265-2863).

Yaquina Lighthouse ▷

Newport

Newport, mit 9000 Einwohnern fast schon Großstadt, ist trotz des Kommerzgürtels aus Tankstellen und Malls reizvoll. Als eines der beliebtesten Ziele an der Küste besitzt der Ort neben dem Fischereihafen auch die ›Altstadt‹ Nye Beach nordwestlich des Hafens. Schon in den 60er Jahren des 19. Jh. wurde von Corvallis – heute eine knappe Stunde landeinwärts – eine Straßenverbindung geschaffen. Und zum Ende des 19. Jh. war Newport *das* Strandbad an der Westküste, es gab sogar ein beheiztes Meerwasserbad und eine Tanzhalle.

An der Nordseite der Brücke, die über die breite Mündung des Yaquina River führt, liegt westlich des Highway 101 der **Yaquina Bay State Park** mit einem schönen Picknickplatz und dem 1871 errichteten, ältesten Leuchtturm in Oregon (☏ 541-265-5679, tägl. 12–16 Uhr, Eintritt frei, Spence erwünscht). Nach Fertigstellung des Leuchtturms bemerkten die Konstrukteure, daß die Sicht auf das Leuchtfeuer vom Yaquina Head versperrt wurde – drei Jahre später erbaute man deshalb einen weiteren Leuchtturm nur 3 Meilen nördlich am Yaquina Head.

Vom Leuchtturm an der Yaquina Bay bietet sich ein guter Blick auf den Fischereihafen. Die **Old Bay Front** am Nordufer des Yaquina River eignet sich bestens zum Flanieren, Kneipe reiht sich an Kneipe, dazwischen Hafenanlagen und Fischmärkte. Die Salzluft wird von schwerem Fischgeruch überlagert. Austernliebhaber fahren vom Embarcadero 6 Meilen weiter zur **Oregon Oyster Farm** (6878 N. Yaquina Bay Rd., ☏ 541-265-5078, tägl. bis 17 Uhr). Im 1895 erbauten **Burrows House** (545 S. W. Nineth St., ☏ 541-265-7509, Di–So 10–17 Uhr, Spende erwünscht) zeigt ein kleines Museum Haushaltsgegenstände, Kleidung und Exponate zur Regionalgeschichte. Nebenan befaßt sich das **Log Cabin Museum** (579 S.W. Nineth St., ☏ 541-265-7509, Di–So 10–17 Uhr, Eintritt frei, Spende erwünscht) mit den Schwerpunktthemen Indianer, Holzfällen, Farming und Fischen.

Auf der Südostseite der Yaquina Bay Bridge informiert das **Hatfield Marine Science Center** der Oregon State University (2030 S. Marine Science Dr., ☏ 541-867-0100, tägl. 9–18 Uhr, Eintritt frei) über Umwelteinflüsse auf das Meeresleben. Neben Filmen werden auch Walbeobachtungstouren angeboten. Im sehenswerten **Oregon Coast Aquarium** (2820 S. E. Ferry Slip Rd., ☏ 541-867-3474, tägl. 9–18 Uhr, Eintritt) werden die Ökosysteme der Zwischenzone von Wasser und Land erläutert, im Freigelände kann man Seeotter, Seelöwen und Seehunde beobachten.

Vom Picknickplatz am Yaquina-Bay-Leuchtturm kann man zum Strand hinunterwandern. Richtung Norden erreicht man nach 2 km

Fischkutter beim Auslaufen in Newport

am Nye Creek den Bezirk Nye Beach mit einigen alten Gebäuden. Von dort geht es entweder durch die ›Altstadt‹ wieder zurück zum Hafen oder am Strand weiter nach Norden zum Leuchtturm am Yaquina Head.

ℹ️ Information: Chamber of Commerce, 201 E. Second St., P. O. Box 64, *Cannon Beach,* OR 97110, ✆ 503-436-2623 oder 800-735-6177; Chamber of Commerce, 555 S.W. Coast Hwy, *Newport,* OR 97365, ✆ 541-265-8801 oder 800-262-7844

🛏️ Unterkunft: *Sea Sprite Motel,* Nebesna/Oceanfront Sts, Cannon Beach, ✆ 503-436-2266, angenehme Apartments am Strand, $$–$$$; *Ocean Front Cabins,* 1610 Pacific Hwy N.W., Oceanside, ✆ 800-447-9708, Zimmer mit Küche, $$; *Whiskey Creek Bed & Breakfast,* 7500 Whiskey Creek Rd., südl. von Netarts, ✆ 503-842-2408, gemütlich, Blick auf die Bucht, $$–$$$; *Anchorage Motel,* 6585 Pacific Ave., Pacific City, ✆ 503-965-6773 oder 800-941-6250, einfach und sauber, $–$$; *Pacific Sands,* 48250 Breakers Blvd., ✆ 503-392-3101, Neskowin, Apartments teilweise am Strand, $$; *Sylvia Beach Hotel,* 267 N.W. Cliff St., Newport, ✆ 541-265-5428, jeder Raum ist einem Autor gewidmet, $$$; *Viking,* 729 N. W. Coast Hwy, Newport, ✆ 541-265-2477 oder 800-480-2477, rustikale Cabins mit Küche, Treppen zum Strand, $$

⛺ Camping: *Oswald West State Park,* ✆ 503-238-7488, südl. von Cannon Beach, autofrei, Zeltplatz etwa 400 m vom Parkplatz; *Roy Creek County Park* am Nehalem River, wenige Meilen östl. von Nehalem Junction, ✆ 503-322-3477; *Cape Lookout State Park,* ✆ 503-842-4981, bei Netarts, zu mieten sind auch Jurten; *Beverly Beach*

State Park, ☎ 541-265-9278, bei Depoe Bay, auch Jurten

✖ **Restaurants:** *Pizza a Fetta,* 231 N. Hemlock St., Cannon Beach, kleines Restaurant, $$; *The Bistro,* 263 N. Hemlock St., Cannon Beach, ☎ 503-436-2661, guter Fisch, $$; *Blue Sky Café,* 154 Laneda St., Manzanita, ☎ 503-368-5712, transkulturelle Kreationen, $$$; *Whale's Tale,* 452 S.W. Bay Blvd., Newport, ☎ 541-265-8660, kein Ruhetag, Fisch, $$; *Canyon Way Restaurant & Bookstore,* 1216 S.W. Canyon Way, Newport, ☎ 541-265-8319, Fisch und Austern, $$

☕ **Kneipen:** Public House der *Bayfront Brewery,* 748 S.W. Bay Blvd., Newport, ☎ 541-265-3188, tägl. ab 11 Uhr, auch kleine Gerichte, $

🎭 **Festivals:** Seafood and Wine Festival, Ende Februar in Newport, ☎ 800-262-7844

❗ **Touren:** *Sunset Flights, Inc.,* P.O. Box 427, Depoe Bay, ☎ 541-764-3304 oder 541-765-2672, im Hangar 7 des Siletz Bay Airport, Ausflüge im Sportflugzeug nach Vereinbarung; *Marine Discovery Tours,* 345 S.W. Bay Blvd., Newport, ☎ 541-265-6200 oder 800-903-2628; *Aero Pacific Development, Inc.,* Newport Municipal Airport, ☎ 541-867-3655, Ausflüge im Sportflugzeug

Tips: Fahrräder und Boote mieten am *Embarcadero Dock,* 1000 S.E. Bay Blvd., Newport, ☎ 541-265-5435

Die südliche Pazifikküste von Oregon

Südlich von Newport bietet der Beaver Creek im **Ona Beach State Park** Gelegenheit zum Schwimmen, am Ufer gibt es schön gelegene Picknicktische. Vom Bach, der sich ideal zum Paddeln eignet, führt eine kleine Fußbrücke zum Strand. Nach 3 km erreicht man von dort den Seal Rock.

Einige Meilen landeinwärts von Waldport liegt im Siuslaw National Forest die unberührte **Drift Creek Wilderness** mit an der Küste selten gewordenem, altem Baumbestand. Informationen über Tageswanderungen und einfache Zeltmöglichkeiten sind bei der Waldport Ranger Station (1049 S.W. Pacific Coast Hwy, ☎ 541-563-3211) erhältlich.

Wasser am Fuße des Berges, so läßt sich **Yachats** (das ch wird wie h gesprochen) übersetzen. Nördlich von Cape Perpetua liegt der 600 Einwohner zählende, noch unzersiedelte Ort an der kleinen Mündungsbucht des Yachats River, auf einer leicht geneigten, glatten Basalterrasse. Die *Smelt Sands Wayside* kurz vor Yachats wurde nach der kleinen, sardinenähnlichen Fischart (Stint) benannt, die hier von Mai bis September am Strand laicht und mit kleinen Netzen gefangen wird. Mitte Juli findet ein *Smelt Fry* statt, bei dem die Leckerei pfundweise gebraten wird. Vom Parkplatz führt ein 1 km langer Weg nach Norden an der felsigen Küste entlang zum Sandstrand, auf dem man 10 km bis nach Waldport wandern kann.

Bei Cape Perpetua, einem 250 m hohen Basaltfels, führt die

geteerte Viewpoint Road steil und kurvig zum 300 m hoch gelegenen **Cape Perpetua Viewpoint.** Von dort bietet sich ein herrlicher Blick von Cape Foulweather im Norden zum Devil's Churn im Süden, einem Riß im Gestein, aus dem Meerwasser spritzt. Perpetua ist mit 250 mm Niederschlag im Jahr eines der feuchtesten Gebiete der Westküste.

Gleich südlich vom Kap liegt das Visitors Center (2400 Hwy 101 S., ✆ 541-547-3289, tägl. 9–18 Uhr) mit Ausstellungen zur Pflanzen- und Tierwelt und den Indianern, die vor der Ankunft des Weißen Mannes hier lebten. Dort beginnen zahlreiche **Wanderwege,** unter anderem der knapp 4 km lange Giant Spruce Trail und ein weiterer zum Cape Perpetua Viewpoint. Über den Cooks Ridge Trail erreicht man das Cummins Creek Wilderness, ein kleines Flußtal mit altem Baumbestand. Die Rundstrecke beträgt 15 km. Karten und Informationen sind im Visitors Center erhältlich.

Am Strand des **Carl Washburne State Park** kann man 2 km nach Süden bis zu den Klippen des **Heceta Head** wandern. Dort steht der stärkste und angeblich meistfotografierte Leuchtturm der Westküste, das 17 m hohe, 1894 erbaute Heceta Head Lighthouse (✆ 541-997-3641, tägl. 12–17 Uhr).

Südliche Pazifikküste von Oregon

Sea Lions Cave

Die Schilder am Straßenrand und die Aufkleber an den Stoßstangen entgegenkommender Autos verraten es: Hier muß sie sein, die **Sea Lions Cave** (91560 Hwy 101, Florence, ☎ 541-547-3111, tägl. 9–19 Uhr, Eintritt). In der mit dem Meer verbundenen Höhle tummeln sich rund 200 Seelöwen, die Bullen wiegen über 1 t. Nirgendwo sonst sieht man so bequem wilde Seelöwen aus unmittelbarer Nähe.

Nun verläuft der Highway 101 etwas weiter landeinwärts. Am **Sutton Lake** trifft man auf eine faszinierende Mischung aus Dünen, Wald, Gebüsch und See. Viele der zahlreichen Seen östlich der Straße zwischen Florence und Cocs Bay

sind verschüttete Flußmündungen – führt ein Fluß nicht genug Wasser, staut er sich durch den mitgeführten Sand selbst und bildet einen See, der dann langsam durch den Sand aussickert.

In der Nähe des Sutton Lake liegt am Highway 101 die **Darlingtonia Botanical Wayside.** Pflanzenliebhaber können dort die seltene Darlingtonia finden, eine endemische Verwandte der Venusfliegenfalle. Um den Stickstoffmangel des Feuchtgebiets auszugleichen, frißt die im Mai und Juni blühende Pflanze Fliegen, die in den abschüssigen, schlangenförmigen Blütenkanal gelockt werden.

Einen der Höhepunkte der Küstenfahrt bietet die **Oregon Dunes National Recreation Area,** die bei Florence beginnt. Obwohl die Straße immer parallel zum einzigarti-

Darlingtonias bei Florence

Kinos entlang der Bay Street herausgeputzt. Die Hauptattraktion ist jedoch für die meisten eine rasante Fahrt durch die Dünen. Zahlreiche Firmen vermieten *Dune Buggies* oder bieten geführte Ausflüge an. Wer die Fahrzeuge wenigstens einmal in Aktion beobachten will, hat auf der South Jetty Road südlich von Florence dazu Gelegenheit. Sechs Parkplätze am Strand dienen als Startpunkt für dieses sehr amerikanische Vergnügen.

Der **Jessie M. Honeyman State Park** drei Meilen südlich von Florence ist das schönste Naturschutzgebiet der Region. Hier bietet sich nicht nur Zugang zu den Dünen und dem Ozean, man kann auch im Cleawox Lake wunderbar schwimmen.

In der **Siltcoos Recreation Area** (Abzweigung vom Highway 101 bei Meile 189) kann man beiderseits des Flusses zum Meer vorwandern. Dort, an der Flußmündung, liegt eines der besten Vogelbeobachtungsgebiete von Oregon mit vielen Fischadlern und Eisvögeln.

Beim **Oregon Dunes Overlook** 10 Meilen südlich von Florence, wo eine Aussichtsplattform direkt am Highway 101 einen Blick auf die Sandlandschaft bietet, gibt es einen knapp 2 km langen Weg direkt zum Strand. Ein anderer Weg führt die Dünen entlang nach Süden zum **Tahkenitch Creek** (8 km hin und zurück).

In **Reedsport** liegt das Hauptquartier der Oregon Dunes Natio-

gen Dünengebiet läuft, bekommt man am besten dann einen Eindruck, wenn man zu Fuß im Sand unterwegs ist. Das 120 km² große Schutzgebiet erstreckt sich entlang der Küste bis Coos Bay. Die faszinierende Landschaft umfaßt nicht nur die höchsten Küstensanddünen in Nordamerika, sondern auch Seen, Strände und Feuchtgebiete, die durch Wanderwege, Zelt- und Picknickplätze erschlossen sind.

Florence, der frühere Fischer- und Holzfällerort am Nordende des Dünengebietes, setzt seit einigen Jahren auf Tourismus. Die ›Altstadt‹ am Nordufer des Siuslaw River wurde mit Cafés, Läden und

nal Recreation Area (Area Ranger, 855 Highway Ave., Reedsport, OR 97467, ✆ 541-271-3611, Mo–Fr 8–16.30 Uhr). Dort gibt es eine Karte mit Wandervorschlägen sowie eine Liste der Zeltplätze. Die einzige Sehenswürdigkeit des Ortes, das Umpqua Discovery Center (409 Riverfront Way, ✆ 541-271-4816 oder 800-247-2155, tägl. 9–17 Uhr, Eintritt) liegt am Südufer des Umpqua River. Neben einer Ausstellung zur regionalen Geschichte befaßt sich eine weitere Abteilung mit der Erforschung des Südpols. Die »Hero«, ein hölzernes Polar-Forschungsschiff, liegt vor dem Museum verankert.

Hinter Reedsport passiert man östlich des Highway 101 den Eel Lake, der zum **W. M. Tugman State Park** gehört. Am Eel Creek Campground beginnt der einfache **Umpqua Dunes Trail,** der 3 km zunächst durch Wald und Rhododendron, dann zwischen bis zu 150 m hohen Dünen zum Strand führt. Pfosten mit blauen Bändern markieren den Weg.

Die Mündung des Coos River bildet das Südende der Oregon Dunes National Recreation Area. Über die große Bucht wurde 1936 die McCullough Bridge gebaut. **North Bend** dehnt sich weit nach Westen und geht in **Coos Bay** bzw. **Charleston** über. Die drei Orte der *Bay Area* bilden mit 30 000 Einwohnern das größte Ballungsgebiet an der Küste von Oregon.

An diesem größten natürlichen Hafen zwischen San Francisco und Seattle riecht man die *Paper Mills,* aber auch dort leidet die Holzindustrie unter wirtschaftlichen Problemen. Das Coos County Historical Society Museum (1220 Sherman Ave., North Bend, ✆ 541-756-6320, Di–Sa 10–16 Uhr, Eintritt) widmet sich mit einer Ausstellung von Fotos und indianischem Flechtwerk der Regionalgeschichte.

Die Mündungsbucht des Coos River eignet sich nicht nur hervorragend zum Paddeln, sondern ebensogut zur Austernzucht. Mit knapp 100 ha Zuchtfläche der größte Austernproduzent in Süd-Oregon ist die Qualman Oyster Farms (4898 Crown Point Rd., ✆ 541-888-3145, Mo–Sa 8.30–17.30 Uhr). Da die Austern an Stöcken gezüchtet werden, wachsen sie recht groß. Auch beim Konkurrenzbetrieb Clausen Oyster Farms (811 North Bay Dr., ✆ 541-756-3600, keine festen Öffnungszeiten) nordöstlich der McCullough Bridge kann man für Pfennigbeträge Austern erstehen.

Die kleinen Straßen rund um die Bucht wie der North Bay Drive und East Bay Drive mit Blick aufs Wasser bieten sich zum Radfahren an, auch die Straße zum Cape Arago ist gut dafür geeignet.

Von Coos Bay fährt man nun auf dem kleineren Cape Arago Highway. Richtung Westen gelangt man durch Charleston zum **Sunset Bay State Park** in einer schönen kleinen Felsenbucht, die auch zum Baden geeignet ist. Der sich südlich an-

Sahara am Pazifik

Die Oregon Dunes

Warum gibt es gerade zwischen Florence und Coos Bay wüstenähnliche Dünenfelder? Der Sand stammt hauptsächlich vom Gestein des Küstengebirges, das von Flüssen ausgewaschen und ins Meer gespült wird, sowie von erodierten Sandsteinklippen. Die Flut spült den abgelagerten Sand dann wieder an Land. Während ein Großteil der Küste von Oregon aus Steilfelsen besteht, existiert an diesem Küstenabschnitt keine Basaltschicht, sondern die *Coos Bay Dune Sheet;* die leicht abfallende Sandsteinterrasse erstreckt sich 90 km weit zwischen Heceta Head und Cape Arago.

In der Küstenebene kann der angespülte Sand von dem vorherrschenden Westwind bis zu 4 km weit landeinwärts geweht werden. Nur die kleinsten Sandkörner, meist aus Quarz und Feldspat, sind leicht genug, um lange in der Luft schweben zu können. Der Wind treibt die kleinen Körner kaum höher als 30 cm über der Oberfläche, während die größeren am Strand zurückbleiben, bis auch sie klein genug geschmirgelt sind. Die kleinen Körner prallen von harten Oberflächen ab. Auf weichem Untergrund dagegen bleiben die Sandkörnchen liegen, neu hinzukommende Körner vergrößern den Sandhaufen. So entstehen bis zu 150 m hohe Sandberge, die langsam landeinwärts wandern.

In den Dünen sind auch die weitreichenden Auswirkungen kleinerer Eingriffe in die Natur zu sehen. Zu Beginn des 20. Jh. wurde europäisches Strandgras eingeführt, um die Wanderdünen zu befestigen. Die Grashalme, nicht die Graswurzeln, halten den Sand zusammen, bremsen den Wind und mildern den Aufprall der Körner, so daß keine neuen Körner aufgewirbelt werden. Auf diese Weise entstehen

schließende **Shore Acres State Park** (13030 Cape Arago Hwy, ✆ 541-888-3732, tägl. Führung 14.30, 15.30, 16.30 Uhr) beim Cape Arago war früher die private Residenz des Holzbarons Louis Simpson. Ursprünglich 1906 als bescheidenes Sommerhäuschen geplant, wurde das Anwesen über die Jahre größer und größer. Der Garten war mit exotischen Pflanzen parkähnlich angelegt, bis die Villa 1921 abbrannte. In der strengen Symmetrie französischer Vordie formlosen, bewachsenen Hügel hinter dem Strand, viel weniger ansehnlich als Dünen, die sich täglich neu gestalten, aber dabei eben landeinwärts wandern. Langsam, aber sicher wird so die Dünenlandschaft vernichtet, denn hinter der bewachsenen Vordüne werden weiter landeinwärts sogenannte Deflationsebenen gebildet, wenn der trockene Sand weggeblasen wird. Da der Sand, der zurückbleibt, immer naß ist, ändert sich schließlich die Vegetation. Zwischen dem Grasdamm am Meer und den Dünen, die vom Sandnachschub abgeschnitten sind, entsteht ein junger Wald. Man nimmt an, daß die Wanderdünen in weniger als 100 Jahren verschwunden sein werden.

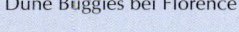

Dune Buggies bei Florence

bildern nachempfunden, steht der gepflegte Park in krassem Gegensatz zu der wilden und rauhen Steilküste.

Das Kap und der Aussichtspunkt liegen im sich unmittelbar anschließenden **Cape Arago State Park.** Der Blick ist eindrucksvoll; wenn es nicht windig ist, läßt sich dort herrlich picknicken.

Statt auf dem Highway 101 kann man auf der Seven Devils Road weiter nach Süden fahren. Am South Slough, einem Nebengewässer der Coos Bay, befindet sich das älteste Schutzgebiet der USA an einer Flußmündung. Das **South Slough National Estuarine Research Reserve** umfaßt ein Gebiet von knapp 20 km² mit Marsch, Schwemmland und Wald, wo auf Wanderungen und Paddeltouren Wasservögel und Tiere – wie etwa Biber – zu beobachten sind. Auf der Westseite der Bucht steht das Interpretive Center (P.O. Box 5417, Charleston, ☎ 541-888-5558, Juni–Aug. tägl., sonst Mo–Fr 8.30–16.30 Uhr) mit einer kleinen Ausstellung zum Ökosystem.

Die Seven Devils Road trifft beim **Bullards Beach State Park** wieder auf den Highway 101. Dort kann man am schönen Sandstrand Drachen steigen lassen und den 1896 erbauten Leuchtturm am Coquille River besichtigen (☎ 503-347-2209, nach Vereinbarung). Vor Bandon verläuft der Highway 101 auf langer gerader Strecke durch Wald, immer wieder verblüfft das Auftauchen von Sanddünen. Dazwischen stehen große Schilder mit der Aufschrift »Myrtlewood«, einer örtlichen Holzart (Umbellularia Californica), aus der Souvenirs geschnitzt werden.

Bandon eignet sich hervorragend als Zwischenstation. Der kleine Ort hat sich in der ›Altstadt‹, wo zwei kurze Straßen mit Cafés und Läden parallel zum Hafen verlaufen, ein wenig auf Tourismus eingestellt. Die Cheddar Cheese Factory (680 Second St., ☎ 541-347-2456 oder 800-548-8961, tägl. 8.30–

17.30 Uhr, Eintritt frei) rühmt sich der Handarbeit, hier reifen die scharfen Cheddar-Sorten 24 Monate.

Südlich von Bandon bietet der **Bandon State Park** Strandzugang. Nun ändert sich die Landschaft, die Natur wirkt nicht mehr so saftig grün und strotzend. Die gewellten Hügel, der Bewuchs und die braunen Kühe erinnern ein wenig ans Allgäu.

Eine Abzweigung führt auf dem Highway 250 zum ungeschützten **Cape Blanco** im gleichnamigen State Park, an dem es oft recht windig ist. Der Leuchtturm von 1870 (Do–Mo 10–17 Uhr, ☎ 541-332-6774, Spende erwünscht) ähnelt dem Glockenturm einer kleinen

Bei Cape Arago

Rogue-Indianer unter hohen Verlusten weiße Siedler vertreiben konnten.

Irgendwo in den Hügeln östlich von Port Orford liegt ein großer Meteorit, der 1856 von einem gewissen John Evans gefunden wurde. Der frühe Pionier schätzte die Masse auf 10 t, was diesen Meteoriten zu einem der zehn größten macht, die je entdeckt wurden. Allerdings ist der Meteorit seither verschwunden. Heerscharen von Amateuren und Profis suchten nach dem Gesteinsbrocken, es gibt viele Theorien über den Verbleib. Wahrscheinlich liegt der Meteorit im Bett des Elk River, möglicherweise am Westhang des Iron Mountain. Es besteht kein Anlaß, am Fund von Evans zu zweifeln. Das Smithsonian Museum in Washington bewahrt noch immer eine Probe des Meteoriten auf, die Evans dorthin schickte.

Die Straße folgt nun der Steilküste, kurvig und hoch oberhalb des in den verschiedensten Farben, von grün und türkis bis tiefblau changierenden Wassers, ehe man den **Humbug Mountain** erreicht. Vom unbewachten Parkplatz nördlich des Bergs am Highway 101 führt auch ein einfacher Wanderweg durch alten Zederbestand auf den etwas über 500 m hohen Humbug Mountain (hin und zurück etwa 9 km).

Kirche. Die aus Frankreich stammende Fresnel-Linse sendet alle 20 Sekunden einen Lichtblitz übers Meer.

Der über 7 km große State Park ist nur ein Teil der ehemaligen großen Milchfarm des Pioniers Patrick Hughes, eines irischen Einwanderers. Das zweigeschossige, liebevoll restaurierte viktorianische Farmhaus mit elf Zimmern wurde 1898 aus Zedernholz gebaut und kostete damals die stolze Summe von 3800 Dollar (Mai–Sept. Do–Mo 10–16 Uhr, Eintritt).

Erst bei **Port Orford** erreicht der Highway 101 wieder die Küste. **Battle Rock,** gleich südlich des Straßendorfs, erhielt seinen Namen von einer Schlacht, in der 1851 die

Unübersehbar sind die **Prehisto-ric Gardens** (36848 Hwy 101 S., Port Orford, ☎ 541-332-4463, immer offen, Eintritt) etwas weiter südlich, zumindest der 8 m hohe Tyrannosaurus Rex. Ein Exzentriker fing vor 40 Jahren an, aus Eisen und Beton lebensgroße Modelle zu bauen.

Vor **Gold Beach** ist die Küste wesentlich dünner besiedelt. Der Ort wurde Mitte des 19. Jh. von Goldgräbern so benannt, die am Strand fündig wurden. Heute birgt der **Rogue River,** der dort in den Pazifik mündet, einen anderen Schatz – Wildnis pur. Der Fluß ist ein *Wild and Scenic River* und bei Wildwasserfahrern, Wanderern und Anglern beliebt.

Die eingedeichte Mündung trennt Gold Beach am Südufer vom nördlichen Nachbarort Wedderburn. Schon vor 100 Jahren wurde von dort die Post per Boot 50 km flußaufwärts nach Agness gebracht. Auf derselben Route wird zwar noch immer Post befördert, doch sind Touristen heute die Hauptfracht. Damals dauerte die Reise nach Agness zwei harte Tage, moderne Jetboote schaffen es in zwei Stunden. Die Fahrt ist ein Erlebnis, oft sieht man Adler, Hirsche und andere wildlebende Tiere. Da passionierte Paddler Schlange stehen, um den Rogue River zu befahren, und lange Wartezeiten dafür in Kauf nehmen (Permit vom Forest Service, Rand Visitor Center, 14335 Galice Highway, Merlin, OR 97532, ☎ 541-479-3735),

bleibt Reisenden nur eine organisierte Tour.

Eine Alternative dazu ist die 30 Meilen lange Fahrt mit dem Auto auf der geteerten Jerry's Flat Road (Road 33) am Südufer des Rogue River nach **Agness,** vorbei an altem Baumbestand, Picknick- und Zeltplätzen. Der Ort besteht lediglich aus einigen privaten Hütten, einer Bücherei und einem Laden. Wanderer können dort bzw. im nahen Illahe zwischen verschiedenen Routen wählen: flußauf- bzw. flußabwärts am Rogue River oder entlang der Schlucht des Illinois River. Information und Karten erhält man bei der Ranger Station des Siskiyou National Forest in Gold Beach (1225 S. Ellensburg Ave., ☎ 541-247-6651).

Südlich von Gold Beach wird die Gegend heideähnlich. Nur kleinere Strände, fast ohne Ausnahme State Parks, unterbrechen die Steilküste. Angler halten mit ihren Wohnmobilen die meisten Strände besetzt.

Die Küste gehört nun auf 12 Meilen zum **Samuel H. Boardman State Park.** Zwischen der Arch Rock Picknick Area und Cape Ferrelo gibt es zahlreiche Parkmöglichkeiten und beschilderten Zugang zu kurzen Abschnitten des Oregon Coast Trail, der hier leider immer wieder von der Straße unterbrochen wird. Zwischen Miner Creek und Natural Bridge Viewpoint oder zwischen Thomas Creek Bridge und House Rock Viewpoint sind nur wenige Wanderer unterwegs.

Früchte des Meeres

Muschelsuche an der Pazifikküste

Die Pazifikküste bietet einen Reichtum an Meeresfrüchten, der für Europäer – zumindest für Landratten – ungewohnt ist. In Oregon benötigt man für den Fang von Schalen- und Weichtieren nicht einmal einen Angelschein. Man kann völlig legal und obendrein kostenlos sein Mittagessen selbst ›erjagen‹, indem man nach Muscheln gräbt oder Taschenkrebse fängt. Sowohl Eimer und Spaten wie auch *Crab Rings*, Krebsfallen, kann man bei den meisten Sportläden oder auch in den kleinen Multifunktionsläden an der Küste mieten. Dort gibt es auch eine kostenlose Ausgabe der »Oregon Sports Fishing Regulations«. Die Verkäufer oder andere Strandläufer stehen gern mit Rat und Tat zur Seite, denn das Ausnehmen der *Gapers, Softshells* oder *Bay Clams* ist für Ungeübte nicht so leicht. Am besten läßt man sich zeigen, wie man die Schalentiere öffnet, den Hals häutet und den Magen entfernt.

Man sucht zu Beginn der Ebbe entlang einer Flußmündung nach Muschellöchern im Sand; je größer das Loch, desto größer ist auch die

Muschelsammler beim Yaquina Lighthouse nördlich von Newport

Muschel. Nun muß man zwei Handbreit neben dem Loch etwa 40 bis 50 cm tief graben und den Sand seitlich wegräumen, bis man die Muschel findet. Die Schale ist recht weich und zerbrechlich, also Vorsicht.

Cockle Clams findet man direkt unter der Strandoberfläche. Die Herzmuscheln müssen auch nicht ausgenommen werden, sondern können gekocht werden, nachdem man die Muscheln durch Wässern vom Sand gereinigt hat. Noch weniger Arbeit macht das *Crabbing*, man benötigt nur einen *Crab Ring* und ein Stückchen Fisch als Köder. Die Falle wird vom Boot oder vom Pier ins Wasser gehängt, dann heißt es warten. Jeweils eine Stunde vor oder nach Ebbe und Flut ist die beste Zeit fürs *Crabbing*.

Bei Krebsen gelten meist Größenbeschränkungen, während man bei Muscheln gewöhnlich die ersten 36 Exemplare, die man findet, behalten muß. Dies dient der Sicherung des Bestandes – eine verschmähte und wieder zurückgeworfene Muschel überlebt meist nicht. Deshalb muß auch jeder Muschelsucher seinen eigenen Behälter haben, Schaufeln dagegen darf man gemeinsam benutzen.

Ein Schreckenswort ist *Red Tide*. Bei warmem Wetter vermehrt sich manchmal das *Paralytic Shellfish Toxin,* Schalentiere werden dadurch für menschlichen Verzehr ungeeignet. Bei der kostenlosen Red Tide Hotline (✆ 800-562-5632) erhält man aktuelle Informationen, welches Gebiet betroffen ist.

Generell sollte man sich nach örtlichen Vorschriften erkundigen. Das kostenlose, legale Sammeln gilt natürlich nur für öffentliches Land und nicht für kommerzielle Austernfarmen. Wer fischen will, kann für wenige Dollar eine Tageslizenz erstehen, die Jahreslizenz kostet nicht viel mehr.

Brookings, der südlichste Ort an der Küste von Oregon, liegt im *Banana Belt* und besitzt ein sehr mildes Klima, in dem Osterlilien und Azaleen sprießen. Seit Jahren ist er deshalb bei Pensionären aus Kalifornien und Oregon beliebt. Das Chetco Valley Historical Museum (15461 Museum Rd., östl. des Hwy 101, ✆ 541-469-6651, Mi–So 12–17 Uhr, Eintritt) befindet sich im 1857 erbauten, ältesten Gebäude der Gegend, der früheren Postkutschenstation. Zu den Exponaten gehören einige alte Fotos und regionaler Tand. Ein geheimnisvolles Eisengußteil halten manche für ein Porträt von Elizabeth I., das Sir Francis Drake im 16. Jh. hier zurückgelassen haben soll.

Ein lohnendes Ausflugsziel ist der **Alfred A. Loeb State Park,** wo man im Chetco River schwimmen kann. Man erreicht ihn nach 8 Meilen auf der North Bank Road Richtung Osten am Fluß entlang. Ein kurzer Naturlehrpfad führt vom Picknickgelände erst am Bach entlang durch alten Bestand von Myrtlewood (Umbellularia Californica), dann auf der anderen Seite der Straße zu Redwood-Bäumen (Sequoia Sempervirens), die man sonst nur weiter südlich in Kalifornien findet.

Abstecher nach Kalifornien

An der Grenze zu Kalifornien soll eine Agricultural Inspection Station die Einfuhr von Schädlingen auf Lebensmitteln verhindern. Vom wenige Meilen hinter der Grenze liegenden **Crescent City,** das nach den kleinen Orten im Süden von Oregon wie eine Großstadt wirkt, führt der Highway 199 nach Nordosten am Smith River entlang wieder nach Oregon.

Im dichten Wald des **Jedediah Smith Redwoods State Park** wird das Klima angenehmer. Im Naturschutzgebiet und der sich anschließenden **Smith National Recreation Area** gibt es herrlichen alten Redwood-Bestand. Die Redwood-Bäume wachsen heute nur noch in einem schmalen Streifen an der Küste von Nord-Kalifornien. Aus winzigen, nur stecknadelkopfgroßen Samen erreichen diese Baumriesen eine Höhe von 100 m, der Stamm besitzt am Boden einen Durchmesser von bis zu 7 m. An gefällten Bäumen zählte man bis zu 2200 Jahresringe. Als die Spanier 1769 die Redwoods entdeckten, gediehen diese Wunderbäume noch auf einer geschätzten Fläche von mehr als 4000 km². Heute gibt es – wegen des intensiven Holzschlags – alten Bestand nur noch auf 385 km², davon stehen etwa 80 % unter Naturschutz.

Nahe der Ranger Station im Hiouchi Visitor Center (Highway 199, ✆ 707-457-3131, tägl. 9–17 Uhr) am Smith River erreicht man nach 150 m Fußweg bei dem Stout Grove einen gut 100 m hohen Baumriesen. Der Highway 199 windet sich weiter die Schlucht entlang. Auf der engen, kurvigen Straße gibt es immer wieder Haltemöglichkeiten und Trampelpfade hinunter in das felsige Bachbett, außerdem einige Zeltplätze, ehe die Staatsgrenze zu Oregon erreicht ist.

ⓘ **Information:** Chamber of Commerce, 270 Hwy 101, *Florence,* OR 97439, ✆ 541-997-3128; Bay Area Chamber of Commerce, 50 E. Central Ave., P.O. Box 210, *Coos Bay,* OR 97420, ✆ 541-269-8921 oder 800-824-8486; Chamber of Commerce, 300 S. Second St., P.O. Box 1515, *Bandon,* OR 97411, ✆ 541-347-9616; Chamber of Commerce, 1225 S. Ellensburg Ave., *Gold Beach,* OR 97444, ✆ 541-247-7526 oder 800-525-2334

Unterkunft: *Cliffhouse Bed & Breakfast,* Adahi Rd., Waldport, ✆ 541-563-2506, gepflegter Luxus mit Whirlpool und Hängematte auf der Terrasse, $$$; *Yachats Inn,* 331 S. Pacific Coast Hwy 101, Yachats, ✆ 541-547-3456, direkt am Meer, Blick, $$–$$$ *Sea Star Guest House Bed & Breakfast* 375 Second St., Bandon, ✆ 541-347-9632, im Obergeschoß Blick aufs Meer. $$; *Lighthouse Bed & Breakfast,* 650 Jetty Rd. S.W., Bandon, ✆ 541-347-9316, Blick auf Fluß, Meer und Leuchtturm, $$$; *Inn at Nesika Beach Bed & Breakfast,* 33026 Nesika Rd., ✆ 541-247-6434, nördl. von Gold Beach, teilweise mit Kamin und Terrasse, $$$; *Rogue River Reservations,* ✆ 541-247-6504 oder 800-525-2161, vermittelt Übernachtungen in den Lodges am Fluß, Reservierung nötig, $$–$$$

Camping: *Cape Perpetua Campground,* am kleinen Cape Creek; *Carl Washburne State Park,* an Hwy 101, 14 Meilen nördl. von Florence; *Jessie M. Honeyman State Park,* am Hwy 101, 3 Meilen südl. von Florence, ✆ 541-997-3641, schönster Zeltplatz im Dünengebiet, Jurten, Reservieren nötig; *Alfred A. Loeb State Park,* North Bank Chetco River Rd., bei Brookings am Chetco River

Restaurants: *Yuzen,* am Hwy 101 nördl. von Waldport bei Seal Rock, ✆ 541-563-4766, Mo geschl., jap. Küche, $$$; *Portside,* 8001 Kingfisher Rd., ✆ 541-888-5544, am Hafenbecken in Charleston, Fisch, $$; *Bandon Boatworks,* am Ende der S. Jetty Rd. bei der Mündung des Coquille River, ✆ 541-347-2111, Mo geschl., Fisch, mit Blick aufs Meer, $$; *Bandon Fisheries Market,* First St./Chicago Ave., ✆ 541-

347-2851, gute Fischbude, $; *Nor'Wester,* am Hafen in Gold Beach, ✆ 541-247-2333, tägl. ab 17 Uhr, Fisch und Steaks, $$–$$$

Touren: *C & M Stables,* 90241 Hwy 101 N., ✆ 541-997-7540, geführte Ausritte, ganz- oder halbtägig; *Florence Aviation,* 2001 Airport Way, ✆ 541-997-8069, Flüge mit einer Sportmaschine nach Wunsch; *Aerial Sightseeing Tours,* ✆ 541-756-3557, Ausflüge in einer Sportmaschine vom Flughafen North Bend; *Coos Bay U-Haul,* 763 S. Broadway, ✆ 541-269-1333, vermietet Kanus; *Bandon Beach Riding Stables,* 2640 Beach Loop Dr., ✆ 541-347-3423, geführte Ausritte am Strand; *River Run Kayak Tours,* 1130 Baltimore Ave., ✆ 541-347-1884 oder abends und So 541-347-3314, geführte, einfache Kajak-Ausflüge auf dem Coquille River; *Rogue River Mail Boat Trips,* Mail Boat Dock, P.O. Box 1165, Gold Beach, ✆ 541-247-7033 oder 800-458-3511; *Jerry's Rogue Jets,* am Hafen von Gold Beach, ✆ 541-247-4571 oder 800-451-3645; *Rogue River Outfitters,* Box 1078, Gold Beach, ✆ 541-247-2684, mehrtägige Wildwasserausflüge

Redwoods in Nordkalifornien

Abbildungs- und Zitatnachweis

Manfred Braunger, Freiburg: Umschlagrückseite oben, S. 2f., 10f., 12, 15, 25, 27, 28f., 30, 36f., 47, 50f., 55, 57, 60, 67, 74f., 77, 80f., 87, 89, 93, 95, 99, 106, 114, 117, 121, 124, 125, 128, 131, 134, 137 links und rechts, 142f., 145, 149, 153, 156, 165, 167, 170f., 183, 189 unten, 192, 193, 195, 198, 200, 203, 211

Michael H. Müller, Badenweiler: Umschlagrückseite Mitte und unten, S. 1, 18f., 22, 34f., 39, 40, 54, 63, 69, 94, 104, 111, 112, 133, 140f., 151, 159, 174f., 181, 189 oben, 204, 207, 208f., 214

Thomas Stankiewicz, München, Titelbild, Umschlaginnenklappe vorne und hinten

Karten und Stadtpläne

Alle Karten und Stadtpläne: artic, Duisburg und Karlsruhe

Zitate

S. 9: David Guterson: Schnee, der auf Zedern fällt. Aus dem Amerikanischen von Christa Krüger, Berlin: Berlin Verlag 1996. S. 13

TIPS & ADRESSEN

Alle wichtigen Informationen rund ums Reisen – von der Anreise bis zu Zeitungen – auf einen Blick.

Wissenswertes über Unterkünfte und die landestypische Gastronomie.

Hinweise auf das regionale Kultur- und Unterhaltungs- angebot.

INHALT

REISEVORBEREITUNG & ANREISE

Informationsstellen

In Berlin, Frankfurt, Hamburg, Hannover, Köln, Leipzig, München und Stuttgart gibt es Amerika-Häuser mit Bibliotheken. Im Kennedy-Haus in Kiel sowie bei den Deutsch-Amerikanischen Instituten in Freiburg, Heidelberg, Nürnberg, Saarbrücken und Tübingen erhält man Auskünfte, außerdem kann man direkt an den Fremdenverkehrsämtern in Oregon und Washington bzw. Britisch-Kolumbien Material anfordern:

Oregon Tourism Division
775 Summer St. N.E.
Salem
OR 97310
✆ 800-547-7842, Fax 503-986-0001

Dept. of Trade and Economic Development
Washington Tourism Division
106 General Administration Building
Olympia
WA 98504
✆ 360-586-2088 oder
800-544-1800, Fax 360-753-4470

Tourism B. C.
1117 Wharf St.
Victoria
BC V8W 2Z2
✆ 604-387-1642 oder 800-435-5622

... im Internet
Gute Startpunkte sind die folgenden Adressen:
experiencewashington.com
(Bundesstaat Washington)
access.wa.gov
(offizielle Homepage Washington)
nps.gov
(U.S. National Park Service)
washingtonwine.org
(Weinbauverband Washington)
wta.org/wta (Wanderorganisation)
traveloregon.com
(Bundesstaat Oregon)
state.or.us
(offizielle Homepage Oregon)
oregonwine.org
(Weinbauverband Oregon)
travel.bc.ca
(kanadische Provinz British Columbia)
parkscanada.pch.gc.ca
(kanadische Nationalparks)

Diplomatische Vertretungen der USA

... in der Bundesrepublik Deutschland
Botschaft der USA
Neustädtische Kirchstr. 4–5
10117 Berlin
✆ 0 30/83 05-0

... in der Schweiz
Botschaft der USA
Jubiläumsstr. 93
3005 Bern
✆ 0 31/43 70 11

... in Österreich
Botschaft der USA
Boltzmanngasse 16
1091 Wien
✆ 01/91 55 11

Reisezeit

Die beste Reisezeit für den Pazifischen Nordwesten sind die Sommer- und Herbstmonate. Dies ist in etwa auch die Ferienzeit der Amerikaner (vom *Memorial Day,* dem letzten Montag im Mai, bis zum *Labour Day,* dem ersten Montag im September). In der Hochsaison sind die schönsten Campingplätze oft belegt, wer nicht langfristig im voraus bucht, findet nur noch ein Plätzchen in der zweiten Reihe. Der Juni ist manchmal feucht, während der September im allgemeinen angenehm warm und trocken ist.

Reisebekleidung

Im Westen der USA geht es eher formlos zu, man legt auch in Theatern oder Restaurants meist keinen allzu großen Wert auf Schlips und Kragen. Auch wenn einige Restaurants einen *dress code* haben, fällt man mit kurzen Hosen, T-Shirts und Birkenstock-Sandalen nirgendwo auf. Wanderkleidung und auch Schuhe, sind meist billiger vor Ort zu kaufen.

Reisen mit Kindern

In den meisten Hotels und Motels kann man Kinder ohne Mehrpreis oder nur mit geringem Aufschlag im Zimmer der Eltern unterbringen. Eine Ausnahme bilden manche teureren Bed and Breakfast-Unterkünfte, in denen Kinder unerwünscht sind. In Restaurants sind Kinderportionen meist selbstverständlich, kleinere Kinder erhalten ohne Nachfrage einen Kinderstuhl, außerdem gibt es in vielen Restaurants Malbücher oder Spielzeug. Die Bedienung bleibt auch gelassen, wenn am Tisch ein kleines Malheur passiert. Daß man den erhöhten Reinigungsaufwand dann beim Trinkgeld berücksichtigt, sollte selbstverständlich sein.

Reisen für Behinderte

Kaum ein Land – außer Kanada – ist im internationalen Vergleich so behindertenfreundlich wie die USA. Alle öffentlichen Einrichtungen müssen dort für Behinderte zugänglich sein, auch viele Geschäfte besitzen rollstuhlgerechte Türen, Busse sind mit Hebebühnen versehen, Bordsteinkanten an den Kreuzungen abgeflacht. Überdies sind Amerikaner im allgemeinen sehr hilfsbereit.

Gesundheitsvorsorge

Arztbesuche sind in den USA teuer und müssen bar bezahlt werden, die gesetzlichen oder privaten Kassen übernehmen Behandlungskosten meist nicht. Der Abschluß einer Reisekrankenversicherung lohnt sich.

Schmerzmittel wie Aspirin sind überall billig zu kaufen. Wer jedoch auf bestimmte Präparate angewiesen ist, sollte einen ausreichenden Vorrat und vielleicht ein ausführliches Rezept seines Arztes mitnehmen.

Reiseversicherung

Haftpflicht- und Unfallversicherungen sind i. d. R. auch im Ausland gültig, beim Abschluß einer zusätzlichen

Versicherung (z. B. Reisegepäckversicherung) sollte man die Bedingungen genau lesen. Schwierigkeiten durch den Verlust von Reisepapieren kann man vorbeugen, indem man Fotokopien anfertigt oder wenigstens die Dokumentennummern an einem sicheren Platz hinterlegt.

Reisekasse

Kreditkarten sind in den USA das bevorzugte Zahlungsmittel, denn nur wer Kredit hat, gilt dort als ein ehrlicher und vertrauenswürdiger Mensch. *Plastic Money* ist vor allem beim Automieten notwendig. Selbstverständlich wird auch Bargeld angenommen, solange es keine allzu großen Scheine (über 50 Dollar) sind. Traveller's Checks (am verbreitetsten von American Express) werden im Gegensatz zu Euroschecks auch in Läden wie Bargeld akzeptiert.

Literarische Reisevorbereitung

Der Pazifische Nordwesten selbst hat noch keine weltberühmten Schriftsteller hervorgebracht, ist aber als Thema durchaus ›entdeckt‹. Kultstatus genießt **Jack Kerouac**, dessen »Dharma Bums« Erlebnisse als Waldbrandwache in den North Cascades verarbeitet. Kerouacs Freund und Pulitzer-Preisträger **Gary Snyder,** der ihn zum Aufenthalt in der Einsamkeit inspirierte, ist Autor unzähliger Gedichte über den Nordwesten – etwa »Night Highway Ninety-Nine«. **John Steinbeck** schreibt in »Travels with Charley« (dt. »Meine Reise mit Charlie«) von seiner Reise in den Nordwesten. Vom Kampf einer Holzfällerfamilie um Unabhängigkeit und Überleben handelt **Ken Keseys** »Sometimes a Great Notion«, das weniger bekannt ist als sein zuvor erschienenes »One Flew over the Cuckoo's Nest«. **Tom Robbins** lebt in La Conner; dieser bekannteste Northwest-Satiriker mit seiner anarchistischen Prosa kann auch seitenlang über Regen schreiben; am bekanntesten ist sein Buch »Even Cowgirls Get the Blues«.

In »Ecotopia« (dt. »Ökotopia«) erzählt **Ernest Callenbach** von einer separatistischen utopischen Ökorepublik im Pazifischen Nordwesten. Die Naturalistin und Pulitzer-Preisträgerin **Annie Dillard** schildert spannend und anschaulich die ersten Begegnungen zwischen Weißen und Indianern im Nordwesten in »The Living«. **Tess Gallagher** lebt in Port Angeles; die vielfach ausgezeichnete Lyrikerin stellt unter anderem die Welt der Holzfäller, Hafenarbeiter und Fischer dar, lesenswert ist »The Lover of Horses«. Ihr verstorbener Lebensgefährte Raymond Carver ist einer der wichtigsten Short-Story-Autoren, u. a. schrieb er »Cathedral« und »Where I'm Calling From«. In »Winter Brothers« behandelt **Ivan Doig** die Geschichte des Nordwestens. **Jean Auel**, die in Oregon lebt, führte mit »The Mammoth Hunters« (dt. »Die Mammutjäger«) die Bestsellerlisten an, verfilmt wurde das Werk unter dem Titel »Die Suche nach dem Feuer«. Die Bestsellerlisten stürmte auch **David Guterson** mit »Schnee, der auf Zedern fällt«, einem spannenden Kriminalroman mit poetischen Naturbeschreibungen, der bereits verfilmt wurde. Die gebürtige Deutsche **Ursula Hegi** ist auch in hierzulande bekannt, sie beschäftigt sich in ihren Werken mit deutscher Geschichte zwischen den Weltkriegen (»Die Anderen«) und Auswandererschicksalen (»Das Schweigen brechen. Über das Deutschsein in Amerika«). Reiselust weckt der **HB Bildatlas Spezial** »USA Nordwesten, Washington, Oregon« (Heft 6).

Mietwagen

Es ist meist am billigsten, das Auto bereits von Europa aus zu buchen. Allerdings hat man nie die Gewähr, daß der bestellte Fahrzeugtyp auch bereitsteht – kein Problem in den kundenfreundlichen USA, selbstverständlich erhält man ein Ersatzfahrzeug der nächstbesten Kategorie. Gerade bei Campern kann dies jedoch unangenehm sein. Man ist mit größeren Wohnmobilen recht unbeweglich und besonders innerhalb von Ortschaften behindert, Restaurantbesuche werden dadurch erschwert.

Wer auf eigene Faust vor Ort mieten will, sollte wissen, daß es neben den großen Firmen wie Avis und Hertz in jeder Stadt billigere Vermieter (mit Firmennamen wie Rent-a-Wreck o. ä.) gibt, die etwas ältere Fahrzeuge anbieten. Auf Schwierigkeiten mit kleinen lokalen Firmen stößt man, wenn man das Auto in einer anderen Stadt wieder zurückgeben will. Auch bei den großen Firmen muß dafür eine zusätzliche Gebühr entrichtet werden. Ohne Kreditkarte kann man fast nirgendwo mehr ein Fahrzeug mieten. Außerdem wird an Leute unter 25 Jahren meist nicht vermietet. Ein internationaler Führerschein ist nicht vorgeschrieben.

Einreise- und Zollbestimmungen

Reisende aus Deutschland, Österreich und der Schweiz benötigen für einen Aufenthalt bis zu 90 Tagen kein Visum. In Einzelfällen wird man nach dem Rückflugticket oder einem Nachweis über ausreichende Geldmittel befragt. Die Einreise verläuft fast immer problemlos. Allerdings dürfen keine Pflanzen oder landwirtschaftliche Produkte (dazu gehört auch ein Wurstbrot oder der selbstgebackene Kuchen für die Tante) eingeführt werden, derlei Gepäck wird sofort konfisziert und vernichtet. 200 Zigaretten, 1 l Alkohol (von Reisenden über 21 Jahren) und Geschenke im Wert von 100 Dollar dürfen zollfrei eingeführt werden, Haustiere benötigen amtsärztliche Zeugnisse.

Anreise

Flüge an die Westküste kosten zwischen 620 und 820 €, je nach Termin und Abflugort. Es lohnt sich, bei verschiedenen Reisebüros anzufragen. Vor allem in den größeren Städten gibt es oft umfangreichere Angebote und dadurch niedrigere Preise.

Es gibt von Deutschland keinen Direktflug nach Seattle, man muß entweder über Kopenhagen, Amsterdam oder London fliegen. Die skandinavische Linie SAS bietet eine schnelle und bequeme Verbindung. Internationale Zielflughäfen sind Sea-Tac bei Seattle und PDX bei Portland.

UNTERWEGS IN WASHINGTON & OREGON

Verkehrsmittel

Züge haben ihre Bedeutung als Fernverkehrsmittel verloren und sind hauptsächlich als Touristenattraktion auf historischen Nebenstrecken zu sehen. **Busse** verbinden zwar auch kleinere Ortschaften, aber lange Strecken sind eine Qual.

Ein **Auto** ist das beste Transportmittel und bietet die größte Freiheit. Viele Hauptsehenswürdigkeiten sind entweder überhaupt nicht oder nur schwer mit öffentlichen Verkehrsmitteln erreichbar.

Mitglieder eines europäischen Automobilklubs können gegen Vorlage des Klubausweises die Leistungen des amerikanischen AAA (gesprochen *Triple A*) bzw. des kanadischen CAA in Anspruch nehmen. Dazu gehören kostenlose Karten sowie Verzeichnisse von Hotels, Restaurants und Campingplätzen.

Unterkunft

Im Reiseteil sind die Unterkünfte (Doppelzimmer) in folgende Kategorien eingeteilt:
$ bis 50 Dollar
$$ 50–75 Dollar
$$$ über 75 Dollar
$$$$ 150 Dollar und mehr.

Das Angebot für jeden Geldbeutel ist reichlich, nur selten sind die Kapazitäten überlastet. Man kann meist auch spontan und ohne Reservierung übernachten. Alle Häuser bieten auch Nichtraucherzimmer an. In Oregon und Washington wird auf den Zimmerpreis eine Steuer (circa 8 %) erhoben.

Motels erkennt man schon von weitem an den Leuchtreklamen, die preiswertesten findet man bevorzugt an Ausfallstraßen und in der Nähe von Einkaufszentren. Ansprüche darf man dabei allerdings nicht stellen. Dusche und Toilette sind immer desinfiziert, Fernseher, Telefon und die Eismaschine auf dem Gang gehören zum Standard. Was man nicht findet, ist die heimelige Atmosphäre.

Erstaunlicherweise ist in der gehobeneren Klasse der zunächst genannte Preis, die sogenannte *rack rate* (Preis von der Stange), keineswegs endgültig. Am besten fragt man in **Hotels** nach *special weekend rates, weekday rates, mid-week-specials, seasonal rates, rates for auto club members,* für *corporate guests* (man muß nur die Geschäfts-Visitenkarte zeigen) oder sonstigen *discounts.* Man muß sich nicht genieren, wenn man um den Preis feilscht (»That's just a little out of my range, guess I'll have to check down the road / across the street«) – es funktioniert fast immer, die Sonderpreise sind bis zu einem Drittel billiger. Natürlich klappt es nicht, wenn gerade eine Tagung stattfindet und alles ausgebucht ist. Keineswegs aber wird es peinlich, wenn die Person an der Rezeption einen Preisnachlaß ablehnt.

Bed and Breakfast-Unterkünfte entsprechen am ehesten gemütlichen Pensionen. Manchmal gibt es kein eigenes Bad, Fernsehen oder Telefon.

Doch wird man vielleicht mit einer *Hot Tub* im Freien mit Blick übers Meer, einem parkähnlichen Garten, einem Gemeinschaftsraum mit Kamin und derlei mehr entschädigt. Bed and Breakfast-Unterkünfte sind, anders als in Europa, nicht unbedingt eine billige Alternative zu Hotels. Die Gemütlichkeit lassen sich die Betreiber mitunter teuer bezahlen. Besonders an Wochenenden oder Feiertagen kommt es manchmal vor, daß man mindestens zwei Nächte bleiben muß. Manche der Etablissements wünschen keine Anwesenheit von Kindern unter 16 Jahren.

Billiger als Motels sind lediglich die **YMCA** bzw. **YWCA** (nur für Frauen), die man praktisch in jeder Stadt finden kann, oder **Jugendherbergen**. Das Netz der Jugendherbergen in den USA wächst ständig.

Die **Zeltplätze** sind nicht mit europäischen Anlagen zu vergleichen, sondern bieten immer ausreichend Platz fürs Zelt, einen Picknicktisch und eine Feuerstelle. Meist ist man vom Zeltnachbarn durch Gebüsch und größeren Abstand getrennt. Fast jeder State Park oder National Park besitzt auch einen Campground, der zwischen 6 und 14 Dollar pro Nacht kostet. Viele der abgelegeneren Campgrounds in National-Forest-Gebieten sind sogar umsonst. Einige State Parks bieten auch **Jurten** an, fest installierte Rundzelte mit Holzboden und elektrischem Licht. Bis zu fünf Personen können in den Stockbetten schlafen. Daneben gibt es zahlreiche privat geführte Campgrounds, meist etwas luxuriöser ausgestattet (mit heißer Dusche, Waschsalon, Kramladen, manchmal auch einem Spielsalon) und etwas teurer.

Essen und Trinken

Im Reiseteil werden Restaurants in folgende Preiskategorien eingeteilt:
$ unter 10 Dollar
$$ 10–20 Dollar
$$$ über 20 Dollar
(für ein Hauptgericht ohne Getränke, ohne Steuern und Trinkgelder).
Nicht nur in den besseren Restaurants, sondern fast überall – außer in Fast Food-Läden – bekommt man den Tisch zugewiesen (»two for dinner«, »table for two«), immer gibt es eine *Non Smoking Section.* Sind alle Tische (auch nur teilweise) besetzt, muß man warten. Niemals setzt man sich an einen halbbesetzten Tisch dazu. 15 % Trinkgeld sind üblich (bevor die Steuer addiert wird). In Trend-Restaurants gibt es nur eine mündliche Speisekarte, von der Bedienung manchmal etwas monoton heruntergeleiert (»Hi! I'm Mary, your waitress for the night …«). Bleibt etwas vom Essen übrig, ist es auch im besten Restaurant völlig selbstverständlich, den Rest mitzunehmen (»Would you have a box for me?«).

Lunch ist wesentlich billiger als Dinner. Mittags essen viele Amerikaner nur eine Kleinigkeit, einen Teller Suppe, etwas Salat, ein paar Cracker. Brot wird durch Chips, Kekse und ähnliches ersetzt.

Nicht alle der billigen Imbißplätze haben eine Alkohollizenz. Wasser dagegen wird nahezu überall auch unaufgefordert gereicht. Das schnelle Abräumen des Tisches nach dem Essen im Restaurant bedeutet nicht, daß der Gast lange genug den Platz beansprucht hat, sondern der Gast soll mehr Platz haben, damit er sich wohl fühlt. Man wartet auch nicht mit dem Abräumen, bis alle Personen am Tisch mit dem Essen fertig sind. Die Bedienung will lieber übereifrig sein, als herumzustehen; ist man nicht einverstanden, sagt man: »I'm not quite finished yet.«

Im Nordwesten ist neben asiatischer Küche mexikanisches Essen so populär wie Pizza in Europa: *Tortillas* sind Pfannkuchen aus Maismehl. Zusammengerollt mit Fleisch, Bohnen oder Käse gefüllt, heißen sie *Burritos*. *Enchiladas* werden mit Hackfleisch und (scharfer) Sauce gefüllt. *Guacamole* ist ein pikanter Dip, der aus Avocados hergestellt wird. Gut ist auch das mexikanische Bier.

Überall kann man *Convenience Food,* fertige Gerichte, kaufen, auch in Supermärkten an Salatbars oder in der Feinkostabteilung. Frische Pizza, Huhn oder chinesische Gerichte werden dort ebenfalls angeboten.

Im Restaurant wird das Essen immer nach den Wünschen des Gastes zubereitet. Die Unterscheidung roh, mittel oder durch ist ja noch harmlos, aber welche Gemüsesorte? Welches Dressing? Welche Suppe? Welche Brotsorte? Der ausgefuchste Restaurantbesucher kennt die verschiede-nen Variationen bald, bis dahin muß man sich durchfragen.

Kultur und Unterhaltung

Die wenigen größeren Städte im Nordwesten bieten ein umfangreiches Angebot an Theatern und Museen. Auch in vielen kleineren Orten findet man Museen, die sich allerdings meist auf Regionales beschränken und manchmal eher einem Kuriositätenkabinett auf einem Jahrmarkt ähneln. Ein *Country Fair* bietet einen unvergeßlichen Einblick in das amerikanische Denken und ist oft eine Kombination aus Jahrmarkt, Paraden, Viehmarkt und Rodeo.

Infos aller Art gibt es in den Publikationen, die man bei jeder Touristeninformation erhält; in Seattle liefern die kostenlosen Zeitungen »The Weekly« und der alternative »The Stranger« Veranstaltungshinweise und aktuelle Szene-Informationen, in Portland die Stadtzeitungen »Willamette Week« oder »PDXS« (ebenfalls beide umsonst). Man erhält diese Zeitungen bei den meisten Buchläden, Cafés und *Convenience Stores.*

REISEINFORMATIONEN VON A BIS Z

Alkohol

Noch aus den Zeiten der Prohibition stammen die strengen Alkoholgesetze. Hochprozentige Getränke werden nur in staatlichen Spezialgeschäften angeboten, Wein und Bier erhält man im Supermarkt. Während Jugendliche schon im Alter von 16 Jahren mit einem eigenen Auto zur Schule fahren dürfen, können sie eine Bar nicht einmal betreten, geschweige denn eine Flasche Bier kaufen. Das gesetzliche Mindestalter für Alkoholerwerb und -konsum liegt bei 21 Jahren. An jeder Kneipentür und Supermarktkasse wird das Alter jung aussehender Möchtegerntrinker durch Paßkontrollen geprüft.

Trinken ist in der Öffentlichkeit, etwa in Parks, nicht gestattet – man sieht oft Leute, die immer wieder eine braune Papiertüte zum Mund führen und mit der Verpackung über den Inhalt der Tüte hinwegzutäuschen versuchen. Alkohol im Auto ist verboten, solange sich das Getränk in einem *open container* befindet. Auch Beifahrer dürfen keine geöffnete Flasche bzw. Dose in der Hand halten.

Apotheken

Arzneien aller Art kauft man im *Drugstore.* Arzneien gibt es irgendwo im hinteren Teil des Ladens, wenn man sich an Angelausrüstungen und Haushaltsgegenständen vorbeigearbeitet hat. Rezeptfreie Mittel stehen in den Regalen, vor allem das reichhaltige Sortiment von Schmerztabletten (sehr billig) und Vitaminpräparaten fällt auf. Bei rezeptpflichtigen Medikamenten muß man sich in der Abteilung *Pharmacy* bedienen lassen.

Ärztliche Versorgung

Es bereitet keine Schwierigkeiten, im Notfall einen Arzt zu finden, allerdings sollte man für solche Fälle die Kreditkarte bereithalten. Es empfiehlt sich, eine Auslandskrankenversicherung abzuschließen, da in den USA angefallene Behandlungskosten von heimischen Krankenkassen meist nicht erstattet werden.

Billig sind in der Regel Augenuntersuchungen und Brillen oder Kontaktlinsen. Nimmt man entsprechende Sonderangebote wahr, kann man schon für 60 Dollar eine Augenuntersuchung inklusive eines Satzes Kontaktlinsen oder einer Brille mit einfach geschliffenen Gläsern erhalten.

Autofahren

In den verkehrsarmen Gebieten des Westens macht Autofahren wenig Mühe, und die niedrigen Benzinpreise belasten die Urlaubskasse wenig. Beim **Tanken** muß man meist im voraus zahlen. Das Einschalten der Pumpe geschieht nicht automatisch wie in Deutschland, sondern man muß manuell nach Entnahme des Stutzens noch einen Hebel umlegen. Meist werden verdunstungsgeschützte Stutzen verwendet, um Benzindämpfe zurückzuleiten – umweltfreundlich, aber umständlich zu bedienen. In Oregon gibt es keine Selbstbedienungstankstellen.

Schilder und **Verkehrsregeln** entsprechen im wesentlichen europäischen, allerdings darf in Washington und Oregon bei einer roten Ampel nach rechts abgebogen werden, sofern es der Verkehr zuläßt. Die **Höchstgeschwindigkeit** ist meist auf 70 Meilen in der Stunde (110 km/h), oft auch nur auf 55 mph (88 km/h) begrenzt, der Verkehr läuft dadurch sehr entspannt und flüssig. An haltenden gelben Schulbussen darf keinesfalls vorbeigefahren werden, in keiner Richtung. Dabei blinkt immer das rote Warnlicht am Bus.

Die **Numerierung** der Überlandstraßen ist übersichtlich. Grundsätzlich gilt, das Highways mit geraden Nummern in West-Ost-Richtung verlaufen, mit ungeraden Nummern in Nord-Süd-Richtung. Die Interstates (abgekürzt mit einem I) sind von Westen nach Osten bzw. von Süden nach Norden durchnumeriert. Manchmal haben sie dreistellige Nummern, dann handelt es sich immer um Verbindungsstraßen. Ist die erste Ziffer gerade, befindet man sich auf einer Umgehungsstraße um eine Stadt, ist die erste Ziffer ungerade, führt die Straße in die Stadt.

Wer Adressen sucht, findet sich leichter zurecht, wenn er beachtet, daß Avenues fast immer nord-südorientiert sind, Streets dagegen von Ost nach West. Beide Arten von Straßen können numeriert sein oder einen Namen tragen, zusätzlich außerdem manchmal eine Himmelsrichtung. Dieser Umstand ist zwar verwirrend, aber wichtig, denn die Adresse 1200 S. Fourth Ave. ist meilenweit von 1199 Fourth Ave. entfernt.

Einkaufen

Supermärkte in den USA erinnern eher an eine internationale Lebensmittelausstellung als an einen normalen Laden, so üppig, so vielfältig ist das Angebot. Immer mehr zielen die Supermärkte auch auf die Kunden der Fast Food-Ketten, bieten fertige Gerichte an, warme Pizzas, Salate und vieles mehr. Außerdem sind die Supermärkte häufig 24 Stunden geöffnet.

Safeway ist der Name einer der größten Supermarktketten und praktisch überall zu finden. Die Läden sind preiswert und haben fast immer eine Salatbar. In Washington werden auf alle Einkäufe außer Lebensmittel etwa 8 % Verkaufssteuer zusätzlich berechnet, in Oregon gibt es diese Steuer nicht.

Typisch für das Dienstleistungsdenken der Amerikaner sind Express-Kassen in den Supermärkten, die für den Käufer von lediglich einer Handvoll Produkten (zwischen acht und zwölf) das Zahlen beschleunigen – eine gute Idee, die Nachahmung in Europa finden sollte.

Die Hauptumsätze werden in den *Malls* (Einkaufszentren) gemacht. Um riesige Parkplätze herum entstehen Kunstwelten, in denen es alles gibt. In den klimatisierten Hallen genießt man neben Springbrunnen unter Kunstpalmen ein Eis und erholt sich von der Hektik des Alltags draußen. Man findet eine konzentrierte Infrastruktur vor, die vom Restaurant bis zur Bank alles umfaßt.

Ständig reizen Sonderangebote, Coupons und *Sales* den Spontankäufer. *Coupon-Clipping,* das heißt das Ausschneiden und Sammeln von Gutscheinen, ist ein weitverbreitetes Hobby.

Elektrizität

Viele Geräte lassen sich auf die in den USA übliche Netzspannung von 110 V umstellen.

Zwischenstecker, die in die amerikanischen Steckdosen passen, besorgt man sich am besten zu Hause, man erhält sie aber auch vor Ort in Elektronikläden (beispielsweise ›Radio Shack‹) oder Reisebedarfsgeschäften.

Feiertage

Oft wird der arbeitsfreie Tag auf einen Montag gelegt, unabhängig davon, wann der eigentliche Feiertag ist. Das sicherste Indiz für einen Feiertag ist, daß die Banken geschlossen sind.

1. 1.: *New Year's Day*
Letzter Montag im Mai: *Memorial Day,* der Beginn der Feriensaison
4. 7.: *Independence Day,* wird überall mit großen Paraden und Feuerwerk gefeiert
Erster Montag im September: *Labour Day,* signalisiert das Ende der Ferien und für die Werbung den Beginn der Weihnachtssaison
Vierter Donnerstag im November: *Thanksgiving,* der schönste amerikanische Feiertag, an dem jeder ohne Geschenk- und Kaufzwang versucht, mit Familie oder Freunden zusammen zu sein und gut zu essen und zu trinken.
25. 12.: *Christmas Day,* noch stärker kommerzialisiert als in Europa

Fernsehen und Funk

Neben dem privaten und durch Werbung finanzierten Fernsehen gibt es Sender, die von den Hörern durch Spenden finanziert werden und werbungsfreie Programme anbieten. PBS, Public Broadcast Service, heißt der Fernsehsender, der ausgezeichnete Nachrichten und gehobene, wenngleich meist ältere Spielfilme und Dokumentarsendungen anbietet. NPR, National Public Radio, bietet Jazz und Klassik an; frühmorgens sowie am späten Nachmittag sendet die Radiostation Nachrichten und sehr ausführliche Kommentare aus aller Welt.

Festivals

Rund ums Jahr werden in Washington und Oregon Feste gefeiert, fast überall finden am Nationalfeiertag (4. Juli) größere Paraden und Feuerwerke statt.

Januar: *The Great Bavarian Ice Fest,* Leavenworth, WA, ✆ 509-548-5807
Februar: *Seafood and Wine Festival,* Newport, OR, ✆ 541-265-88 01
März: *Old Time Music Festival,* Tenino, WA, ✆ 360-264-5075
April: *Crab Feed and Seafood Festival,* Astoria, OR, ✆ 503-325-6311; *Spring Barrel Tasting,* Yakima, WA, ✆ 5 09-786-2163
Mai: *Beachcomber Days,* Waldport, OR, ✆ 541-563-2133; *'49er Days,* Winthrop, WA, ✆ 509-996-2125
Juni: *Rose Festival,* bis Mitte Juli, Portland, OR, ✆ 800-962-3700; *Strawberry Festival,* Marysville, WA, ✆ 360-659-7664
Juli: *Waterfront Blues Festival,* Portland, OR, ✆ 800-962-3700; *Jazz Festival,* Port Townsend, WA, ✆ 360-385-2722
August: *Mount Hood Festival of Jazz,* Gresham, OR, ✆ 503-232-3000; *Wine and Food Fair,* Prosser, WA, ✆ 509-786-3177
September: *Autumn Festival,* Rockaway Beach, OR, ✆ 503-355-8108; *Rodeo,* Ellensburg, WA, ✆ 509-925-3138
Oktober: *Salmon Derby,* Waldport, OR, ✆ 541-563-2133
November: *Northwest Wine Festival,* Pasco, WA, ✆ 800-666-1929
Dezember: *Christmas Lighting Festival,* Leavenworth, WA, ✆ 509-548-5807

Geld

Ein Dollar hat 100 Cent, zumindest offiziell. Umgangssprachlich hat ein *Buck* nämlich 100 *Pennies*. Auch die anderen Münzen haben Namen, der *Nickel* ist 5 Cent, der *Dime* 10 Cent, ein *Quarter* 25 Cent wert. Dollarnoten, die alle grün sind und deshalb einzeln gezählt werden sollten, gibt es in der Stückelung 1, 2, 5, 10, 20, 50 und 100 Dollar. Eine Zweidollarnote wird man so gut wie nie finden, eine Hundertdollarnote wird man dagegen fast nie los – aus Furcht vor Falschgeld weigern sich viele Geschäfte, solche Scheine anzunehmen. Größere Summen bezahlt man in der Regel mit Kreditkarten.

Internet-Cafés

In nahezu jedem Ort findet man Internet-Cafés. Wer bei Anbietern wie Yahoo!, Hotmail oder Altavista ein E-Mail-Konto besitzt, kann problemlos und billig mit den Freunden zuhause in Kontakt bleiben.

Landkarten

Straßenkarten und Stadtpläne erhält man für ein paar Dollar in jedem Supermarkt an der Kasse, umsonst in den Büros des Automobilclubs AAA (nur für Mitglieder eines europäischen Klubs, s. S. 223). Detailliert und empfehlenswert sind die Karten von »King of the Road Maps«, die auch touristische Informationen beinhalten (z. B. Oregon Coast Recreation).

Für Wanderungen sind ausgezeichnete topographische Karten erhältlich, die nichts zu wünschen übriglassen.

Maße, Gewichte und Temperaturen

Die Umstellung auf metrische Maße ist kläglich steckengeblieben. Während Kanada offiziell umgestellt hat, gibt man in den USA nach wie vor Temperaturen in Grad Fahrenheit (°F) an und benutzt Zoll, Fuß und Meilen.

Der Zusammenhang zwischen diesen Maßeinheiten ist auf den ersten Blick nicht ersichtlich, hat doch eine Meile genau 5280 Fuß. Auch der *Acre* besteht aus mysteriösen 43560 Quadratfuß. Des Rätsels Lösung liegt in einem nicht mehr verwendeten Zwischenmaß, der Kette *(chain),* erfunden 1620 von Edmund Gunter. Die Kette war genau 66 Fuß lang und wurde zur Landvermessung benutzt. Eine Meile besteht aus 80 Ketten, ein *Acre* aus 10 Quadratketten.

Die wichtigsten Maße:

1 Zoll (*inch,* geschrieben ″ oder in.) = 2,54 cm

1 Fuß (*foot,* geschrieben ′ oder ft.) = 30 cm

1 *Yard* (yd) = 0,9 m

1 Meile (mi) = 1,6 km

1 *Acre* = 0,392 ha

1 Unze (*ounce,* abgekürzt oz.) = 28 g

1 Pfund (pound, abgekürzt lb. oder # = 0,45 kg

1 flüssige Unze (*fluid ounce,* abgekürzt fl. oz.) = 30 ccm

1 Tasse (*cup,* c.) = 240 ccm

1 *pint* (pt) = 480 ccm

1 *quart* (abgekürzt qt.) = 0,95 Liter

1 *Gallone* (abgekürzt gal.) = 3,8 Liter

Temperaturangaben rechnet man so um: $°F - 32 \times 5 \div 9 = °C$

National und State Parks, National Forests

Im Pazifischen Nordwesten liegen nur wenige Nationalparks, in Washington sind es der Olympic National Park, Mount Rainier National Park und der North Cascades National Park, in Oregon lediglich der Crater Lake National Park. Jeder dieser Parks erhebt eine Eintrittsgebühr. Eine Jahreskarte (für alle National Parks gültig) kostet etwa 50 $, die Anschaffung lohnt sich allerdings nicht unbedingt.

Leider werden inzwischen Wanderer auch in National Forests zur Kasse gebeten. Der Jahrespaß **(Northwest Forest Annual Pass)** gilt in Washington und Oregon und kostet 30 $, ein Tagespaß 5 $; wer ohne Paß im Wald parkt, muß mit einem Strafzettel rechnen.

In Oregon empfiehlt sich die Anschaffung des **Oregon Coast Pass** (35 $ pro Jahr, 10 $ für fünf Tage), der für die ungezählten State Parks und auch National Forests an der Küste von Oregon gilt. Damit sind die Gebühren für die Tagesnutzung abgegolten, man kann also am Strand parken und picknicken. Nicht eingeschlossen sind Gebühren für einen Zeltplatz im Park.

Die jeweiligen Pässe sind bei allen Rangerstationen, Outfittern und bei den meisten Informationszentren erhältlich.

Notruf

Die Notrufnummer für Krankenwagen, Polizei und Feuerwehr ist überall ✆ 911.

Sport

In den USA nehmen Sport und persönliche Fitneß eine wichtige Rolle ein. Am auffälligsten sind die Jogger, die nach Feierabend, morgens, zwischendurch in der Pause oder sobald die Sonne scheint zu sehen sind. In besseren Hotels werden Schwimmbäder und Trainingsräume angeboten. Beliebteste Sportarten zum Zuschauen sind Baseball, Football und Basketball.

Der Pazifik sowie die zahlreichen Flüsse und Seen bieten immer wieder die Möglichkeit, mit einem **Kanu** oder **Kajak** einzusetzen.

Für ausgedehnte **Radtouren** eignet sich der Highway 101 in Oregon, es gibt mehr als genug Zeltplätze und andere Unterkünfte. Etwa 600 km der *Coast Bike Route* sind entsprechend beschildert. Für die Gesamtstrecke sollte man etwa 6 bis 8 Tage veranschlagen. Da der Wind im Sommer normalerweise aus Nordwesten bläst, sollte man am besten von Norden nach Süden fahren. Das Oregon Departement of Transportation (Room 210, Transportation Building, Salem, OR 97310, ✆ 503-378-3432) hat eine Übersichtskarte zur *Oregon Coast Bike Route* herausgebracht, auf der Zeltplätze und das Höhenprofil der Straße eingezeichnet sind.

Für **Wanderer** gibt es den *Oregon Coast Hiking Trail;* es ist geplant, entlang der gesamten Küste einen 500 km langen, durchgehenden Weg zu schaffen. Wer die gesamte Strecke wandern will, muß zur Zeit allerdings auf einem Viertel der Distanz mit der Strecke vorliebnehmen. Teilstrecken sind für Tageswanderungen jedoch ideal. Informationen über den

Weg erhält man beim Trails Coordinator, Oregon State Park, 525 Trade St. S.E., Salem, OR 97310.

Langstreckenprofis finden im *Pacific Crest Trail* eine echte Herausforderung. Der Weg verläuft von Kanada bis Mexiko, für die Strecke entlang dem Kamm der Cascades durch Washington und Oregon sollte man zwei Monate einplanen. Informationen erhält man bei der Pacific Crest Trail Association, 5325 Elkhorn Blvd., Suite 256, Sacramento, CA 95842, ✆ 800-817-2243.

Die beste Adresse für Ausrüstung, *gear,* in sämtlichen Variationen für alle Outdoors-Aktivitäten ist die Firma REI (Recreational Equipment Inc.). Das Stammhaus befindet sich in Seattle, 222 Yale Ave. N., ✆ 205-223-1944. Filialen gibt es auch in Portland, 1789 Jantzen Beach Center, ✆ 503-283-1300.

Telefonieren

Die Telefongesellschaften sind privat und haben nichts mit der Post zu tun, meist gibt es auf den Postämtern nicht einmal Telefonzellen. Diese findet man jedoch an jeder Straßenecke oder auf Parkplätzen bei Supermärkten. Meistens hängen auch Telefonbücher dabei, die »Yellow Pages« sind ein unerschöpfliches Reservoir an nützlichen Informationen zu Restaurants, Hotels, Motels oder Werkstätten.

Ein Ortsgespräch kostet am Automaten 35 Cent, während es von einem privaten Anschluß kostenfrei ist. In den Hotels werden auf Ferngespräche noch zusätzlich Gebühren erhoben.

Die Telefonnummern bestehen immer aus sieben Ziffern, zu denen bei Ferngesprächen noch eine 1 und die drei Ziffern der Vorwahl kommen. Für ein Ferngespräch wirft man zunächst noch kein Geld ein. Nach der Wahl nennt der Operator oder ein Tonband den Betrag für drei Minuten, dann erst heißt es Kleingeld einwerfen. Außerdem gibt es Telefone, die mit Telefonkarten (in vielen Geschäften erhältlich) oder mit Kreditkarten funktionieren.

Da der Bedarf an Telefonnummern in den letzten Jahren enorm gestiegen ist, werden ständig immer mehr Vorwahlnummern eingeführt, man sollte sich also vergewissern, ob die Vorwahl stimmt, wenn ein Gespräch nicht zustande kommt.

In manchen Kopierläden, z. B. denen der Kette ›Kinko's‹, stehen der Kundschaft kostenlos Telephone für Ortsgespräche zur Verfügung.

Trinkgeld

Rechnungen in Restaurants enthalten kein Trinkgeld *(tip),* ein Betrag von 15 % auf den Nettopreis ist die Norm. Diesen läßt man entweder auf dem Tisch zurück oder trägt ihn auf der Kreditkartenrechnung selbst ein. Da Bedienungspersonal sehr niedrige Löhne erhält, wird das Trinkgeld immer erwartet, außer in Selbstbedienungsrestaurants.

Ein Trinkgeld von 15 % ist auch bei Friseuren üblich, Taxifahrer erwarten 10 %. In preiswerten Hotels wird kein Trinkgeld gegeben, in besseren Hotels erhält der Gepäckträger 50 Cent pro Gepäckstück, mindestens aber einen Dollar.

Verhalten in der Wildnis

Bei einer unbedingt zu empfehlenden Wanderung darf man nicht außer acht lassen, daß weite Teile des Pazifischen Nordwestens sehr ursprünglich sind. Wanderer sollten gewisse Grundregeln kennen. Eine der wichtigsten heißt: Nimm nichts mit außer Fotos, laß nichts zurück außer Fußspuren!

Für Wanderer auf längeren Touren in den Bergen und an der entlegenen Küste in Washington, die mit dem Zelt unterwegs sind, ist die Regel etwas praxisbezogener: Keine Lebensmittel im Zelt aufbewahren! Dadurch werden Tiere nicht zum Zelt gelockt. Lebensmittel sollte man nachts in einem Rucksack, zwischen zwei Bäumen freihängend, mehrere Meter über dem Boden aufbewahren. So kommen in der Regel nicht mal Bären ran, aber auch nicht die häufigeren Waschbären, Mäuse und sonstigen Nager.

In manchen Gebieten sind offene Feuer nicht erlaubt, man muß einen leistungsfähigen Kocher mit sich führen. Zur Sicherheit sollte man auch kein Wasser unbehandelt trinken, sondern entweder vorher abkochen oder filtern. Der Erreger der Magen- und Durchfallerkrankung Giardiasis ist eventuell auch im entlegensten Winkel anzutreffen.

Daß man entsprechende Ausrüstung besitzen sollte, ist selbstverständlich. Wer unsicher ist, kann mit jedem Ranger reden, aber auch in Ausrüstungsläden erhält man Informationen und Literatur zu allen Themen. Die Montaineers, der rührige ›Alpenverein‹ von Seattle, bringen im eigenen Verlag Bücher über jeden Winkel des Nordwestens heraus. Im Mountaineers Clubhouse Bookstore, 300 Third Ave. W., ☎ 206-284-6310, Mo–Fr 8.30–18.30 Uhr, findet man neben den Mountaineers-Büchern auch andere Wanderführer.

Zeit

An der Westküste gilt die *Pacific Standard Time*, die 9 Stunden hinter der mitteleuropäischen Normalzeit liegt.

Man rechnet nicht in 24 Stunden, sondern in zweimal 12 Stunden, Angaben vor 12 Uhr mittags werden mit a.m. gekennzeichnet, Angaben nach 12 Uhr mit p.m. (*ante meridiem* bzw. *post meridiem*).

Sommerzeit, *Daylight Saving Time*, gilt vom ersten Sonntag im April bis zum letzten Samstag im Oktober.

Zeitungen

Wer an internationalen Nachrichten interessiert ist, liest am besten die *New York Times*. Die sehr gute Zeitung entspricht am ehesten einem seriösen europäischen Blatt und bringt auch internationale Nachrichten auf der ersten Seite. Sonntags erscheint die *Times* mit gutem Reiseteil, Literaturteil und einer Magazinbeilage. Ebenfalls lesenswert ist der wöchentliche *Christian Science Monitor*.

Magazine mit Niveau sind außer *Newsweek* und *Time* das linksliberale *Mother Jones,* das *New Yorker, The Atlantic, Harper* und der *US News & World Report.*

REGISTER

Orte und Sehenswürdigkeiten